Don Richardson

# Friedens-Kind

Wandlung einer Dschungelkultur
grausamer Tücke in Neuguinea

Verlag der
Liebenzeller Mission
Bad Liebenzell

*Zueignung*

*Dem Andenken der unzähligen Männer,
Frauen und Kinder, die alles hergegeben
und eingesetzt haben, um den Sawi das
Hören der Guten Botschaft zu ermöglichen,
ist dieses Buch in Dankbarkeit gewidmet.*

CIP-Kurztitelaufnahme der Deutschen Bibliothek

**Richardson, Don**
Friedens-Kind: Wandlung einer Dschungelkultur grausamer Tücke in Neuguinea. –
2. Aufl. – Bad Liebenzell: Verlag der Liebenzeller Mission, 1976. (TELOS-Bücher;
Nr. 2010: TELOS-Paperback)
Einheitssacht.: Peace-child (dt.)

ISBN 3 88002 030 2

Alle Rechte vorbehalten, auch der Fotokopie und auszugsweisen Wiedergabe
© Copyright 1974 der amerikanischen Ausgabe by G/L Publications, Glendale/USA
Die amerikanische Originalausgabe erschien unter dem Titel »Peace-Child«
© Copyright 1976 der deutschen Ausgabe
by Verlag der Liebenzeller Mission, 7263 Bad Liebenzell
Aus dem Englischen von Maria Witte
Fotos: Don Richardson (Bildseite 7), Fred Roberts (alle übrigen Fotos)
Umschlag: Albrecht Arnold
Gesamtherstellung:
St.-Johannis-Druckerei C. Schweickhardt, 7630 Lahr-Dinglingen
Printed in Germany – 15246/1977

# Inhaltsübersicht

Vorwort des Verfassers ............................... 7

**Teil I: Die Welt der Sawi** ............................ 9
Als Abgesandter nach Haenam ....................... 11
Mit Freundschaft gemästet ............................ 20
Der Schatten der Tuans ............................... 32
Die Tuans kommen .................................... 40
Der Legendenmacher .................................. 49

**Teil II: Begegnung zweier Welten** ..................... 63
Geschichte einer Mission .............................. 65
Durch den Eisenholz-Vorhang ......................... 79
Das Ende eines Zeitalters ............................. 92
Götter kommen aus dem Himmel ..................... 101
Das Schicksal kommt im Einbaumkanu ................ 109
Eingetaucht in Fremdartigkeit ........................ 113
Patriarch am Tumdufluß .............................. 119
Krieg vor meiner Haustür ............................. 127
Der Tuan nährt sich von Gehirn ...................... 134
Versammlung im Männerhaus ......................... 141
Die Krisis am Kronkel ................................ 154
Morgen gibt es kühles Wasser ......................... 161

**Teil III: Eine verwandelte Welt** ...................... 173
Stille im Männerhaus ................................. 175
Unter Krokodilen gekentert .......................... 184
Meine Leber zittert ................................... 194
Lebendige Tote ....................................... 197
Die Macht des Aumamay .............................. 202
Augen, vom Wachen gerötet .......................... 213
Die lange Reise ....................................... 222
Ausbruch aus dem Kokon der Ahnenwelt .............. 228
Ausklang ............................................. 235

Nachwort des Verfassers .............................. 238

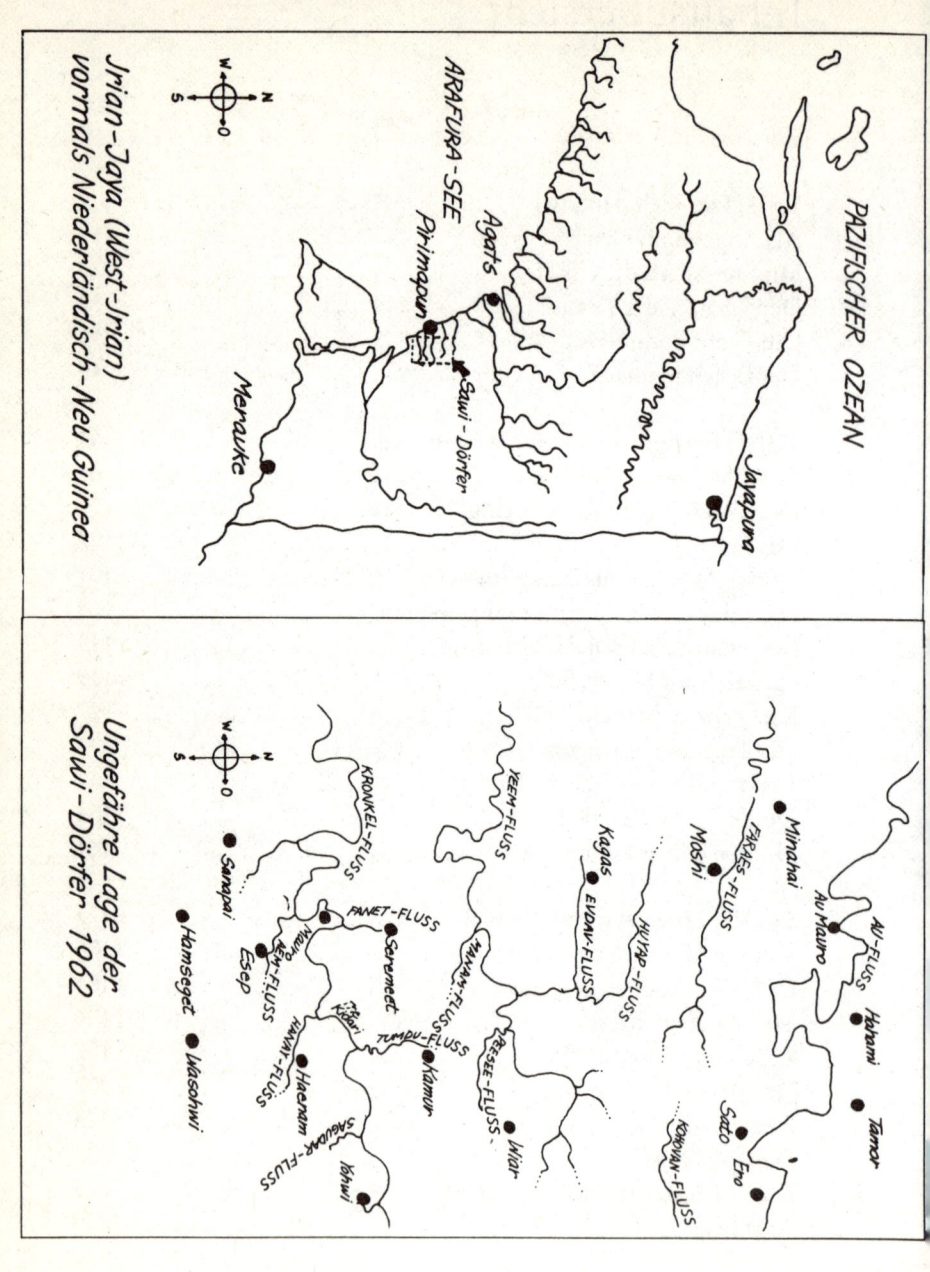

# Vorwort des Verfassers

Der Urstamm der Sawi im früheren holländischen Kolonialgebiet Neuguineas ist einer der schätzungsweise 400 Stämme in der westlichen Hälfte Neuguineas, die heute den Namen West-Irian oder Irian-Jaya trägt. Jeder dieser Stämme ist eine ausgeprägte Einheit für sich mit eigener Weltanschauung, eigener Legendenbildung, eigenem Sinn für Humor.

Meine Frau Carol und ich zogen 1962 in das Gebiet der Sawi. Während wir uns mit ihrer Sprache befaßten, mit den verwickelten Zusammenhängen ihrer Grammatik kämpften und die Kultur der Sawi kennenlernten, erschloß sich uns ganz allmählich die weltanschauliche Betrachtungsweise dieses Volkes.

Als wir tieferen Einblick bekamen in die Sagenwelt der Sawi, in ihre Sitten und ihr Brauchtum, entdeckten wir, daß wir unter einem Volk lebten und arbeiteten, das Treulosigkeit und Verräterei als Ideal verherrlichte. In vielen Sagen, die die Sawi ihren Kindern am Lagerfeuer erzählen, haben die »Helden« Freundschaft mit andern Leuten geschlossen einzig und ausdrücklich zu dem Zweck, die »Freunde« später zu töten und aufzuessen. Der hierfür gebrauchte Ausdruck heißt »jemand mit Freundschaft zur Schlachtung zu mästen«.

Als wir erkannten, daß die Idealisierung des Verrats ein Bestandteil der Lebensauffassung der Sawi war, begriffen wir auch, warum wir in unserem Zusammenleben mit ihnen einen gewissen »Kulturschock« durchgemacht hatten. Wir verstanden nun auch unser Gefühl, »anders« zu sein als sie. Dennoch hatte Gott uns dorthin gesandt, um die Sawi für ihn zu gewinnen und in einem Zeitraum von wenigen Jahren diese Verherrlichung treulosen Verrates, die seit Jahrhunderten oder gar Jahrtausenden zu ihrer Lebensweise gehört hatte, zu überwinden.

Der Schlüssel, den Gott uns zu den Herzen der Sawi gab, war die Anwendung von Erlösungswahrheiten auf örtliche Überlieferungen. Wir erkannten, daß Gott bereits die Rettung dieser Menschen vorherbedacht hatte, denn in ihrer eigenen Kulturwelt gab es Ähnlichkeiten zum Verständnis der Erlösungstat Christi. Diese bildeten sozusagen die Trittsteine im Bachbett, den geheimen Eingang für das Evangelium in die Sawi-Kultur und lösten sowohl eine geistliche als auch eine soziale Revolution von innen her aus.

Als Carol und ich den Sawi die Botschaft von Jesus nahebrachten, indem wir ihre eigene Überlieferung vom »Friedens-Kind« und andere Erlösungsähnlichkeiten zur Erklärung anwandten, waren wir gespannt, ob der Geist Gottes solche Art der Verkündigung zur Wiedergeburt dieses kannibalistischen Kopfjägerstammes tatsächlich gebrauchen werde. Und er tat es!

In einem Zeitalter weltweit immer stärker werdender Abhängigkeit der Völker voneinander ist die gegenseitige Beeinflussung der Kulturen von größter Dringlichkeit. »Friedens-Kind« zeichnet den Leidenskampf – und den Sieg – unseres Versuchs nach, eine der gewalttätigsten Kulturen der Welt bis auf den Grund zu erforschen und von da aus den Angehörigen dieser Kultur eine neue Sinngebung ihrer alten Überlieferungen zu vermitteln. Das Ergebnis, so meinen wir, ist ein Wagnis menschlicher Verständigung, das den Leser mit noch größerem Mitgefühl für die gefährdeten Minderheitsgruppen unter den Völkern der Erde erfüllen wird.

Don Richardson

Sentani, Irian Jaya, 1974

# Teil I
# Die Welt der Sawi

# Als Abgesandter nach Haenam

Als die Sonne aufging, schaute Yae durch die Bodenritzen seines Baumhauses in einem Mauro-Dorf. Die dunkle Wasserfläche des Kronkelflusses lag etwa zwölf Meter tief unter ihm. Seine ruhigen schwarzen Augen beobachteten langsam flußabwärts treibende Blätter auf der glatten Oberfläche. Aber die Bewegung verlangsamte sich zunehmend, ein Zeichen dafür, daß die steigende Flut in der Arafura-See, etwa 40 Kilometer weiter westlich, die Strömung des Kronkel zum Meer hin aufhielt. Bald würde die Flut das Wasser in die Gegenrichtung fließen lassen und ein paar Stunden lang den schwarzen, algendurchsetzten Kronkel wieder zurückzwingen in den ungeheuren Mutterschoß des südlichen Neuguinea-Sumpfgebietes, das ihn hervorgebracht hatte.

Yae hatte auf diesen Augenblick gewartet, um seine Reise flußaufwärts zu beginnen, da sie dann durch die Strömung begünstigt wurde.

Yaes Frau Kautap saß mit gekreuzten Beinen vor der Kochstelle in der Mitte des Baumhauses. Ihr jüngstes Kind, das noch keinen Namen trug, lag schlafend in ihrem Schoß, eingehüllt in die Falten ihres schweren Grasrocks. Kautap beugte sich über das Kind vor und sprengte Wasser aus einem Bambusgefäß in das weiße Sagomehl auf der Borkenmatte, die vor ihr lag. Langsam knetete sie das Mehl mit dem Wasser zu einem Teig. Der Rauch des schwelenden Feuers ließ ihre Augen tränen.

Ihr älterer Sprößling, der zweijährige Miri, spielte zufrieden neben ihr auf einer gewebten Grasmatte. Sein einziges Spielzeug war ein menschlicher Schädel, dessen leere Augenhöhlen ausdruckslos gegen die rauchgeschwärzte Decke des Raumes gerichtet waren. Jahrelange liebevolle Berührung hatte dem Schädel einen leuchtenden, ockerfarbenen Ton verliehen. Er war eine Erinnerung an Yaes lang verstorbenen Vater, und gleichzeitig diente er als Fetisch zur Abwehr böser Geister. Aber für den kleinen Miri war er nur ein blankes Spielzeug.

Yae sagte zu Kautap, ohne sich ihr zuzuwenden: »*Uvur Haramavi maken, du famud, es!* Die Flut beginnt; koch mir sofort meinen Sago!« Ihre geschickten schwarzen Finger formten flink den feuchten Sagoteig zu einem langen, schmalen Laib, schlugen das Ganze in Yohom-Blätter ein und gaben es zwischen die glühenden Kohlen. In der Zwischenzeit legte Yae seine als Bekleidung dienenden Schmuckstücke für die Reise an. Über seine nackten Hüften streifte er den schmalen Grasrock, den im Sawistamm nur Männer tragen durften, die einen Feind im Kampf erschlagen hatten. Yae hatte fünf getötet. Dreien seiner Opfer hatte er die Köpfe abgeschnitten. Dies wurde angedeutet durch drei Armreifen aus Wildschweinhauern um seinen linken Ellbogen. Seine Tüchtigkeit als Jäger wurde weiter hervorgehoben durch seine *sudafen*, eine fast zwei Meter lange Kette aus Tierzähnen, die er sich zweimal um den Hals schlang. Von allen Wildschweinen, Krokodilen, Beuteltieren oder Hunden, die er getötet hatte, hing je ein Zahn an dieser Kette. Bänder aus feingewobenen Rotangblättern saßen oberhalb und unterhalb der Armmuskeln und gleich unterhalb der Knie. In die durchbohrte Nasenscheidewand schob er stolz einen fünfzehn Zentimeter langen ausgehöhlten Knochen, den er aus dem Hüftknochen eines Schweines geschnitzt und an beiden Enden nadelspitz zugefeilt hatte.

Wenn er auf die Fahrt gegangen wäre, um ein ganznächtliches Tanzfest zu besuchen, hätte er noch weiteren Schmuck angelegt – den feuerfarbenen Federbusch des Paradiesvogels, das Kopfband aus goldfarbenem und braunem Beuteltierfell, einen Busch weißer Kakadu-Federn. Außerdem hätte er sich den Körper mit roter und weißer Farbe bemalt, die aus zu Pulver zerstoßenen Seemuscheln und roter Erde bestand. Aber Yaes Vorhaben war rein diplomatischer Art und nicht festlich, daher begnügte er sich mit dem Schmuck weiß- und goldpolierter Knochen und geflochtener Schilfpalmblätter.

Kautap nahm eine Feuerzange, um den Sagolaib aus den Kohlen zu holen, streifte die verkohlten Blätter ab und übergab das dampfende »Sumpfbrot« ihrem Mann. Yae aß die Hälfte davon und steckte die andere Hälfte in seinen kleinen Sagosack aus Fasergewebe, dazu ein dickes Stück Schweinefleisch, das Kautap vorher über dem Feuer geräuchert hatte. Er schlang sich den Sack über die Schulter und zog seinen fast zwei Meter langen, aus schwarzem Palmholz gefertigten

Bogen aus dem über seinem Kopf angebrachten Waffengestell. Ein Ende des Bogens lief aus in die nadelspitze Klaue eines Kasuars, so konnte er im Nahkampf als Speer benutzt werden. Yae wählte auch eine Handvoll scharfgespitzter, mit Widerhaken versehener Bambuspfeile und nahm sie zusammen mit dem Bogen in die eine Hand. Als letztes ergriff er sein Paddel, das mit Kampfschild, Trommel, Steinaxt, Speer, Kanu und Bogen seinen irdischen Hauptbesitz bildete.

Das Paddel war ein auffallendes Beispiel der Kunstfertigkeit der Sawi. Es war aus einem einzigen, fast drei Meter langen, dunkelroten Eisenholzstamm geschnitten und hatte die Form eines breiten, rechteckigen Schaufelblattes, in das fremdwirkende Muster eingraviert waren. Am oberen Ende des Paddelstiels befand sich eine kühn geschnitzte Ahnenfigur. Oberhalb dieser Figur zeigten die charakteristischen hölzernen Widerhaken und die Kasuarklaue warnend an, daß das Paddel wie der Bogen ebenfalls als Speer gebraucht werden konnte.

Yae trat in den Eingang des Baumhauses. Die andern sechs Baumhäuser des Maurodorfes schienen im goldenen Dunst des Morgens zu schweben. Sie wirkten plump, buckelig, wie ein Brotlaib geformt. Sie waren alle etwa zwölf bis dreizehn Meter lang und ragten auf hohen dünnen Baumbeinen zehn bis siebzehn Meter über dem Erdboden aus dem wirren Untergehölz empor. Außerdem gab es vier Langhäuser, die sich nur ungefähr fünf bis sechs Meter über dem Boden erhoben.

Nicht alle Sawi-Familien trieb es dazu, Baumhäuser zu bauen. Lieber setzten sie sich der Gefahr eines Überraschungsangriffs aus, was bei Baumhäusern, die eine gute Übersicht über die ganze Umgebung boten, nicht so leicht passieren konnte. In einem hohen Baumhaus konnten Frauen und Kinder in verhältnismäßiger Sicherheit sich zusammendrängen, während die Männer auf den sie umzingelnden Feind die Pfeile regnen ließen oder gar hinunterstiegen, um den Feind in ein *waru mim* = Speerspiel zu verwickeln.

Als Yae sich anschickte, die lange, mit Lianen befestigte Leiter hinunterzusteigen, erhob Kautap klagend ihre Stimme: »Warum gehst du so oft zu Besuch nach Haenam? Fühlt sich deine Haut nicht unbehaglich dabei?«

Yae stieg weiter ab. »Wenn ich dort keine Freunde hätte, ginge ich nicht hin«, erwiderte er nur. Die Leiter verlief schräg unter das Baumhaus, zum Schutz vor tropischen Regengüssen und des Schattens wegen. Yae stieg die ganze Leiter hinunter ohne mit einem einzigen Finger nach Halt zu suchen; er bewahrte sein Gleichgewicht auf den unsicheren Sprossen ausgezeichnet.

Am Fuß der Leiter saß sein jüngerer Bruder Sao zusammengesunken auf einem Baumstamm. Ein Malaria-Anfall schüttelte ihn, und er versuchte vergeblich, aus den Strahlen der nun aufgehenden Sonne etwas Wärme zu erhaschen. Yae sprach tröstend auf ihn ein, aber Sao konnte vor Zähneklappern kaum antworten.

Ein paar Meter flußabwärts waren Yaes Vetter Wasi und seine drei Frauen dabei, ihre Werkzeuge zum Sagoschneiden in ein Kanu zu laden, um in den Dschungel zu fahren. Yae rief Wasi zu: »Ich gehe nach Haenam und werde nach Einbruch der Dunkelheit zurückkommen. Ich will meine Freunde dort einladen, zu unserem *bisim*-Tanz zu kommen, wenn der neue Mond aufgeht.«

Wasi wünschte ihm alles Gute für seinen Botengang, stieg ins Heck seines schlanken Einbaum-Kanus und stieß es in die Fahrrinne hinaus. Seine drei Frauen standen weiter vorn in dem etwa zehn Meter langen Fahrzeug. Zwei trugen ihre Säuglinge in extra dafür angefertigten Tragtaschen auf dem Rücken. Die Frauen tauchten ihre Paddel im gleichen Takt ein und hielten flußabwärts auf die Mündung eines kleinen Nebenflusses zu, der hineinführen würde in den Sagosumpf. Auf einer kleinen Tonunterlage vor Wasis Füßen lagen heiße Kohlen, und langsam zog der Rauch in die Höhe. Mit diesem Glutvorrat konnten sie später ein Feuer entfachen, um aus dem frischen Sago, den sie im Sumpf zu ernten hofften, ihr Essen zuzubereiten.

Yae legte Bogen und Pfeile in sein Kanu und fuhr ab. Mit einem kräftigen Ruderschlag richtete er das nadelförmige Vorderteil stromaufwärts, genau in dem Augenblick, als das Dahintreiben der Blätter zum Meer hin gänzlich zum Stillstand kam. Als er um eine Flußkrümmung in der Ferne bog, hatten die Blätter schon angefangen langsam flußaufwärts in seine Richtung zu treiben.

Kautap sah ihrem Mann nach, bis er verschwand. Auf ihrem rauchgeschwärzten Gesicht lag ein besorgter Ausdruck. Dann begann das

Kind auf ihrem Schoß sich zu bewegen und zu schreien. Sie gab ihm die Brust und wünschte, Yae würde seinen Ehrgeiz vergessen, zwischen Mauro und Haenam eine Verbindung herstellen zu wollen.

Kreischend flog eine Reihe Kakadus auf, als Yaes Kanu plötzlich unter dem schirmenden Blätterdach des Flußufers hervorschoß. Ein Krokodil, das auf einem eingesunkenen Baumstamm döste, wachte bei dem Geschrei auf, glotzte Yae mit offenem Rachen an und klatschte dann ins Wasser. Mit steil aufgerichtetem Schwanz tauchte es in die Tiefe weg.

Yae glitt weiter bis zur nächsten Flußbiegung. Dabei dachte er noch einmal zurück an die Ereignisse, die ihn dazu bestimmt hatten, Mauros einziger Bote zu dem flußaufwärts gelegenen Sawi-Dorf Haenam zu werden.

Vor sieben Monaten war Yae unerwartet auf eine Gruppe von fünf Männern aus Haenam gestoßen, während er im Quellgebiet des Nebenflusses Aym Wildgänse jagte. Yae hatte sich sofort in seinem Kanu zusammengeduckt und nach seinem Bogen gelangt, aber der größte der fünf Fremden hatte ihn schnell begrüßt:

»*Konahari!* Laß deinen Bogen liegen! Ich kenne dich – dein Name ist Yae, und ich bin mit dir verwandt!«

Yae hob seinen Bogen trotzdem hoch, aber er legte noch keinen Pfeil auf die Sehne. Statt dessen fragte er: »Wie heißt du?«

»Ich heiße Kauwan. Ich bin der jüngste Sohn des Stiefvaters deiner Mutter!« war die Antwort.

»Warum bist du zum Aym-Fluß gekommen? Du und deine Freunde, ihr spioniert wohl!« sagte Yae herausfordernd.

»Durchaus nicht!« sagte Kauwan. »Heute morgen habe ich ein Wildschwein angeschossen, und wir sind der Blutspur bis hierher gefolgt. Schau, hier ist eine frische Blutspur im Gras, und da siehst du auch, wie es im Schlamm herumgekrochen ist. Komm, laß dich umarmen! Wir sind doch Verwandte!«

Yae hatte zwar seine Mutter von Kauwan sprechen hören, aber er zögerte immer noch. Da nahm Kauwan ein Stückchen scharf geschliffenen Bambus aus seiner Tasche, schnitt damit eine Strähne seines schwarzen Haares ab, wickelte sie um ein Blatt und bot Yae die Gabe an.

Durch das allgemein anerkannte Zeichen von Aufrichtigkeit beruhigt, ruderte Yae näher, nahm das Geschenk von Kauwan an und legte es in seine Tasche. Durch dieses Angebot hatte Kauwan gezeigt, daß er mehr als nur eine flüchtige Bekanntschaft mit Yae suchte.

Die zwei Männer umarmten einander unter den zustimmenden Äußerungen der anderen. Dann machte Kauwan seinen Vorschlag:

»Yae, hör mir zu. Der Kayagar-Stamm im Osten hat uns seit langem mit räuberischen Überfällen geplagt. Wir haben viele Männer durch ihre Speere verloren. Deshalb wollen wir Frieden mit Mauro, damit wir ungehindert in diese Gegend kommen können, um unseren Sago am Westufer zu schneiden. Ich habe die Männer von Haenam überredet, daß wir einen Mann als Vermittler brauchen, der zwischen meinem und deinem Dorf frei hin- und herwandern könnte. Du bist genau der Mann, den wir brauchen. Ich ernenne dich jetzt zum Vermittler. Wenn du einverstanden bist, dann komm nach drei Tagen in unser Dorf. Ich werde auf dich warten und für deine Sicherheit sorgen, wenn du kommst.«

Kauwans vier Freunde erklärten, auch sie würden, wenn nötig, Yaes Leben sogar unter Einsatz ihres eigenen Lebens schützen.

Yaes Herz schlug schneller. Seine eigenen Stammesgenossen in Mauro hatten auch schon geklagt über die Raubzüge, denen sie durch den Stamm der Asmat im Westen ausgesetzt waren. Wenn man mit Haenam friedliche Beziehungen herstellen könnte, gäbe es die Möglichkeit, die reifen Sagopalmen im Niemandsland zwischen Haenam und Mauro zu schneiden. Dann würde es sich erübrigen, den Grenzen des Asmat-Stammes wegen der Nahrungssuche zu nahe zu kommen.

Vielleicht könnten Haenam und Mauro nach einiger Zeit sogar ihre Streitkräfte vereinigen und entscheidende Schläge sowohl gegen die Asmat als auch gegen die Kayagar führen, um nach beiden Richtungen Luft zu bekommen.

Yae und Kauwan würden dann, als Hauptmacher dieses Paktes,

hohes Ansehen in der Welt der Sawi erreichen. Männer mit heiratsfähigen Töchtern in andern Sawi-Sippen wären dann sicherlich geneigt, Yae und Kauwan einige ihrer Töchter als Ehefrauen zu geben. Denn das Ideal eines Sawi ist der Besitz eines Harems mit fünf gesunden Frauen.

Yae hatte schon zwei Frauen erworben, aber zu seinem großen Kummer war eine schwer an Frambösie erkrankt und mit übelriechenden, eitrigen Wunden dahingesiecht und gestorben. Jetzt besaß er nur noch Kautap. Seit dem Tod seiner zweiten Frau hatte Yae gewünscht, einen Ersatz für sie und auch noch weitere Frauen zu erwerben. Das war geradezu zur fixen Idee bei ihm geworden. Und nun schien ganz plötzlich die Erreichung dieses Ziels nicht mehr fern zu sein. Wenn er sich entschließen konnte, Kauwans und seiner Freunde Versprechungen zu trauen, hieß das allerdings.

Yae musterte Kauwan kritisch. Kauwans Augen schienen klar und ehrlich. Die Tatsache seiner Verwandtschaft mit Yaes Mutter war beruhigend. Er hatte ja auch freiwillig Yae eine Haarsträhne zur freien Verfügung überlassen. Was die Geschichte über Haenams Besorgnis wegen der Raubüberfälle der Kayagar anlangte, durch die sie weiter nach Westen abgedrängt wurden, so hatte Yae bereits durch den »Dschungeltelegraphen« gehört, daß das stimmte. Andererseits gab es, wie Yae wußte, in Haenam Leute der Kangae-Sippe, die immer noch mit den Mauro wegen erlittener Kränkungen abrechnen wollten. Konnte er sich darauf verlassen, daß Kauwan und seine Freunde stark genug sein würden, ihn zu beschützen, wenn die Kangae-Sippe bei seinem Besuch für Rache stimmen würde? Die vier Armbänder aus Wildschweinhauern an seinem linken Ellbogen zeigten, daß Kauwan ein erfahrener Krieger war. Aber vielleicht war Kauwan mit der Kangae-Sippe noch näher verwandt als mit Yaes Mutter?

Mit listigen Fragen versuchte Yae Kauwans Verwandtschaft mit der Kangae-Sippe herauszubekommen. Kauwan erriet sofort den Sinn der Fragen und versicherte Yae, daß die führenden Männer der Kangae-Sippe bereits gesagt hätten, sie würden mit einer Sühnegabe in Form von Naturalien zufrieden sein und kein Menschenleben fordern. Ein paar Waren waren ja ein geringer Preis für alles, was sich Yae von diesem Handel erhoffen konnte.

Dennoch zögerte Yae, endgültig zuzusagen und nahm noch eine Probe vor. Er lud Kauwan und seine vier Freunde ein, ihn zu einem kurzen Besuch nach Mauro zu begleiten, damit sie diese Angelegenheit weiter besprechen könnten. Wenn sie ihm bei solch einem Wagnis willig als Beschützer vertrauten, dann wäre dies ein weiterer Beweis dafür, daß ihr Verlangen nach Frieden mit Mauro wirklich echt war.

Kauwan erwiderte mit breitem Lächeln: »Wir würden dich mit Freuden begleiten, aber unsere Frauen und Kinder warten am Hanai-Fluß, daß wir ihnen Schweinefleisch mitbringen. Wir müssen unsere Beute finden, das Tier zerlegen und das Fleisch heimbringen, ehe es Abend wird.«

Das war eine stichhaltige Ablehnung, dachte Yae. Jetzt mußte er eben seine Entscheidung treffen ohne einen weiteren Test. Wenn er sich weigerte, konnte vielleicht später jemand anderem von Mauro die gleiche Ehre angeboten werden, die man jetzt ihm antrug. Und der würde dann mit dem entsprechend günstigen Ergebnis belohnt werden. Wie müßte sich Yae ärgern, wenn das passierte!

Andererseits konnte er, wenn er zustimmte, womöglich in eine Falle laufen und sein Leben verlieren. Er war innerlich heftig erregt und gespannt. Es war die gleiche lebensbedrohende Spannung, die einen Hauptbestandteil in den Sawi-Legenden bildete, die ihn von Kindesbeinen an in Bann geschlagen hatten. Nur war jetzt er der Held, der die schreckensvolle Entscheidung treffen mußte!

Plötzlich, aus dem Wirbel widerstreitender Empfindungen heraus, entschied er sich. Er nahm das Bambusmesserchen aus seinem Sack, schnitt eine Locke seines eigenen Haares ab und gab sie Kauwan, der sie mit einem Lächeln entgegennahm. Dann streckte Yae den Arm aus, ergriff Kauwans Arm und sagte: »*Sarimakon, es!* Ich komme ganz bestimmt! Abgemacht!« – »Wenn wir das Schwein finden, werde ich die halbe Leber zubereiten und aufbewahren für deinen Besuch in drei Tagen«, sagte Kauwan. Und Yae antwortete: »*Timin konahari!* Danke, Freund!« Dann trennten sie sich.

Da er sein Wort gegeben hatte, mußte Yae jedes Schicksal, das ihn erwartete, unwiderruflich annehmen. Wenn er keinen ganz sicheren Beweis für Betrug hatte, konnte er sich jetzt nicht zurückziehen, ohne als Feigling gebrandmarkt zu werden! Er mußte einfach am dritten Tag nach Haenam gehen.

Und er mußte allein gehen. Niemand konnte es wagen, ihn ohne besondere Einladung zu begleiten. Nun, um so besser; wenn er das Risiko allein trug, brauchte er hinterher seinen Ruhm auch nicht mit jemand anders aus seinem Dorf zu teilen.

# Mit Freundschaft gemästet

Die steigende Sonnenglut trieb Schweißtropfen auf Yaes Stirn. Er befand sich jetzt an der Mündung des Hanai-Nebenflusses, der in das Gebiet Haenams führt. Er verließ die schimmernde Fläche der sechzig bis siebzig Meter breiten Fahrrinne des Kronkel und fühlte bald den tiefen Schatten der Dschungelbäume, die den Hanai überwölbten, kühlend auf der Haut. Er beugte sich aus dem Kanu und schöpfte Wasser mit der Hand, aber statt aus der zur Schale gewölbten Hand zu trinken, warf er jede Handvoll Wasser in die Luft und fing es mit dem Mund auf. Jede andere Art des Trinkens war unter seiner Würde. Es konnte auch gefährlich werden. Im Fluß wohnten ja böse Geister, und wenn man nicht in der vorgeschriebenen Weise das Wasser trank, konnten sie durch den Akt des Trinkens in den Körper eindringen.

Yae richtete sich auf und seine Augen durchforschten das den Fluß überwölbende Buschwerk vor ihm. Da war's! Der zähnefletschende Schädel eines glücklosen Kayagar, den Nair, einer der gefürchtetsten Krieger Haenams, getötet hatte, hing von einem Ast herunter. Die Augenhöhlen waren mit schwarzem Baumharz ausgefüllt, in dem leuchtendrote Samenkörner eingebettet lagen. Das gab dem Schädel einen wild drohenden Ausdruck. Aus jedem Ohr hingen flatternde Federn, die den Eindruck von Haarbüscheln erweckten. Nair hatte den Schädel als Warnung für die Feinde Haenams aufgehängt.

Yae lächelte bei der Erinnerung an die erste Fahrt nach Haenam. Voller Argwohn und Angst hatte er sich Haenam genähert. Alle Willenskraft hatte er zusammenraffen müssen, um sein Kanu an dem Schädel vorbeizusteuern, bis er zu der Grasebene kam, wo Haenam sich zur Zeit angesiedelt hatte. Die Leute hatten seine Annäherung mit Ruhe aufgenommen, während Kauwan am Flußufer stand und ihn mit ausgebreiteten Armen begrüßte.

Als Yae sein Kanu auf den Strand brachte und ausstieg, hatte Kauwan plötzlich seinen Bogen und eine Handvoll Pfeile aus einem Busch gezogen. Er wählte einen Pfeil aus, schwang ihn in der rechten Hand hin und her, wandte sich, mit dem Rücken zu Yae, seinen eigenen Stammesgenossen zu. Mit einem gewaltigen kehligen Schrei sprang er hoch in die Luft und raste dann hin und her zwischen Yae und seinem eigenen Stamm. Dabei stieß er Kampfdrohungen aus, die er mit wilden Knurrlauten gespielten Zornes unterstrich. »Mein Freund ist willkommen! Er ist gekommen, weil ich ihn selbst eingeladen habe! Ist da jemand, der ihm schaden möchte? Niemand darf ihn verletzen! Meine Hand ist stark!«

Dies war die übliche Schaustellung von Macht, die *saravon* genannt wird und dazu dient, einen Gast zu beruhigen und gleichzeitig jeden abzuwehren, der vielleicht Feindseligkeiten beabsichtigt. Ohne diese Schaustellung hätte sich Yae wirklich äußerst unsicher gefühlt. Die Männer von Haenam sahen unbewegt vom Eingang ihrer Häuser aus zu. Die meisten saßen da, ein Bein flach auf dem Boden, das andere im Knie angewinkelt aufgestellt, das Kinn auf dem angezogenen Knie aufgestützt.

Nach dem *saravon* hatte Kauwan Yae herzlich umarmt. Dann stiegen die Männer Haenams einer nach dem andern aus ihren Häusern herunter und folgten Kauwans Beispiel, indem sie Yae umarmten, mit Ausnahme der Kangae, die erst die Wiedergutmachung abwarteten, ehe sie irgendwelchen freundlichen Gefühlen gegen den Fremden Ausdruck gaben.

Kauwan hatte Yae in das Männerhaus von Haenam geführt. Es war ein etwa fünfundzwanzig Meter langes Gemach, der Mittelpunkt des Dorfes und ein Ort, den Frauen nur nach besonderer Aufforderung betreten durften. Kauwan hatte Yae den Ehrenplatz auf einer neuen Grasmatte mitten im Raum angeboten.

Bald war Yae umgeben von einem Kreis führender Krieger, Männern wie Maum, Giriman, Mahaen, Nair, Kani und Warahai, deren Namen unter den Sawi, Kayagar und Asmat in gleicher Weise gefürchtet waren, etwa zwanzig an der Zahl. Sie wechselten sich ab mit höflichen Fragen nach seiner Verwandtschaft. Hinter ihnen saßen die jüngeren Männer und hörten in respektvollem Schweigen zu. Schließlich wurden frisch geröstete Sagokäferlarven, von den Frauen in den Häusern zubereitet, hereingebracht und vor Yae niedergesetzt auf einem Brett, das mit niffligen Ahnensymbolen verziert war. Er hatte höflich gewartet, bis seinen Gastgebern auch angeboten worden war, und dann hatte er mit ihnen angefangen zu essen.

Yae bemerkte, daß sich die Unterhaltung allmählich der Sache mit der Zahlung für die noch ungerächte Beleidigung der Kangae-Sippe durch Mauro näherte. Aber Yae war bereit. Er holte aus seinem Sack eine Anzahl Steinäxte, große Seemuscheln und andere Wertgegenstände. Die Leute seines Dorfes hatten diese Dinge mitgesandt, um ihre Schuld gegen die Kangae-Sippe abzugelten.

Ein Mann namens Giriman grinste vor Behagen, als er diese Schätze aufsammelte und zu den Kangae-Leuten hinaustrug. Diese hielten sich noch in ihren Wohnungen auf, bis die Sühnegabe entrichtet worden war. In der Zwischenzeit hatte Kauwan das Stück geräucherte Schweineleber gebracht, das er versprochen hatte für Yae zu reservieren, und dieser hatte es in seinen Sack getan, um es später zu essen.

Bald kehrte Giriman zurück, gefolgt von den Kangaeleuten, die mit Yae Handberührung austauschten und ihm versicherten, sie hätten die Bezahlung angenommen. Dann gesellten sie sich zu der Versammlung und hörten eifrig auf jedes Wort.

Als nächstes folgten viele Komplimente, mit denen die Haenamleute Yae überhäuften, wobei sie seine Geschicklichkeit im Jagen und Kämpfen rühmten. Danach wandte sich die Unterhaltung der Schlechtigkeit des Kayagar- und des Asmatstammes zu, und es wurde die Notwendigkeit für Haenam und Mauro besprochen, näher zusammenzuziehen, weg von ihren Feinden.

Darauf hatte Yae sich erhoben und den Wunsch geäußert, nach Mauro zurückzukehren. Dabei hatte er innerlich gezittert, denn wenn Verrat geplant war, dann war dies der Augenblick der Offenbarung. Statt dessen hatten sie ihn jedoch willig zu seinem Kanu begleitet und ihm das Sawi-Lebewohl nachgerufen: »*Aminahaiyo!*«, während er den Hanai-Fluß hinunter zum Kronkel paddelte.

Yae dachte an das erhebende Gefühl, das ihn auf der Heimfahrt vor sieben Monaten beseelt hatte. Er war in der Abenddämmerung heimgekommen, in den Eingang seines Hauses getreten und hatte seinen Dorfgenossen mit echter Sawi-Beredsamkeit laut verkündigt:

»Wo ist der Zorn, den Haenam uns gegenüber gefühlt hat? Heute habe ich alle Zungen des Grimms abgebrochen! Heute habe ich den Pfad nach Haenam, der in so schlechtem Zustand war, wieder zusammengenäht. Ich habe kühles Wasser (Frieden) in die Mitte unserer Dörfer gesprengt.«

Seine Rede hatte er unterstrichen mit dem Sawi-Triumphgeschrei »*EEEHAAAA!*« Mit Vergnügen hörte er dann das aufgeregte Gemurmel, das seiner Rede sowohl in allen Baumhäusern als auch in den niedriger gelegenen Wohnungen gefolgt war.

Und das war erst der Anfang. In den vergangenen sieben Monaten hatte er Haenam zehnmal besucht, und jedesmal war er gleich herzlich aufgenommen worden. Sein Selbstvertrauen hatte bei jedem Besuch zugenommen, und jetzt, auf dem Weg zu seinem elften Besuch, plagte ihn nicht mehr der leiseste Schatten eines Unbehagens.

Er kannte inzwischen die meisten Männer von Haenam mit Namen und war sich ihrer guten Meinung über ihn ebenso sicher wie über die seiner eigenen Dorfleute. Er war überzeugt, daß an diesem Tag einige seine Einladung zu einem Gegenbesuch annehmen und ihn zum *bisim*-Tanz heimbegleiten würden. Dann konnte man anfangen, Pläne auszuarbeiten für einen gemeinsamen Raubzug entweder gegen die Kayagar oder die Asmat.

Wie immer begrüßte Kauwan ihn am Flußufer und geleitete ihn in das Männerhaus. Andere, die er auch schon kennengelernt hatte, kamen nacheinander herein und setzten sich in einem Kreis um ihn. Die Unterhaltung war angenehm wie gewöhnlich, durchsetzt mit Anekdoten und dröhnendem Gelächter. Es wurde ihm Speise vorgesetzt, und er aß mit seinen Gastgebern. Dann sprach er seine Einladung an sie aus.

Giriman war der erste, der antwortete: »Du bist jetzt ein alter Freund von mir. Natürlich werde ich nach Mauro zum *bisim* kommen!« Mahaen und Kauwan gaben ebenfalls ihre Zustimmung bekannt. Bald hatten zwölf Männer die Einladung angenommen. Yae war entzückt. Dann reichten sie Yae eine Schnur aus gedrehten Baumfasern und baten ihn, für jeden Tag, den sie bis zu dem Fest noch warten mußten, einen Knoten einzuknüpfen.

Yae nahm die Schnur mit Freuden an und begann mit der Arbeit.

Als er dadurch abgelenkt war, schaute Mahaen Giriman an und hob ganz leicht die Augenbrauen. Giriman sah das Zeichen und gab es an Maum, Maum gab es an Kani, dieser an Yamasi weiter. Nun hatten alle Männer das Signal verstanden. Mahaen schob langsam seine rechte Hand unter die Grasmatte, auf der er saß, und zog einen nadelspitzen, langen Dolch hervor, der aus dem Hüftknochen eines riesigen Kasuars geschnitzt war.

Giriman, Yamasi und Maum erhoben sich ganz beiläufig und taten, als müßten sie sich einmal strecken, wobei sie lange Eisenholzspeere, die mit Widerhaken versehen waren, vom hochhängenden Waffenregal herunterholten. Einander boshaft angrinsend hielten sie die Speere über Yaes Kopf, während er über die Knoten gebeugt dasaß. Auch die andern in der Gruppe bewaffneten sich. Steinäxte und Speere, Bogen und Pfeile kamen zum Vorschein wie hergezaubert. Jeder Bewaffnete stand lautlos auf und rückte näher an Yae heran. Der einzige, der sich nicht bewaffnet hatte, war Kauwan. Er lehnte sich nur zurück an die Wand, lächelte Yae an und hielt die Unterhaltung während des Knotenknüpfens mit ihm aufrecht.

Yae merkte schließlich, daß es zunehmend dunkler und ruhiger um ihn herum wurde. Ein eisiger Schauer überlief ihn, aber er zwang sich, zuversichtlich aufzuschauen. Als erstes sah er die Waffen und dann etwas noch Erschreckenderes – die Augen der Gastgeber. Alle Augen hatten sich an ihm festgesaugt in gieriger Erwartung des Kommenden. Dann sahen sie, worauf sie sieben Monate gewartet hatten – die jähe Veränderung in Yaes Gesicht.

Mit hämischer Freude beobachteten sie das Schauspiel des Wechsels von heiterem Vertrauen zu abgründigem Schrecken, von Hoffnung zu schwarzer Verzweiflung. Sie würden noch nach Monaten in genauster Ausschmückung jeder Einzelheit in diesem Augenblick der Wahrheit schwelgen. Dabei würden sie versuchen, einander zu übertreffen mit der Schilderung, wie Yaes Augen sich vor Entsetzen weiteten, wie seine Lippen bebten, wie sein ganzer Körper sich mit kaltem Schweiß bedeckte. Bei jeder rednerischen Einzelleistung über dieses Geschehen würden die Wände des Männerhauses vom brüllenden Gelächter zittern.

Während Yae starr vor Entsetzen dasaß, trat Giriman direkt vor ihn, den Speer zum Stoß erhoben. Yae sah, wie Giriman den Mund öffnete und hörte seine grausam zischende Stimme sagen: »*Tuwi asonai makaerin!* Wir haben dich mit Freundschaft zur Schlachtung gemästet!«

Es war eine alte Sawi-Ausdrucksweise, von tödlicher Knappheit, die in drei Worten eine der tiefsten Unterströmungen der Sawi-Kultur ausdrückte – die Idealisierung und Verherrlichung von Tücke und Verrat. Der Satz drückte aus, daß sie von allem Anfang an beabsichtigt hatten, Yae zu töten. Damit sie aber sicher waren, daß er immer wieder kommen werde, hatten sie beschlossen, eine lang hingezogene Hinrichtung daraus zu machen.

Hätten sie ihn sofort getötet, wäre es ein ganz gewöhnlicher Mord gewesen, wie ihn jeder, der in der hohen Kunst der Hinterlist nicht erfahren war, ausführen konnte. Aber über Monate hinweg Freundschaft zu heucheln und den Verrat dann auf diese Weise zu vollenden, das bedeutete jene besondere Feinheit und Spitzfindigkeit arglistiger Täuschung, die das Grundelement der Sawi-Legenden bildet.

Die Männer Haenams handelten einem uralten Ideal entsprechend. Yae kannte ja die Legenden genauso wie diese Leute. Sein Fehler lag darin zu glauben, diese Überlieferungen hätten sich in der Zwischenzeit vom wirklichen Leben gänzlich losgelöst. Er hatte gemeint, die stammespolitischen und persönlichen Fragen der Gegenwart seien wichtiger als überlieferte Gesetze der Vergangenheit.

Angesichts der auf ihn gerichteten Speere zermarterte Yae sein Gehirn um Hilfe. Warum war er denn überhaupt nach Haenam gekommen? Weil er Kauwan vertraut hatte. Und wo war Kauwan jetzt? Vielleicht konnte er doch noch auf Kauwan hoffen?

Ein erstickter Schrei brach von seinen Lippen: »Kauwan! Wo bist du? Beschütze mich, Kauwan!«

Kauwan sah auf ihn herunter. Er stand zwischen zwei Bewaffneten und sagte ungerührt langsam und sarkastisch: »Ich habe ihnen immerzu gesagt, dies sei schlecht, und du seist mein Freund, und sie sollten dir das nicht antun. Aber Maum hat mir seine Tochter versprochen, wenn ich still bin. Zu schade, mein Freund! Ich glaube, ich werde dir nicht helfen!«

Yae schrie ihn angstvoll an: »Sag das doch nicht, Kauwan! Denk an dein Versprechen!« Er versuchte, auf die Füße zu kommen, aber Maums Speer traf ihn in die Seite. Die Spannung entlud sich in einem mächtigen Gebrüll, während andere Speere ihm näherrückten. Yae sank auf ein Knie und rief Kauwan wieder um Barmherzigkeit an, während er vergeblich versuchte, die Widerhaken des Speers aus seiner Seite zu ziehen.

Kauwan wandte sich ab und sagte einfach: »Du hättest mir ein Friedens-Kind geben sollen. Dann hätte ich dich beschützt.«

Bei diesen Worten sah Yae im Geist Kautap vor sich, wie sie mit gekreuzten Beinen am Feuer saß, das schlafende, noch namenlose Kind im Schoß. In aller Qual war dies Bild doch zärtlich. Das Kind! Nur das Kind hätte ihn retten können! Aber jetzt war es zu spät.

Eine Steinaxt traf ihn von hinten, direkt unterhalb des Schulterblattes. Er fiel vornüber auf den Boden und keuchte vor Schmerz. Ein Pfeil durchbohrte ihm die Hüfte, und der scharfe Stich erfüllte ihn mit plötzlicher Wut. Brüllend wuchtete er sich hoch, während das Blut an ihm herunterfloß, und stürzte sich auf seine Peiniger, doch da traf ihn ein zweiter Speer in die Wade. Sie wichen einfach vor ihm zurück, kreischend vor Vergnügen, aber sie umringten ihn nach wie vor.

Yae kippte erneut vornüber, und sein Blick fiel dabei durch eine breite Ritze im noch nicht ganz fertiggestellten Fußboden des Männerhauses. Fast fünf Meter unter sich sah er die Hühner mit schiefgelegten Köpfen zu ihm aufschauen, beunruhigt durch den Lärm über ihnen. Er erinnerte sich, daß er sein Paddel am Fluß in den Schlamm gesteckt hatte. Wenn er sich durch den Boden fallen lassen und zu seinem Paddel gelangen könnte, wäre es ihm vielleicht möglich, mit dessen Speerende wenigstens ein Menschenleben für sein eigenes auszulöschen.

Er glitt hinunter, Kopf voraus, durch den Spalt, aber der Speer, der seine Wade durchstach, legte sich quer über die Bodenplanken, so daß er kopfüber zwischen Himmel und Erde hing. Sich vor Schmerzen krümmend konnte er nur abwarten, bis seine Feinde aus dem Männerhaus schleunigst die Leitern hinuntergeklettert waren und auf ihn zugerannt kamen, wobei sie Bambuspfeile auf die Bogensehnen legten. Frauen und Kinder kamen auch herbeigerannt, begeistert über diese unerwartete Gelegenheit, das Opfer nun auch in ihrer Reichweite zu haben.

Während die Kinder ihre auf ihre Größe zugeschnittenen Pfeile auf Yae abschossen, hoben die Frauen ihre Stöcke, die sie zum Sagoausgraben benutzten, um sie ihm auf den Kopf zu schmettern. Dorfhunde rasten zwischen den stampfenden Füßen der Peiniger umher und leckten eifrig das herabtropfende Blut auf, wobei sie jedesmal, wenn sie getreten wurden, ohrenbetäubend aufjaulten.

Als Yae endlich tot war, zog jemand den Speer heraus, an dem er hing, und ließ den Körper zu Boden fallen. Die Krieger tanzten in wilder Ekstase um die Leiche und stießen Siegesschreie aus. Jeder rühmte sich der Rolle, die er bei diesem tückischen Verrat und dem darauffolgenden Mord gehabt hatte. Einige bückten sich und zogen die Pfeile und Speere aus dem zerrissenen Fleisch.

Dann kam der hochgewachsene, muskulöse Krieger Maum mit einem frischgeschliffenen Steinbeil über der Schulter. Da er Kauwans Stillschweigen erkauft hatte, verlangte er das Vorrecht, Yaes Kopf abzuschlagen. Die andern gaben ihm den Weg frei. Er beugte sich über die Leiche und hob die Axt hoch. Die Kinder sahen mit aufgerissenen Augen zu und zuckten jedesmal zusammen, wenn die Axt durch Wirbel und Sehnen schlug, bis der Kopf abgetrennt war.

Maums Freund Warahai trat mit seinem Sohn Emaro näher heran. Maum hob den abgehauenen Kopf hoch, dem Jungen entgegen. Warahai wandte sich zu Emaro und sagte: »Dein Name ist Yae!«

Der Name Emaro war nur vorläufig erteilt worden bis zu dem Zeitpunkt, an dem man dem Jungen den Namen eines eigens für ihn getöteten Opfers geben konnte. Seine nächsten Freunde würden ihn ab und zu immer noch Emaro nennen, aber sein »Kraft-Name« war von jetzt an Yae. Jede übernatürliche Kraft, die bis jetzt vielleicht Yae eigen gewesen war, würde von nun an der Lebenskraft des Jungen hinzugefügt sein.

Dann ließ Maum einer Frau mit Namen Anai die Botschaft überbringen, daß Yaes Kieferknochen ein Geschenk für sie sei. Sie solle ihn als Änhänger um den Hals tragen bei den Feierlichkeiten, die ›eren‹ heißen und der Sitte gemäß immer auf die Erbeutung eines

Kopfes folgen. Als die Frau die Nachricht bekam, schrie sie triumphierend auf und tanzte umher, um diese ihre große Ehrung zu würdigen.

Als Yaes Leiche nicht mehr blutete, wurde sie von mehreren Männern aufgehoben und die enge Stufenleiter in das Männerhaus hinaufgetragen, während die Hunde unten das Blut von Boden und Büschen leckten. Im Haus wurden in der Mitte Bananenblätter ausgebreitet und die kopflose Leiche daraufgelegt. Sofort stürzten sich unzählige Fliegen auf die klaffenden Wunden.

Yaes Schmuckstücke wurden ihm abgenommen und verschiedenen Männern ausgehändigt, die Anspruch darauf erhoben hatten. Kauwan war schon zum Flußufer vorausgegangen und hatte Yaes elegantes Paddel gefordert.

Dann traten drei von Maum dazu bestimmte Männer vor, um die Leiche aufzuschneiden. Das wurde mit rasiermesserscharfen Bambusmessern durchgeführt. Die Zuschauer riefen aufgeregt ihre Ansprüche an verschiedene Körperteile aus und Maum gab jedesmal seine Zustimmung. Dann begann die Metzelei.

Während die Männer damit beschäftigt waren, holten die Frauen, die ja ohne ausdrückliche Genehmigung das Männerhaus nicht betreten durften, die ihren Ehemännern, Vätern und Brüdern gehörenden Trommeln aus den Häusern und begannen vor dem Männerhaus zu tanzen.

Zum Schlag der mit Eidechsenhaut bespannten Trommeln (die Haut war mit Menschenblut festgeleimt) stimmten sie einen schrillen, rhythmischen, eintönigen Singsang an. Ihre schweren Grasröcke schwangen im Takt der dumpfen Trommelschläge. Gelbe Federbüsche von Paradiesvögeln leuchteten im Sonnenlicht. Es war die Zeit der größten Tageshitze, und die Körper waren schweißüberströmt. Nackte Kinder umarmten sich gegenseitig und hüpften auf und nieder oder warfen Stöcke in die Luft, um ihre große Erregung abzureagieren.

Leute, die schon einmal Menschenfleisch gegessen hatten, tadelten die noch Unerfahrenen und versicherten ihnen, es schmecke genau wie Schweine- oder Kasuarfleisch. Warum seien sie *kerkeriyap*, so zimperlich? Einige der Getadelten erwiderten daraufhin: »*Fadimakon govay!* Natürlich werde ich es essen!« Andere kicherten und meinten: »*Rigay bohos fat fadon, hava ke fadyfem gani?* Warum sollte irgend jemand Menschenfleisch essen wollen?« Am Ende würden doch alle das Gefühl von *kerkeriyap* überwinden und sich am Essen beteiligen, wenn nicht heute, dann eben ein andermal. Aber kein Sawi vergaß je das Grauen vor dem ersten Essen von Menschenfleisch. Das war eine der wichtigsten Schwellen, die jeder von ihnen irgendwann einmal überschreiten mußte, um die tiefsten Grundlagen des Sawi-Wesens zu erkennen. An dem Tag, an dem jemand zum erstenmal Menschenfleisch aß, hatte er den Eindruck, als seien ihm die Augen geöffnet, und er wisse nun, was gut oder böse sei.

Nachdem fast jeder Teil des toten Körpers abgelöst und auf Holzroste gelegt worden war, um über den verschiedenen Kochstellen im Männerhaus gar zu brutzeln, verließen alle unverheirateten Männer das Gebäude. Zusammen mit den Frauen und Kindern begaben sie sich an den Rand des Dschungels außerhalb des Dorfes.

Als Maum sah, daß sie alle in sicherer Entfernung standen, legte er Yaes Kopf auf die Wangenseite, nahm einen schmalen Stein und einen Holzhammer und hockte sich vor den Kopf. Ein anderer Mann hielt den Kopf fest, während Maum das Steinwerkzeug seitwärts in den Schädel hineinschlug. Die Fliegen, die auf Yaes langen schwarzen Augenwimpern gesessen hatten, versuchten ihre Plätze zu behaupten, während die Schläge niederfielen.

Die jungen Männer, Frauen und Kinder hatten den Schauplatz verlassen, weil es für sie *apsar* = verboten war, das Geräusch des aufbrechenden Schädels zu hören. Als alles vorbei war, kamen sie zurückgeströmt zum Männerhaus, und die Festlichkeit nahm ihren Fortgang.

Maum hatte begonnen, das Gehirn durch das geschlagene Loch herauszulösen. Seine Freunde brachten Blätter und Holzbretter aller Art, um ihren Anteil am Hirn zu erhalten. Dies wurde nach der Zubereitung zusammen mit dem Fleisch gegessen. Maum selbst aß nicht vom Gehirn.

Anschließend nahm Maum eine Zeremonie vor, die *yagon* genannt wird. Dabei steckte er Yaes Schädel auf die Spitze seines Bogens, und dieser wurde dann ausgespannt und in schräger Lage aus einer Wand des Männerhauses vorragend angebracht. Dann begann das kannibalistische Fest. Nacheinander wurden dabei die *eren* genannten Riten zelebriert, wobei die Frauen eingeladen wurden, an einem Ende des Männerhauses sich aufzustellen, während Yaes Kieferknochen der Frau namens Anai dargeboten wurde. Diese hing sich dann den kostbaren Schmuck um den Hals.

\* \* \*

Als Kautap erfuhr, daß ihre Befürchtung sich bestätigt und ihr Mann ermordet worden war, schor sie sich das Haar, kam laut jammernd herunter vom Baumhaus, warf sich in den Schlamm am Flußufer und krümmte sich in hemmungsloser Qual. Dann nahm sie Yaes Steinaxt und warf sie in den Fluß, damit sein Geist sie in der Totenwelt zur Verfügung hätte. Andere Verwandte töteten das Dschungelschwein, das Yae gezähmt und extra für das geplante Fest der Verbrüderung mit Haenam gemästet hatte. Es sollte ebenfalls seinen Geist im Jenseits begleiten.

Dann begann das ganze Dorf die Totenklage. Die Baumhäuser schwangen hin und her, wenn die Trauernden von einem Ende zum andern stampften. Drei Monate lang wurden aus Achtung gegen Yae keine Trommeln im Dorf geschlagen.

Kautap dichtete und sang eine Totenklage, die sie immer und immer wieder vor sich hinstöhnte, während ihr die Tränen über die mit Asche beschmierten Wangen liefen:
»O wer wird sich mit den Kindern des Verrats auseinandersetzen? O wer wird die besiegen, die ihr Opfer mit Freundschaft mästeten? O was wird es kosten, ihnen Einhalt zu gebieten?«

Von der unaufhörlichen Wiederholung dieses Klagegesangs tief bewegt, setzten sich Yaes Verwandte zusammen, um einen Racheplan gegen Haenam zu entwerfen. Eine andere Antwort auf Kautaps klagende Fragen lag vollkommen außerhalb ihres Begriffsvermögens. Die Worte des Klageliedes drangen allmählich auch durch den Urwald an Maums Ohr. Inzwischen war die trockene Jahreszeit vorüber, die unbarmherzigen Monsunstürme schleuderten schwere Regengüsse gegen die aus Sagowedeln gebildeten Wände

des Haenam-Männerhauses. Die ganze Grasebene rund um das Dorf war überflutet.
Maum lächelte über die Worte der Totenklage. Seine einzige Bemerkung dazu war infolge des Sturms kaum zu hören: »Ja, wer könnte uns wirklich besiegen!« Dann gähnte er und streckte sich zum Mittagsschlaf auf seiner Grasmatte aus, die er zum Schutz vor der feuchtkühlen Luft halb über sich zog. Yaes kieferloser Schädel, bereits glattpoliert, rollte gegen seine Schulter, als er die Matte über sich breitete. Er nahm ihn, legte ihn sich als Kissen unter den Kopf und schlief ein.

# Der Schatten der Tuans

Die Männer Haenams erreichten schließlich dadurch Erleichterung für ihren Konflikt mit den Kayagar, daß sie ein altes Bündnis mit zwei andern Sawi-sprechenden Dörfern, Yahamgit und Yohwi, erneuerten. Diese drei Dörfer brachten gemeinsam den Kayagar, die im Quellgebiet das Kronkel leben, schwere Verluste bei, so daß diese gezwungen waren, um eine Kampfpause nachzusuchen. Mauro bildete in ähnlicher Weise eine erfolgreiche Verbindung mit Esep, Sanapai, Tito und Wasohwi und vermochte so das Gleichgewicht gegen die Asmat-sprechenden Dörfer nahe der Mündung des Kronkel herzustellen.

Um den Tod Yaes zu rächen, bauten die Männer Mauros ihr Bündnis mit Esep noch weiter aus. Sie beredeten die Leute von Esep, ihr gutes Verhältnis zu Haenam auszunutzen und eine Gruppe Männer aus Haenam nach Esep zu einem Tanz zu locken, der die ganze Nacht dauern sollte. Neun Männer gingen dieser Einladung auf den Leim.

Während des Tanzes in der dunklen und friedlichen Nacht kamen die Krieger aus Mauro lautlos wie Geister in ihren Kanus den Aym-Fluß herauf, schwärmten fächerförmig in der Dunkelheit aus und umstellten den Ort. Im ersten Morgengrauen rückten sie näher, und als es hell genug war, um Freund und Feind unterscheiden zu können, griffen sie an.

Plötzlich erstarben Tanzlärm und Trommeln unter dem Kampfgeschrei der Leute aus Mauro. Die Esep-Männer kletterten rasch in ihre Häuser hinauf und verweigerten solchen aus Haenam die Zuflucht. Die neun vorgesehenen Opfer versuchten die Reihen der Angreifer zu durchbrechen. Der widerliche, dumpfe Aufprall von Speeren auf Fleisch hallte durch das Dorf.

Fünf Männer konnten entkommen, obgleich ihr Fluchtweg durch reichliche Blutspuren gekennzeichnet wurde. Huyaham, Sao, Asien und Yamhwi gelang die Flucht nicht.

Esep und Mauro hatten ein königliches Festgelage mit dem Fleisch der vier Opfer, während Haenam mehrere Tage und Nächte in wilder Totenklage für die Ermordeten verbrachte.

\* \* \*

Nach diesem Geschehen verübten die Haenam-Männer einen Einfall nach dem andern in das Gebiet von Mauro und Esep, wobei sie hofften, irgendeine kleine Gruppe von Männern, Frauen und Kindern bei der Sagoarbeit im Dschungel zu überraschen. Sie hatten jedoch keinen Erfolg und entschieden sich deshalb für einen indirekteren Racheplan. In der Zwischenzeit traten drei gänzlich unvorhergesehene Entwicklungen ein.

Nachdem einigermaßen friedliche Beziehungen zu Kayagar und Asmat hergestellt worden waren, begannen die verschiedenen Sawi-Dörfer mit ihren flußaufwärts und -abwärts lebenden Nachbarn häufiger in Verbindung zu treten. Im Laufe solcher Unterredungen fiel den Sawi ein neuer Ausdruck auf, den sie noch nie gehört hatten. Sowohl die Kayagar im Osten als auch die Asmat im Westen schwatzten aufgeregt von jemand, den sie »Tuan« nannten. Da aber kaum mehr als ein halbes Dutzend Sawi die Sprache jener beiden Stämme verstand, dauerte es lange, bis sich die Sawi ein einigermaßen deutliches Bild davon machen konnten, was ein »Tuan« sein sollte. Die übereinstimmenden Nachrichten besagten im allgemeinen folgendes:
Tuans waren ungeheuer große Wesen.
– Wie schreckenerregend! –
Sie waren allgemein als recht freundlich bekannt.
– Das war beruhigend! –
Aber – sie sollten Waffen besitzen, die Feuer speien konnten, dabei gab es jedesmal einen Ton wie einen Donnerschlag.
– Kampferprobte Krieger bebten! –
Es wurde gesagt, sie seien starke Gegner von Kopfjägerei und Kannibalismus!
– Welch ein Glück, daß die Kopfjagd betreibenden Kayagar und die der Kopfjagd und Menschenfresserei huldigenden Asmat diesem Einfluß ausgesetzt waren! –
Ihre Haut sollte so weiß sein wie Sagomehl.
– Wie häßlich! –
Außerdem fühle sie sich sehr kühl an.
– Ob es am Ende gar keine menschlichen Wesen waren? –

Ihr Haar sei glatt und wellig, aber niemals kraus und verfilzt. Sie hüllten sich mit fremden Häuten so vollständig ein, daß ihre Körper kaum zu sehen seien.

– Wie ungemein schwierig mußte es sein, sie so kennenzulernen wie sie wirklich waren! – Die meisten Gewährsleute bestätigten, sie hätten noch nie eine weibliche Tuan gesehen, obwohl es, nach weiter entfernt wohnenden Informanten zu urteilen, ein paar geben sollte.

– Was für Kämpfe sie ausfechten mußten, um Ehefrauen zu bekommen, wenn es so wenige gab! –

Die Gegenstände, mit denen sie handeln sollten, schienen fast ebenso fremdartig wie die Tuans selber. Hauptsächlich waren es Schneidewerkzeuge, die den bekannten weit überlegen waren und *kapaks* genannt wurden, wenn man sie zum Baumfällen benützte; *parangs* wurden zum Aushauen von Buschpfaden und *pisaus* zum Fleischschneiden verwendet. Es gab auch winzige Stöckchen, *korapi* genannt, mit denen man ausgezeichnet ein Feuer entfachen konnte. Ihre *sukurus* konnten den Bart viel besser scheren als Bambusmesser! *Mata kail* = Fischhaken und *kawas* = Angelschnüre ermöglichten den Fischfang sogar in den großen Flüssen, während man sonst warten mußte, bis der Wasserstand in den kleineren Flüssen niedrig war, um die Fische zu speeren oder mit Pfeil und Bogen zu erlegen.

Dem Bericht zufolge gab es auch *rusi*, in denen man seine Seele viel deutlicher sehen konnte als auf der Wasserfläche eines stillen Sumpfteiches. Besonderes Interesse erregte eine reinweiße Substanz, *garum* genannt, von der behauptet wurde, sie sei viel salziger als die zusammengekratzten Reste angebrannter Sagowedel, die bisher von den Sawi zum Würzen ihrer Speisen gebraucht wurden. Aber mehr noch! Die Tuans sollten auch *sabun* verschenken; wenn das mit Wasser gemischt und auf die Haut gestrichen werde, könne es nicht nur lockeren Schmutz lösen, sondern sogar Hautfett! Schließlich und endlich glaubte man, die Tuans besäßen zahlreiche Formen von Zauberkraft, *obat* genannt, die Fieber vertreiben und Geschwüre heilen könnten, viel wirksamer als die Sawi-Zauberinnen das könnten.

Je mehr diese atemraubenden Neuigkeiten über die Tuans in die

Dörfer eindrangen, desto weniger sicher waren sich die Sawi, ob sie einem solchen Wesen überhaupt begegnen wollten. Natürlich, die materiellen Vorteile waren verlockend – aber wenn nun unvorhergesehene übernatürliche Auswirkungen folgten? Vor langer Zeit hatten die Vorfahren der Sawi es gelernt, Umgang mit den Geistern in Fluß und Dschungel zu haben. »Die Geister haben unser Hautfett in ihren Flüssen angenommen«, pflegten sie zu sagen. Solange diese schwache Verbindung zwischen den Geistern und den Menschen bestand, war die Welt im Gleichgewicht. Zugegeben, es herrschten manchmal schreckliche Epidemien in den Dörfern, aber die Geister sandten sie nur in langen Zeitabständen, so daß die Dorfgemeinschaften überleben konnten.

Aber wenn nun ein Tuan, der keine Beziehung zu den Geistern hatte, fremdes Hautfett in die Flüsse und auf die Buschpfade brächte, könnte das Universum vielleicht aus dem Gleichgewicht geraten. Die Geister könnten sich womöglich an den Sawi für diesen ungewohnten, kühnen Einbruch in ihr Herrschaftsgebiet rächen. Für diesen Fall hätten aber die Dorfältesten keine wirksame Methode entwickelt, um die Geister zu versöhnen. Vielleicht waren die Tuans selber Geister, die man beschwichtigen mußte – ach, und es würde so lange dauern, bis man die Methoden heraus hätte, eine fremde Geistergruppe zu besänftigen! Es war schon anstrengend genug, in einer zweigeteilten Geister-Menschen-Welt zu überleben. Wie würde es den Dörfern ergehen in einer neuen, dreigeteilten Welt von Geistern-Tuans-Menschen?

Dies war die entscheidende Frage. Sie beschäftigte die Sawi um so mehr, als die Kayagar und Asmat sich weiter über die fremden Wunderwesen, Tuans genannt, ausließen. Es war ein völlig neues Problem, mit dem ihre Vorväter sich wahrscheinlich nie hatten befassen müssen. Darum gab es in den Sawi-Legenden auch keinen Anhalt dafür, wie sich das gegenwärtige Geschlecht in der Frage der Annäherung an die Tuans benehmen sollte. Sie waren ganz auf sich allein gestellt, und sie zitterten unter der Verantwortung einer Entscheidung, die ihre eigene Existenz und die ihrer Kinder so tief beeinflussen konnte.

Die Krise verschärfte sich sehr plötzlich an dem Tag, als die zweite unerwartete Entwicklung eintrat und die Sawi überraschte.

Haenam war umgesiedelt und an das Ufer eines anderen Nebenflusses, Sagudar, gezogen. Das neue Dorfgelände grenzte sehr nahe an das Gebiet der Kayagar an. Eines Tages kam ein Kanu mit stämmigen Kayagar den Fluß heruntergefahren. An Bord war auch ein Atohwaem-Krieger namens Hadi. Dieser sprach drei Sprachen fließend, Atohwaem, Kayagar und Sawi.

Als das Kanu sich Haenam näherte, rief Hadi aufgeregt in der Sawisprache: »Diese Kayagarleute können euch etwas ganz Besonderes zeigen!«

Die Krieger Haenams kamen langsam aus ihren Häusern herunter, als Hadi an Land sprang. Hinter ihm bückte sich ein Kayagar namens Hurip und nahm einen Gegenstand vom Boden des Kanus auf. Seine Augen blitzten vor Vergnügen, als er die Verwunderung auf den Gesichtern der Sawi sah. Er hob den Gegenstand hoch über seinen Kopf. Dann öffnete er seinen breiten Mund und sagte in der tief aus dem Brustkorb rollenden Kayagar-Sprache, und Hadi übersetzte: »Dies ist ein *kapak!*«

Die Sawi drängten sich mit offenem Munde herzu. Sie starrten den Gegenstand mit derselben Verwunderung an, wie ein Astronaut ein Werkzeug einer außerirdischen Zivilisation bestaunen würde. Das *kapak* war ungefähr so lang wie eine Männerhand und hatte eine blitzende Klinge, ungefähr neun Zentimeter breit. Das andere Ende lief aus in einen dicken Ring, dem Hurip einen spitz zulaufenden Eisenholzstiel eingefügt hatte.

Die Staunenden erkannten nur unklar die Ähnlichkeit des Gegenstandes mit ihrer eigenen Steinaxt, bis Hadi auf einen jungen Baum deutete und Hurip aufforderte, vorzuführen, was man mit dem sonderbaren Gegenstand tun könne. Hurip stelzte hinüber zu dem Baum, hob die Axt weit zurück über seine rechte Schulter und führte einen gewaltigen Schlag in den Stamm. Hadi kicherte, als die Zuschauer bei dem fremdklingenden Krach von Stahl auf Holz zurückschreckten. Hurip wuchtete die Axt heraus, und nach drei weiteren Schlägen stürzte der Baum in den Kronkel. Drei Minuten lang schrien die Haenamleute vor Verblüffung. Vier Schläge mit diesem Gegenstand hatten genügt, einen Baum zu fällen, für den sie mit der gewöhnlichen Steinaxt mehr als vierzigmal hätten zuschlagen müssen.

Die Sawi luden Hadi, Hurip und die andern Kayagar in das Männerhaus ein. Nachdem alle Platz genommen hatten, wurde das wunderbare *kapak* herumgereicht. Respektvoll strichen die Sawi über das märchenhafte Instrument, mit lauten Bewunderungsrufen wegen seiner Härte, Schärfe und Schwere. Sie konnten fast nicht glauben, daß eine Schneide, viermal so dünn wie ein gewöhnliches Steinaxtblatt, mit solcher Gewalt geführt werden konnte, ohne zu zerbrechen oder zu splittern.

Hurip, vom Stolz geschwellt, der erste zu sein, der einer ganzen Gemeinschaft dieses vollkommen fremdländische Wunder vorführen konnte, erzählte dann, wie er eins seiner Kinder an einen andern Kayagar in dem Dorf Araray, weit im Südosten, verkauft habe, um das *kapak* zu erhalten. Die Leute in Araray hätten viele derartige Beile, weil ein Tuan tatsächlich mitten unter ihnen wohne. Er sagte, jetzt wanderten alle Kayagar-Dörfler nach Araray oder Kepi. Sie brächten dem Tuan Schweine oder Kinder im Austausch für Äxte und andere Schätze der Tuans. Einige der Sawi waren drauf und dran, Hurip zu bitten, ihnen seine Axt zu verkaufen, aber als sie hörten, er habe ein Kind dafür hergeben müssen, ließen sie es lieber bleiben.

Nach einem Augenblick atemloser Stille nahm ein muskulöser junger Sawi-Krieger namens Kani das Wort: »Hurip, warum ist der Tuan nach Araray gekommen?« Als die Frage Hurip übersetzt wurde, zuckte er seine massigen Schultern. »Ihr glaubt wohl, die Tuans sind genau wie wir?« rief er. »Wenn einer von uns an einen bestimmten Ort zieht, dann weiß man, daß er es tut, weil er dort viel ungeernteten Sago hat oder weil er weiter von seinen Feinden wegzieht, oder weil er dort wohnen will, wo sein Vater gewohnt hat. – Aber die Tuans fragen nicht viel nach Sago. Sie scheinen keine Feinde zu haben. Sie sind nicht an das Land ihrer Vorväter gebunden. Sie kommen, wann sie wollen, sie gehen, wohin sie wollen, sie bleiben, wo sie wollen! Niemand weiß jemals, was sie tun wollen oder weshalb sie es tun. Alles, was wir wissen, ist: wo sie auch hingehen, sind ihre Kanus schwer beladen mit solchen Äxten.«

Die Sawi stießen Pfiffe aus vor Verwunderung, aber Kani fragte beharrlich weiter: »Wenn ein Tuan zu uns käme, was würde uns passieren?«

Hadi übersetzte, und Hurip antwortete sofort: »Ihr Sawileute schlagt immer noch Menschenköpfe ab und eßt Menschenfleisch. Wenn ein Tuan hierherkäme, müßtet ihr das aufgeben, soviel ist ganz sicher. Wenn ihr das nicht tut, wird er euch mit Feuer beschießen! Ihr werdet stattdessen *karia* tun müssen. Für euer *karia* gibt euch der Tuan dann Massen von *kapaks, parangs* und *pisaus*.«

Keiner der Sawi begriff, daß *karia* »Arbeit« bedeutete. Einige ließen wieder erstaunte Pfiffe hören. Andere wurden plötzlich still, als sie sich überlegten, daß sie nie wieder Menschenfleisch kosten und Köpfe abschlagen dürften, ohne das Risiko, mit Feuer verbrannt zu werden.

Kani war einer von denen, die nicht pfiffen. Er dachte daran, daß er und sein Stamm noch nicht die Rache an Mauro wegen der Abschlachtung seines älteren Bruders Huyaham und der andern drei Männer damals in Esep vollzogen hatten. Wenn Haenam sich also rächen wollte, mußte es möglichst rasch geschehen, sonst konnte am Ende ein Tuan auftauchen, und dann wäre eine Vergeltung vielleicht nicht mehr möglich.

Hurip, Hadi und ihre Freunde fuhren bald wieder ab, nachdem sie den Sawi versprochen hatten, sie würden ihnen als erste mitteilen, wenn sie eine Axt zum Handel übrig hätten.

Hurip und seine Freunde waren nur aus einem einzigen Grund gekommen: sie wollten das Schauspiel genießen, wie ein ganzes Dorf vor Staunen starr war über eine Axt aus Eisen. Ohne es zu wissen, hatten sie aber weit mehr erreicht.

Erstens hatten sie die »Tuan-Frage« für die Haenamleute ein für allemal gelöst. Jetzt endlich wußten diese Sawi-Leute, was sie tun würden, wenn ein Tuan jemals zu ihnen käme. Bei Sonnenuntergang hatten sie Übereinstimmung erzielt für eine Einstellung, der sich bald alle achtzehn Sawi-Dörfer anschließen sollten.

Zweitens hatten sie den jungen Kani davon überzeugt, daß es Zeit war, für Haenam einen weiteren Akt des althergebrachten Dramas *tuwi asonai man* zu inszenieren. Es mußten weitere »Schweine zur Schlachtung gemästet« werden, um den Tod Huyahams zu rächen, ehe die Tuans erschienen; denn es war durchaus möglich, daß die Sache sonst nicht mehr durchgeführt werden konnte. Und da offene Angriffe gegen Mauro vergeblich gewesen waren, mußte eben wieder die »Mästung durch Freundschaft« erfolgen. Aber ehe Kanis Mordabsichten verwirklicht werden konnten, sollte ein drittes unerwartetes Geschehen die Sawi-Welt in ihren Grundfesten erschüttern.

# Die Tuans kommen

Als ein Volk von Halbnomaden brauchten die Sawi ihre Häuser nie auszubessern. Wenn die langen Baumpfosten ihrer Häuser anfingen zu faulen, zogen sie einfach an einen andern Ort und bauten neue Häuser.

Als ihre Wohnungen am Sagudar-Fluß in Verfall gerieten, trafen die Haenamleute ein Übereinkommen mit einem andern Sawi-Dorf, Kamur. Sie gründeten zusammen ein neues Dorf an der Mündung des Flusses Antap, nördlich vom Kronkel und eigentlich kein Haenam-Gebiet. Zu dieser neuen Gemeinschaft gehörten etwa 400 Leute.

Die verschiedenen Langhäuser und zwei Baumhäuser des Dorfes waren mehrere hundert Meter weit am Ufergelände verstreut und boten eine gute Aussicht auf die längste gerade Strecke des Kronkel im ganzen Sawi-Bereich. Die Leute nannten sie *kidari*, was man vielleicht mit »Freistrecke« übersetzen könnte. Sonst wand und krümmte sich der Kronkel derartig durchs Land, daß es nur selten möglich war, mehr als einen Kilometer in beiden Richtungen zu übersehen. Hier auf der *kidari* konnte man mehr als drei Kilometer weit die Fahrrinne überblicken.

In diesem neuen Dorf arbeitete Kani schließlich die Einzelheiten eines Meisterwerks an tückischem Verrat aus, mit dem er hoffte, seinen quälenden Rachedurst an Mauro stillen zu können. Er wußte allerdings, daß der Plan nicht ausgeführt werden konnte, wenn seine Vorgesetzten in Haenam nicht dafür gewonnen werden konnten. Sorgfältig überlegte er sich immer wieder jedes Argument, das er für seinen Plan ins Feld führen wollte. Er bedachte auch die Frage, wen er ins Vertrauen ziehen konnte, denn es war ein gefährliches Wissen, falls irgend jemand seinen Plan nicht gutheiße und an den Feind verriete.

Eines Morgens saß Kani da und stieß Tabakwolken aus seiner langen Bambuspfeife, als seine Tochter Norom ankündigte: »*Navo, kabi sai!* Vater, ein Kanu kommt!«

Kani wandte sich und schaute die *kidari* hinunter, als der Einbaum auf das Dorf zukam. Es saßen acht seiner nächsten Sippenangehörigen darin. Kani bekam Herzklopfen vor Erregung, denn er hatte auf die Rückkehr dieser Leute von der Jagd gewartet. Endlich waren sie nun gekommen. Sofort beschloß er, ihnen noch heute seinen raffinierten Plan vorzulegen.

Als das Kanu in das Schilf am Kronkelufer eindrang, hob Kani seine Pfeife wieder an die Lippen und zog den Rauch ein, wobei er seine Augen verschlagen zusammenkniff. Niemand in dem raucherfüllten Langhaus bemerkte, daß sich seine Lippen um das Pfeifenmundstück zu einem Lächeln verzogen. Aber plötzlich erstarrte dieses Lächeln.

Am Flußufer packte Kanis Sippenverwandter Sauni gerade sein Speerpaddel, um es in den Uferschlamm zwischen das Schilf zu stoßen. Sein Arm stockte plötzlich mitten in der Bewegung.

Kanis anderer Sippenverwandter Mavu war eben aus dem Kanu in das flache Wasser und das Schilf gestiegen, bückte sich und ergriff die eine Seite des Bootes, um das schlanke Fahrzeug weiter in das Schilf zu schieben. Aber er führte dieses Vorhaben nicht mehr aus. Stattdessen verkrampfte sich sein Körper plötzlich, als er im Spiegelbild des Wassers sah, was vorging. Maum, Yamasi, Haero und Sinar waren auch in das seichte Wasser gestiegen und eben dabei, die schweren Fleischpacken der frischgeschlachteten Wildschweine herauszuheben. Aber das Fleisch entglitt ihren Händen und fiel ins Kanu zurück.

Nackte braune Kinder hielten plötzlich im Spiel inne, verstummten und starrten furchterfüllt. Das Geschwätz der Frauen erstarb. Das Hacken von Feuerholz war nicht mehr zu hören. Die Kranken hörten auf zu husten. Im ganzen Dorf war nur noch das Schreien eines einzigen Säuglings und das Summen der Millionen Fliegen vernehmbar.

Ein Ton! Weit entfernt. Ein unbekannter Ton – wie ein Pulsschlag! Kani runzelte alarmiert die Stirn. Es hörte sich an, als hätte irgendwo ein Riesenherz angefangen zu pochen, so daß das ganze All – Luft, Wasser, Bäume, Boden – in diesem dumpf drohenden Rhythmus erbebte.

Maum stand am Ufer und versuchte blitzschnell sich an alle bekannten Geräusche zu erinnern, aber vergeblich. Nie hatte er etwas derartiges gehört. Wenn es ein langanhaltender Donner gewesen wäre, hätte er gesagt, er wäre entstanden durch die mächtigen Brandungswellen eines besonders heftigen Monsunsturms, die sich an den weit entfernten Schlammufern entlang der Arafura-See brachen. Oder wenn die Klangstärke geschwankt hätte, wäre es möglich gewesen, daß sich in der Ferne ein Gewitter zusammenbraute.

Aber dieser ständige, rhythmische Pulsschlag ließ sich nicht erklären. Er konnte unmöglich eine natürliche Ursache haben. Der Ton war zu tief für eine aus Menschenhaut gefertigte Trommel bei irgendeinem Fest in einem entfernten Sawi-Dorf. Und kein den Sawi bekanntes Tier konnte solch einen Ton hervorbringen. Es gab für Maum nur eine Erklärung: der Ton mußte eine übernatürliche Ursache haben.

Diese Möglichkeit konnte nur die eine Reaktion in den Herzen der Sawi hervorrufen: Entsetzen! Maum fühlte dieses Entsetzen in seinem Magen wie einen unheimlichen Klumpen wachsen, ihm den Atem aus den Lungen pressen und einen Druck verursachen, der ihm fast das Herz stillstehen ließ.

Da fielen ihm die Worte ein, die Hadi von Hurips Lippen übersetzt hatte; und er schrie dem Dorf eine Warnung zu: »*Yot gwadivi saido!* Es kommt, um Feuer zu schießen.«

Kani ließ seine Pfeife fallen und sprang auf, während der Rauch aus seinen Lungen verpuffte. Er schnappte sich Bogen und Pfeile mit einer Hand, schwang sich eins seiner Kinder mit der andern Hand auf den Rücken, während seine Frau ein anderes Kind an seine ältere Tochter Norom weiterreichte und sich selbst ein Kind auf den Rücken hob.

Sie hörten rund um sich den Tumult des Aufbruchs, immer das Kennzeichen eines Umzugs der Sawi in ein neues Dorf. Langhäuser schaukelten und quietschten, als ihre Bewohner zu den Ausgängen rasten und die Stufenleitern hinunterkletterten. Kleine Kinder hingen am Hals der Eltern, während diese Grasmatten und Kochgeschirr unter die Arme geklemmt hatten. Die Leute von Haenam und Kamur hatten diese Prozedur schon oft mitgemacht. Sowie eine

Flottille von Kayagar- oder Asmat-Kriegskanus in Sicht kam, erfolgte jedesmal die wilde und doch geordnete Flucht in den Dschungel. Der Unterschied war nur der, daß sonst Frauen und Kinder flohen, während die Männer zurückblieben und den Feind erwarteten.

Diesmal flohen Männer und Frauen gemeinsam in den Dschungel, weil sie glaubten, das herannahende Ungeheuer sei übernatürlicher Art. Außer ihren Kindern und Waffen schleppten sie auch noch so viele Grasmatten mit wie irgend möglich, um, wenn notwendig, in der Wildnis zu übernachten. Während die Frauen und Kinder tiefer in den Dschungel hineinflohen, bezogen Kani, Maum und die andern Männer aus Haenam und Kamur Stellung im Unterholz gleich hinter dem Dorf. Unruhig schauten sie zu den tieftreibenden Wolken auf und beobachteten den friedlichen Fluß und die tiefen Wälder in ihrem Rücken, bereit, beim geringsten Gefahrenzeichen tiefer in den Dschungel hineinzuflüchten. Nicht weit weg von ihnen wagte es ein junger Kamur namens Isai, seines älteren Bruders Fluchtbefehl zu mißachten und statt dessen auf einen Baum zu klettern, um auf den Fluß hinaussehen zu können.

Nachdem das Geschrei der Frauen und Kinder in der Ferne verklungen war, konnten die Krieger wieder das pulsierende Geräusch hören, das viel lauter geworden war. Es schien, als bebe die weiche, sumpfige Erde im gleichen Rhythmus. Erst war es, als komme der Ton von allen Seiten und halle im ganzen Wald wider; aber allmählich merkten sie, daß der Ton aus dem Westen kam. Gleichzeitig schien sich sein Ursprung jedoch südwärts zu verlagern. Ein schrecklicher Gedanke schoß Kani durch den Kopf. Die Klangquelle mußte wohl einer südwärts gerichteten Schleife des Kronkel folgen. Sollte dies zutreffen, dann mußte die nächste Flußbiegung das gefährliche Ding wieder nordwärts führen und damit in den Gesichtskreis der Beobachter kommen.

Schließlich schien der Punkt erreicht, an dem, wie Kani erkannte, das Pochen sich nordwärts wenden und rasch lauter werden mußte, wenn es auf sie zukam. Vor Angst klamme Finger legten die Pfeile auf die Bogensehnen, obgleich keiner der Sawi sich zutraute, bei Erscheinen des Unheils tatsächlich zu schießen. Plötzlich wurde das Pochen so laut, daß einige Krieger in Panik davonstürzten. Die Zurückbleibenden spürten vor Furcht ihre Haut eiskalt werden und ihre Haare sich sträuben.

Dann rollten vor ihren ungläubigen Augen Wellenberge heran, wie sie noch nie auf den dschungelgeschützten Windungen des Kronkel gesehen worden waren. Ahos-Bäume begannen durch den Anprall der Wellen heftig hin und her zu schwingen. In der nächsten Sekunde mußte das Ungeheuer, das diese Wellen verursachte, in Sicht kommen. Kanis Herzschlag setzte fast aus.

\* \* \*

Die beiden mit Verdeck versehenen Flußboote kamen um die Biegung des Kronkel gerauscht, ihre Dieselmotoren ratterten fast im Gleichtakt. Sie fuhren unter der flatternden rotweißblauen niederländischen Flagge. Die Reise hatte vor mehreren Tagen in Agats, der nächsten holländischen Regierungsstation, 50 Meilen nördlich der Mündung des Kronkel, begonnen. Ihr Auftrag: Sie sollten das wenig bekannte südliche Hinterland des Verwaltungsbezirks von Agats erkunden. Es war bisher ohne jede behördliche Überwachung geblieben. Es wurde auch ein Platz gesucht für einen neuen Verwaltungsposten der Holländer, von wo aus ihre Polizei hoffte, der unaufhörlichen Kopfjägerei und dem Kannibalismus in dieser wilden Gegend ein Ende machen zu können.

Die Untersuchungskommission war schon tagelang den engen Windungen der im Sumpf eingebetteten Flüsse gefolgt, um bisher unbekannte Eingeborenensiedlungen aufzuspüren, allerdings ohne Erfolg. Die wilden Bewohner dieses Gebiets hüteten sich im allgemeinen sehr, ihre Dörfer in Sichtweite der großen Flüsse anzulegen. Da sie infolge ihrer ständigen Fehden untereinander hoffnungslos zerstritten waren, bestanden die Siedlungen immer nur aus ein paar Familien, die sich bei einem Überfall kaum wehren konnten. Statt dessen zogen sie sich in gut getarnte Dschungelverstecke zurück. Der holländische Militärbefehlshaber der Untersuchungskommission konnte nicht wissen, daß er auf seiner Flußfahrt an jenem Morgen bereits an versteckten Zufluchtsorten von vier flußabwärts liegenden Sawi-Dörfern vorbeigekommen war, wobei der Ton der Dieselmotoren überall Angst und Schrecken verbreitet hatte.

Als die beiden Schiffe sich wieder nordwärts wandten, kamen

plötzlich die Baumhäuser eines neuen Dorfes in Sicht. Hier ist eine Ausnahme, dachte der Kommandant beim Anblick der seltsamen Hausformen einer Siedlungsgemeinschaft, die es wirklich gewagt hatte, sich an einem Hauptfluß niederzulassen. Noch stieg Rauch aus den gewölbten Strohdächern, aber nirgends gab es ein Lebenszeichen. Sie sind in den Dschungel geflohen, dachte der Kommandant und gab den Befehl, weiter flußaufwärts und am Dorf vorbeizufahren. Wenn sie dem Lauf des Kronkel, soweit er schiffbar war, folgten und dann am nächsten Morgen zurückkamen, würden die Leute sich vom Schrecken erholt haben und sich zeigen.

Die Beobachter im Unterholz glaubten inzwischen, ihr soeben verlassenes Dorf werde gleich zerstört werden, und daran ließe sich nichts ändern. Was konnten schon Bambuspfeile gegen zwei sich so rasch bewegende riesige Ungeheuer ausrichten, die den Eindruck erweckten, als sei der mächtige Kronkel kaum breit genug, sie aufzunehmen!

Kani blinzelte ungläubig, als die Boote sich näherten. Er sah mehrere Dutzend Männer, deren Körper in merkwürdigen Hüllen steckten, unter den Verdecken hervorlugen. Einige hatten schwarze Haut wie er, aber andere sahen aus wie frische rosa Sagoblätter, die in der Sonne glänzten. Kani zog die einzig mögliche Folgerung und schrie: »Tuans! Die Tuans kommen!«

Die Boote wälzten sich in den von ihnen selbst aufgewühlten Wellen weiter. Der kleine Isai auf seinem Baum atmete befreit auf. Wenn er sich anstrengte, konnte er tiefe Männerstimmen auf den Booten hören, ihr Klang vermischte sich mit dem Pochen der Motoren. Dann erhob sich ein Mann oben auf einem der Verdecke und winkte zum Gebüsch hinüber, weil er annahm, daß dort Menschenaugen die Schiffe beobachteten. Isai hatte das Gefühl, der Mann müßte ihn trotz der Tarnung durch Zweige und Blätter sehen können und verkroch sich zitternd hinter dem dicken Stamm. Wieso konnten diese Leute so scharf sehen?!

An diesem Abend lagen die beiden Schiffe tief im Kayagar-Grasland am Ufer des Kronkel vor Anker. Dort waren die Leute mehr an das Kommen und Gehen der Tuans gewöhnt und versammelten sich zu Hunderten, um Fisch, Sago und Schweinefleisch gegen Streichhölzer, Rasierklingen, Perlen und Tabak einzuhandeln. Aber selbst die

Kayagarleute fanden die gleißend hellen Petromax-Lampen furchteinflößend und die brüllenden Transistorradios unverständlich.*

Gleichzeitig hielten flußabwärts die Stammesältesten von Haenam und Kamur bis tief in die Nacht hinein eine Sitzung ab. Sie nahmen an, daß die beiden »Super-Kanus« im Kayagargebiet übernachteten und am Morgen wieder durch das Sawigebiet zurückkämen. So debattierten sie darüber, ob sie versuchen sollten, mit den furchteinflößenden Fremden irgendwie Kontakt aufzunehmen oder nicht. Schließlich erboten sich drei Älteste aus Kamur namens Kigo, Hato und Numu, eine Begegnung zu wagen. »Wir haben vor Jahren unter den Auyuleuten weit östlich von hier gewohnt«, sagten sie. »Wir können noch ziemlich viel von ihrer Sprache. Vielleicht sprechen einige der Fremden Auyu. Wenn sie zurückkommen auf dem Fluß, werden wir uns an der Mündung des Nebenflusses Tumdu aufstellen und ihnen zuwinken. Wenn sie ans Ufer kommen, werden wir versuchen, in der Auyu-Sprache mit ihnen zu reden.«

Am nächsten Tag beobachteten Hunderte von Sawi-Augen, wie die drei Abgesandten angstvoll an der Mündung des Tumdu standen. Vergeblich bemühten sie sich, das Schlottern ihrer Knie zu unterdrücken, als das Gebell der Dieselmaschinen vom Osten her sich näherte. Es schien endlos zu dauern, bis die zwei Ungetüme in Sicht und auf die drei Männer zugerauscht kamen. Bemüht, ihre Ängstlichkeit zu verbergen, stand das nackte Trio zitternd da. Sie trugen Nahrungsgaben in den Händen, fürchteten aber immer noch, am Ende von den sich nähernden Riesen verschlungen zu werden.

Vor Erleichterung wurde es den Dreien ganz schwach zumute, als das erste Schiff vorüberbrauste und nur die mächtige Kielwelle sie umbrandete. Aber dann, als sie schüchtern und zitternd winkten, stoppte das zweite Boot plötzlich ab und hielt auf sie zu! Voller Angst begann Kigo in der Auyusprache zu plappern, während Numu und Hato immerfort bekräftigend nickten. Die Regierungsbeamten sahen neugierig unter dem Verdeck hervor. Dann sagte eine freundliche Stimme aus dem Boot einige Begrüßungsworte in

---

* Petromax-Lampen werden aufgepumpt. Unter diesem Druck fließt das Brennöl Kerosin in den Asbestdocht ein.

der Auyusprache, und die drei fühlten, wie sich jeder Muskel in ihnen entspannte. Vielleicht bestand jetzt doch Hoffnung, diese schreckliche Begegnung lebend zu überstehen? Freundliche Hände streckten sich ihnen aus dem Schiff entgegen, nahmen die Nahrungsmittel in Empfang und reichten Bezahlung herüber. Außer dem schwarzen Auyusprecher bemerkten die drei Sawileute unglaublich große, weißgesichtige Männer, die ebenso unglaublich fremde Töne mit noch unglaublicher tiefen Baßstimmen von sich gaben.

Das mußten die Tuans sein! Ihre weißen Gesichter erschienen den drei Wilden so schrecklich, daß sie nicht wagten, mehr als ein paar verstohlene Blicke darauf zu werfen. Im nächsten Augenblick legte das Schiff vom Ufer ab, nahm seine Fahrt wieder auf und dröhnte die *kidari* hinunter, dem andern Boot nach.

Kigo, Hato und Numu, erschöpft von der Aufregung, wandten sich dem Dschungel zu und sahen, wie sich die Leute von Kamur und Haenam furchtsam aus dem Busch vorwagten. Als sie merkten, daß die beiden Schiffe schon in sicherer Entfernung waren, rannten alle aufgeregt auf die drei Helden zu. Kigo, Hato und Numu hielten stolz die Rasierklingen, Streichhölzer, Angelruten und -haken in die Höhe, daß alle staunenden Augen sie sehen konnten. Natürlich hatten sie immer noch keine Ahnung, wie man diese Dinge verwendete. Es konnte Tage dauern, bis irgendein wohlinformierter Kayagar flußabwärts kam und ihnen höchst wichtigtuerisch zeigte, wie man die rote Papierhülle entfernte, um die blitzende neue Rasierklinge zu entdecken! Ebenso würde er ihnen dann beibringen, wie man die Streichholzschachtel aufschieben, ein Hölzchen herausnehmen, es an der Schachtelseite reiben und so Feuer machen konnte. Sehr herablassend würde er ihnen dann erklären, daß man an die Angelhaken einen Köder spießen mußte, wollte man einen Fisch fangen! Dann würde er flußaufwärts zurückfahren und noch tagelang über die Einfältigkeit der Sawi lachen, die solche offenkundigen Einzelheiten nicht wußten. Und dabei vergaß er natürlich, daß er selbst erst vor ein paar Monaten die gleichen Lektionen gelernt hatte!

Für Kigo, Hato und Numu bestand der größte Wert dieser Schätze nicht so sehr in ihrem praktischen Gebrauch, als vielmehr in der

Tatsache, daß es greifbare Beweise ihrer Begegnung mit Wesen einer in ihren Augen völlig fremden Abstammung waren. Die kleinen Raritäten bedeuteten noch mehr. Sie waren handfeste Zeichen dafür, daß diese tapferen Sawi fremde Hände berührt hatten über eine Kulturlücke hinweg, die einem Zeitraum von mehreren tausend Jahren menschlicher Entwicklung gleichkam.

# Der Legendenmacher

Die Begegnung mit den zwei Flußbooten war so voller Dramatik gewesen, daß die meisten Sawileute wochenlang über nichts anderes mehr reden konnten. Nicht lange danach verbreitete sich in den Dörfern das Gerücht, daß die gleiche Untersuchungskommission einen Verwaltungsposten unter den Asmat in Pirimapun eingerichtet habe. Das gab natürlich noch mehr Gesprächsstoff. Selbst Kani war gänzlich abgelenkt von seinen Racheplänen gegen seine vermeintlichen Feinde. Aber nicht lange. Die Geschichte mit den Schiffen verblaßte allmählich. Die alten Wünsche erlangten wieder den Vorrang.

Eines Tages wanderten Kanis beide Frauen die schlammigen Ufer des Flusses entlang, um bei Ebbe nach Garnelen zu suchen. Da er nun allein war, lud Kani Maum, Mavu und Sauni zu sich hinauf ins Haus. Er stopfte seine Pfeife ganz voll, setzte sie in Brand und reichte sie herum. Als der süßfeuchte Tabakgeruch durch das Langhaus zog, begann Kani den andern seine Gedanken darzulegen.

»Also! Die Tuans sind schon beinahe unter uns; aber wir haben immer noch nicht den Tod unseres Bruders Huyaham gerächt. Wie kommt euch das vor?«

Die andern wurden ganz still und fühlten sich leicht beschämt, weil sie eine so ernste Pflicht dermaßen vernachlässigt hatten. Kani fuhr fort: »Vielleicht habt ihr Huyaham längst vergessen. Ich aber nicht. Ich sage, wir müssen ihn rächen, selbst wenn es schon im Schatten der Tuans geschieht.« Er zog an seiner Pfeife, während die andern ihn ansahen. »Willst du, daß wir noch einen Raubüberfall im Mauro-Gebiet ausführen?« fragte Maum. »Das haben wir oft genug gemacht«, sagte Kani. »Nein, ich habe einen besseren Plan.«

Sauni antwortete als erster: »Teile uns deinen Plan mit, älterer Bruder.« Kani schwenkte seine Pfeife in südliche Richtung, wo in der Ferne ein Sawi-Dorf namens Wasohwi lag. »Die Männer von Wasohwi«, sagte er leise, »sind Brüder derer, die Huyaham getötet haben. Sie haben auch einige Freunde unter den Kangae-Leuten am andern Ende unseres eigenen Dorfes. Sagt euch das etwas?«

Die drei Zuhörer lächelten verschlagen über den offenbaren Zusammenhang dieser Tatsachen. Aber dann krauste Mavu die Stirn und fragte: »Wie können wir sie dazu bringen, zu uns zu kommen?« Kani antwortete: »Wir rufen einen ganznächtlichen Tanz aus und schicken ihnen eine Einladung.« – »Aber wer soll ihnen die überbringen? Die Kangaemänner sind mit Wasohwi befreundet, das stimmt, aber dort Besuche zu machen, ist bei ihnen nicht üblich. Außerdem würden sie in dieser Sache nicht mitmachen wollen.«

»Unsere Brüder der Kangae-Sippe dürfen nichts von dieser Sache erfahren«, sagte Kani fest. »Wir müssen ihnen gegenüber so tun, als sei dies eine aufrichtig gemeinte Einladung. Erst wenn sie die Leichen ihrer Wasohwi-Freunde auf dem Boden liegen sehen, werden sie merken, was wir im Sinn hatten.«

»Wer soll denn hingehen und die Opfer zu uns einladen?« wollte Mavu wissen. »Habt ihr vergessen«, sagte Kani langsam, »daß einer unserer eigenen Sippe durch seine Mutter mit den Wasohwi verwandt ist und daß er oft hingeht, sie zu besuchen?«

Alle drei ließen vor Erstaunen langgezogene Pfiffe hören. »Du mußt Mahaen meinen!« rief Maum. »Wie in aller Welt kannst du den überreden, die Angehörigen seiner eigenen Mutter zu verraten?« Aber Kani hatte seine lange durchdachte Antwort schon bereit:

»Es gibt absolut keinen Weg, Mahaen zu so etwas zu überreden«, sagte er sachlich. Dann fügte er geheimnisvoll flüsternd hinzu: »Aber es gibt einen Weg, ihn zu zwingen.« Er legte eine Pause ein und fuhr dann fort: »Jemand muß ihn durch den *waness*-Bann zwingen. Dann wird er tun, was wir von ihm verlangen.«

Die Zuhörer bekamen runde Augen vor erschrecktem Erstaunen. Hatte jemals irgendein Mensch schon vorgeschlagen, den althergebrachten Brauch des *waness* zu Hilfe zu nehmen, um einen nahen Verwandten zu veranlassen, die Familie seiner eigenen Mutter zu verraten?

Es schien den Männern, als habe Kani die Idealisierung von Verrat und Tücke bei den Sawi zu einer solchen Vollkommenheit verfeinert, wie sie den Ahnen selbst in ihren raffiniertesten Überlegungen nicht eingefallen war. Dies bedeutete, daß Kani selber ein leistungsfähiger Legendenmacher war. Ihnen aber hatte er das Vorrecht eingeräumt, die Einführung dieser neuen Legende mit ihm zusammen durchzusetzen. Sie waren restlos hingerissen von der Einzigartigkeit des Vorschlags.

Die Einmaligkeit von Kanis Idee vergrößerte natürlich die Chance des Gelingens erheblich. Es war ja schon lange her, seit Mauro den schweren Schlag gegen Haenam geführt hatte und Huyaham mit seinen drei Freunden getötet und verzehrt worden war. Inzwischen hatten die Wasohwileute die Geschichte sicherlich fast vergessen. Aber selbst wenn sie noch daran dachten, so würden sie kaum argwöhnen, daß Huyahams Verwandte ihre Rachegelüste gegen Mauro mit einem Geheimplan gegen Wasohwi »veredeln« würden! Sie würden mit Sicherheit annehmen, daß ihre Freunde aus dem Kangae-Abschnitt in Haenam sie vor jeder Gefahr, die ihnen von dort drohte, warnen würden, und im Teilabschnitt Kubhai am andern Ende Haenams würden sie auf Mahaen als Beschützer vertrauen. Es war praktisch sicher, daß sie eine Einladung, die ihnen von Mahaen selbst überbracht wurde, annahmen. In den Legenden gab es keinen Vorgang, der sie warnte, daß ein Mann die Verwandten seiner eigenen Mutter verraten könnte!

Der entscheidende Punkt war natürlich die Anwendung des alten *waness*-Banns, um Mahaens Einwilligung zu erreichen. Die drei Mitverschwörer brannten darauf, von Kani zu hören, wie sein Plan am besten durchzuführen sei.

Maum gab als erster seiner Neugierde Ausdruck: »Älterer Bruder, sage uns, wer von uns sollte den *waness*-Bann über Mahaen ausführen?« Kani lächelte. Er war stolz darauf, wie leicht es ihm gelungen war, sie in sein Ränkenetz mit einzubeziehen. Jetzt war er wirklich ihrer Aufmerksamkeit gewiß, und er wählte seine Worte sorgfältig, als er sie nun zur Mittäterschaft einspannte. »Es wird keiner von uns sein, meine Brüder«, sagte er langsam, und seine schwarzen Augen fuhren rasch von einem erschreckten Gesicht zum nächsten. Dann hielt er ein und ließ seine Worte durch die Pause noch tiefer einsinken. Schließlich fuhr er fort: »Nein – keiner von uns. Es muß eure Mutter sein – die alte Wario!«

Mavu saß wie vom Donner gerührt. Maum legte die Fingerspitzen gegen die Brust und pfiff lange, leise verklingend, ein charakteristischer Ausdruck der Sawi für äußerste Verblüffung. Sauni legte den Kopf zurück und stöhnte: »*Woooooooooooo*«, als Ausdruck des Mitgefühls für Mahaen, dem ein solcher Schock bevorstand. Alle drei sahen sich daraufhin stumm an, überwältigt von Kanis Genialität. Die alte Wario war niemand anders als die Mutter von Waib, dem schönen jungen Mädchen, die Mahaen versprochen war und später seine vierte Frau werden sollte. Wenn die alte Wario als Mahaens künftige Schwiegermutter den *waness*-Bann über Mahaen ausüben sollte, dann wäre der unglückselige Mensch mit einem so feierlichen Zwang gebunden, wie man ihn sich in der Sawi-Welt nicht schwerwiegender vorstellen konnte.

Es gab nichts, das einem Sawi heiliger gewesen wäre als sein Verhältnis zu denen, die ihm eine oder mehrere Töchter zur Frau gaben. Der Respekt eines Sawi-Mannes vor seinen Schwiegereltern war so groß, daß er nicht einmal ihre Namen laut aussprach. Er nannte sie nur mit ihrem Titel *tade*. In treuer Regelmäßigkeit überschüttete er sie von Zeit zu Zeit mit Gaben von frischem Wildschweinfleisch oder Käferlarven, und oft geschah das auf Kosten seiner eigenen Familie. Seinen Schwiegereltern fühlte er sich weit tiefer verpflichtet als seinen eigenen Eltern, seiner Frau oder seinen Kindern.

In einer fast völlig barbarischen Gesellschaftsordnung gab es immer die Gefahr, daß gegenseitige Feindseligkeiten den freien Austausch heiratsfähiger Töchter zwischen den verschiedenen Sippen verhinderten, womit nicht nur die Existenz des einzelnen, sondern sogar die der ganzen Gemeinschaft bedroht war. Deshalb forderte der allgemeine Selbsterhaltungstrieb, daß dem Verhältnis der Schwiegereltern zum Schwiegersohn die größte Bedeutung beigemessen wurde. Mochten andere menschliche Verbindungen in Zeiten der Menschenfresserei Schiffbruch erleiden – das *tade-asen*-Verhältnis, wie man das in der Sawisprache nannte, mußte erhalten bleiben. Denn nur solange das Vergütungssystem sozial gesichert war, würden Eltern ihre Tochter zur Heirat hergeben.

Kani hingegen hatte nun vorgeschlagen, diese gute Ordnung, die der Fortdauer der Gesellschaft diente, mittels des *waness*-Banns zu untergraben, um einen Mann dadurch zu zwingen, seine Verwandten mütterlicherseits durch Verrat dem Tod preiszugeben! Wie ein Schachmeister, der eine neue Zugfolge in einem uralten Spiel einführt, spielte Kani ganz bewußt mit den verschiedenen Elementen seiner eigenen Kultur, indem er sie auf neue Art wieder zusammenfügte zu einer verblüffenden Abwandlung des althergebrachten Themas *tuwi asonai man*.

Mavu, Maum und Sauni konnten ihre Ehrfurcht nicht verbergen. Sie spürten, daß sie sich in der Gegenwart eines neuen Kulturhelden befanden. Wenn Kanis Plan klappte, war eine neue Heldensage geboren, die schließlich dem Legendenschatz der Sawi einverleibt werden würde. Und sie wußten, als Mitverschwörer würden auch ihre Namen in jener Legende genannt werden!

Kani selbst fühlte eine tiefe persönliche Genugtuung bei den Erfolgsaussichten seines Plans. Sein Vater Sauwai war ein Legendenmacher gewesen, seine Ausnützung verräterischer Kniffe wurde an vielen dörflichen Lagerfeuern erzählt. Jetzt war der Sohn dabei, das vom Vater geschaffene Ideal weiterzuverfolgen, wenn nicht gar zu übertreffen!

Maum und Sauni, die auch zu den vielen Kindern der alten Wario gehörten und als solche zukünftige Schwäger Mahaens waren, gaben Kani sofort ihre Genehmigung, ihrer Mutter sein unerhörtes Vorhaben vorzutragen.

\* \* \*

Unter den wilden Stämmen im Südwesten Neuguineas hatten die Frauen durchaus nicht nur die Rolle von Zuschauern, wenn es um die Kunst der Grausamkeit ging. Wann immer beispielsweise Auya-Krieger von der Kopfjagd heimkehrten, empfingen ihre Frauen sie so, daß sie jeden, der keinen Kopf erbeutet hatte, verprügelten! In allen Stämmen waren es oft die Frauen, die ihre Männer so lange aufstachelten, bis diese den Tod eines durch frühere Freveltat getöteten geliebten Menschen rächten. Immer waren es die Frauen, die jene schmeichlerische Lobhudelei beisteuerten, die das Risiko eines Lebenseinsatzes erst so recht lohnend machte.

Sawi-Krieger schleiften besonders gern verwundete Opfer in ihre

Heimatdörfer mit, damit die Frauen das Vergnügen hatten, sie mit den Keulen, die sie zum Sagoausschlagen brauchten, totzuprügeln. (Es war natürlich Frauen verboten, einen Bogen oder Speer auch nur zu berühren. Wenn Frauen die Kunst des Waffengebrauchs erlernt hätten, wären ihre eigenen Männer in Lebensgefahr geraten! Die vielen Amazonen-Legenden, die es überall in Neuguinea gibt, warnten genügend davor!)

Schließlich war auch die *eren*-Zeremonie, bei der einer Frau oder einem Mädchen gestattet wurde, den Kieferknochen eines frischgetöteten Opfers um den Hals tragen und im Männerhaus tanzen zu dürfen, der endgültige Beweis für eine dem weiblichen Gefühl entsprechende Beteiligung an der Kopfjägerei.

Wenn bei seltenen Gelegenheiten eine Frau bei der Ausübung der Kunst des *tuwi asonai man* eine wichtige oder gar einzigartige Rolle spielte, dann wurde dies mit Sicherheit bei jeder Nacherzählung hervorgehoben. Die alte Wario wußte dies so gut wie jede andere Frau. Kani war sicher, daß sie sich den Platz an der Sonne des Ruhmes, den er ihr zu bieten hatte, nicht entgehen lassen würde.

Wario, den Kopf geschoren nach Art der Sawi-Witwen, saß unruhig und nervös auf der Grasmatte und erwog den Vorschlag, den die vier Männer, zwei von ihnen ihre eigenen Söhne, ihr soeben zugeflüstert hatten. Sie warteten.

Sie hob eine Zange und wendete die Sagolaibe um, die sie zwischen den heißen Kohlen der Feuerstätte backte. Durch die Sagoblätterwand hindurch konnte sie die schlanke, schöne Gestalt ihrer Tochter Waib sehen, die in einem Einbaumkanu auf dem Kronkel stand und vergnügt ihr Paddel benutzte, um eine Spielgefährtin in einem anderen Kanu mit Wasser zu bespritzen.

Wario legte die hölzerne Zange weg und sah Kani geradewegs ins erwartungsvolle Gesicht. »Es hat mir wirklich immer sehr leid getan um Huyaham«, sagte sie. Und dann sprach sie die verhängnisvollen Worte aus: »Ruft Mahaen!«

Mahaen kletterte in Maums Langhaus hinauf und nahm Platz auf der für ihn ausgebreiteten Grasmatte. Er war ein schlanker, drahtiger Mann, dessen straffe Muskulatur, Armbänder aus Schweinsborsten und glänzende *sudafen*-Halskette Zeugnis gaben von seiner verwegenen Tüchtigkeit im Kampf und in der Kopfjagd. Maum, Sauni, Mavu und Kani ließen sich unmittelbar vor ihm nieder, um seine Aufmerksamkeit auf sich zu ziehen, während Wario hinter ihm kauerte und zum Schein im Feuer stocherte. Neben ihren Füßen lag einer der eben gebackenen Sagolaibe.

Sie griff nach dem Sagolaib, kroch hinter Mahaen und beugte sich über den nackten Mann, unter dem Vorwand, ihm den Laib anzubieten. Mahaen hob die Hand, um den Sago anzunehmen. So gewahrte er nicht das plötzliche Aufglimmen in den Augen der vier Männer, die ihn und Wario beobachteten. Er hatte auch keine Zeit mehr zu bemerken, daß ihre Unterhaltung mitten im Satz abgebrochen war.

Es gab plötzlich ein paar verwischte Bewegungen, als Wario seine ausgestreckte Hand vermied, hinuntergriff und ganz leicht Mahaens Genitalgegend mit dem Sagobrot berührte. Rasch wich sie zurück aus Mahaens Reichweite, kniete ihm gegenüber nieder und hob den Laib an ihre Lippen. In Mahaens Augen stand starres Entsetzen, als er sah, wie Wario in das Ende des Sagobrotes biß, das ihn berührt hatte. Er krümmte sich wie ein Tier, das in die Falle gegangen war. *Waness!*

Durch diese eine erschreckende Tat hatte Wario plötzlich und unerwartet Mahaens Geschick in irgendeine ihm noch völlig unbekannte Richtung gelenkt. Es gab kein Entrinnen, weil sie sich der äußersten Demütigung ausgesetzt hatte durch das Essen des Sagos, der Mahaens Genitalgegend berührt hatte. Wario hatte ihm so eine ungeheure Schuld aufgezwungen, die dadurch noch unendlich kompliziert wurde, daß sie seine Schwiegermutter war.

Es gab nur einen Weg für Mahaen, diese Schuld Wario gegenüber zu löschen. Er mußte sie als erstes fragen, was er zur Sühne ihrer Demütigung tun könne, zweitens mußte er dies auch ausführen, koste es, was es wolle. Tat er es nicht, so trug Wario weiter die Schande ihrer Demütigung, und die gesamte Dorfgemeinschaft blieb auf immer durch ihn beleidigt und gekränkt. Daß der Befehl, den sie im Sinn hatte, ihm verhaßt sein würde, war schon dadurch klar, daß sie dieses äußerste Mittel des *waness* angewandt hatte. Das Gefühl heftiger Ablehnung des noch unbekannten Befehls war es, das Warios Demütigung aufhob und das Gleichgewicht zwischen ihnen wiederherstellte.

Die fünf Verschwörer warteten schweigend, während Mahaen mit blicklosen Augen auf seine Grasmatte niederstarrte. Heiße Wogen der Scham überfluteten ihn beim Gedanken an die Schande seiner Schwiegermutter. Endlich verzerrte ein seltsam verlorener Ausdruck seine Gesichtszüge. Er hob den Blick nicht von Warios Füßen, als er mit gebrochener Stimme die Worte aussprach, die sie hören wollten: »Was verlangst du von mir?«

\* \* \*

Die Nachricht verbreitete sich wie ein Buschfeuer. Zuerst versengte sie die Ohren der Dorfbewohner entlang des Kronkel, dann brannte sie sich einen Pfad nach Süden zu den Ufern des Cook und des Juliana. Nordwärts fraß sie sich durch zu den Sawi und Asmat, die am Yeem wohnten. Nachdem ihr Schrecken sich über den Faraesfluß hinüber verbreitet hatte, sank sie zusammen zu einem unbestimmten Gerücht und erstarb an den Ufern des Au.

Die Botschaft wurde in Sawi ausgerufen, in Atohwaem ausgeplappert, in Kayagar gedonnert, in Auya gezwitschert und in Asmat gemurmelt. Es war die Geschichte von Mahaens Verrat an der Familie seiner Mutter. Für Haenam bedeutete sie eine neue Siegeskrone der Niedertracht, für Wasohwi eine Hölle von Schmerz und brennender Empörung. Väter, Mütter, Brüder, Schwestern, Söhne und Töchter wälzten sich in Asche, die Augen rotgeweint, die Stimmen heiser vom Klagen und Heulen.

Acht Männer aus Wasohwi hatten vertrauensselig Mahaens Einladung zum nächtlichen Tanz in Haenam angenommen. Sie kamen bei Sonnenuntergang im Kanu an, gerade als die jungen Männer Haenams, prunkend in farbiger Bemalung und bunten Federbüschen, anfingen ihre Trommeln für den Tanz zu rühren. Eine große Gruppe der angesehensten Männer Haenams, angeführt von Kani, begrüßte die Besucher am Ufer.

Kani selbst wählte sich einen Mann namens Fusuman aus und lud ihn ein zum Sago- und Käferlarven-Essen. Gehorsam folgte Fusuman Kani in sein hohes Baumhaus hinauf. Sauni, Warahai, Mavu, Maum, Boro, Yamasi und Paha suchten sich ebenfalls einen der Gäste aus und führten sie in getrennte Häuser. Es gab keinen einzigen Hinweis auf Verrat. Selbst einige Bewohner Haenams wußten nichts von dem Grauen, das die acht Schlachtopfer zu umzingeln begann.

Die Sonne sank hinter den Horizont. Der Vollmond erhob sein blasses Goldgesicht und lugte grämlich durch graue Wolkenfinger und ausgebreitete Eisenholzzweige. Die Tänzer drängten sich zusammen unter den Baumhäusern und riefen gespenstisch klingende Tonfolgen zu den Sternen hinauf. Jede Tonfolge klang aus in ein langes, immer leiser werdendes »oooooooooo«, während die Trommeln ihren ständigen Rhythmus beibehielten. Gelegentlich wurde die Schlagfolge beschleunigt, dann schwoll das wild ekstatische Rufen an und brach plötzlich wieder ab. Mitten aus solchem Aufschrei erhob sich dann die Stimme eines einzelnen Kriegers, schraubte sich immer höher und kreischte in schnellem Sawi die Einzelheiten eines Mordes, den er begangen hatte. Dann schwiegen die andern plötzlich und hörten zu. Der Sprecher brachte seine Erzählung in fünf oder sechs Sätzen zu Ende, wobei er mit geschwungenem Speer auf und nieder hüpfte und den Kopf von einer Seite zur anderen schleuderte. Am Ende seines Vortrags brach die ganze Gesellschaft erneut in wilde Rufe aus, um das Andenken der beschriebenen Schlächterei zu feiern. Dann nahmen die Trommeln ihr unheilverkündendes Pochen wieder auf, das die langen Zwischenzeiten des Ränkeschmiedens und Abwartens versinnbildlichte. Einige Minuten später brach dann ein neues Gebrüll los, gefolgt von einem andern kreischend vorgetragenen blutrünstigen Ruhmesbericht.

Der allgemeine Singsang (diese Tänze werden auch ›sing-sings‹ genannt, Anm. des Verlags) bestand aus lauter nichtssagenden Silben. Die Sawi benutzten nie die Musik zur Übermittlung einer Botschaft, sondern nur, um die Sinne zu erregen. Mittelpunkt des Ganzen war die Botschaft. Die farbig klingenden sinnlosen Silben waren nur einer von mehreren Stimmeffekten innerhalb des ganzen Schauspiels.

So leierten die Krieger ihre Berichte weiter herunter, während die Sterne am Himmel langsam weiterzogen und die Kochfeuer rot durch die Sagowedelwände schimmerten. Die Besucher aßen fröhlich mit den verschiedenen Gastgebern, freuten sich über Komplimente und herzhaftes Gelächter, ahnungslos, daß das eigentliche

Fest erst später begann und ihr eigenes Sippenmitglied Mahaen sie betrogen und als Festmahl ausgeliefert hatte.

Kani war der erste, der zuschlug. Er und Fusuman waren heruntergeklettert, um eine Stunde oder so am Tanz teilzunehmen. Während einer Pause im Singsang und Trommeln hatte Kani den Ruf eines Haragu-Vogels gehört, das sichere Zeichen, daß die Morgendämmerung nahe war. So hatte er Fusuman wieder in sein Haus hinaufgebeten zu einer Pfeife Tabak. Als Fusuman bequem saß und an der langen Bambuspfeife zog, kam Kani – in der Dunkelheit – von hinten mit einem Stahlbuschmesser, das er kürzlich von einem Kayagar eingehandelt hatte. Er straffte die Muskeln, holte aus und traf Fusumans Schädelbasis mit einem schweren, tief eindringenden Hieb. Er hatte gehofft, der Schlag werde sein Opfer, wenn nicht gleich töten, so doch mindestens lähmen, aber die Machete war sehr stumpf. Die Kayagar behielten die scharfen Messer immer selbst. Fusuman rollte vornüber mit aufgerissenem Mund. Kani griff nach seiner zweiten neuen Errungenschaft, einer Stahlaxt. Fusuman rollte auf den Rücken und sah Kani im flackernden Licht über sich gebeugt. »*Ave! Ave!* Älterer Bruder! Älterer Bruder!« schrie er.

Aber Kani antwortete: »*No ke ave don nom! Ukeden!* – Nenn mich nicht Älterer Bruder! Ich töte dich!«

Immer wieder schlug die Axt zu. Ihr Geräusch weckte Kanis beide Frauen, aber seine Kinder schliefen weiter. Kanis älteste Frau fachte aufgeregt das Feuer neu an, um zu sehen, was geschah. Sie erblickte ihren Mann, wie er sich gerade über Fusuman beugte, um ihn zu köpfen. Seine Beine waren rot von Fusumans Blut.

Kani legte Fusumans Kopf neben seine Leiche und stieg rasch die Leiter hinunter. Die Trommeln dröhnten noch, wenn auch etwas langsamer. Haragu-Vögel ließen ihre Rufe von überall her erschallen, während die graue Morgendämmerung im Osten den Himmel leicht aufhellte.

Kani rannte zu Maums Haus und kletterte hinauf. Maum begegnete ihm am Eingang. Kani flüsterte: »Hast du deinen schon getötet?« Maum kratzte sich träge und erwiderte: »Noch nicht.« Kani sagte: »Worauf wartest du denn noch? Ich habe meinen schon geköpft.«

Maum pfiff leise einen Vogelruf voller Bewunderung und wandte sich ins Haus zurück. Kani hastete über die Leiter zurück. Als er den Boden erreichte, hörte er den Stoß eines Speers und die erstickten Schreie von Maums Opfer; der Mann hieß Aidon. Als Kani weiterhastete zu Mavus Haus, bemerkte er nicht, daß Aidon nach ihm die gleiche Leiter hinunterkroch. Bis Maum einen zweiten Speer gefunden und ihm nachgelaufen kam, war Aidon in der Dunkelheit verschwunden, nur eine blutige Spur hinterlassend, die noch eine Viertelstunde lang nicht zu sehen sein würde.

Als Mavu von Kanis erfolgreichem Mord hörte, versuchte er ebenfalls seinen Gast zu töten. Eseger wurde jedoch nur verwundet, weil Mavu durch die Anwesenheit seiner Frauen und Kinder im gleichen Haus behindert war. Eseger floh blutend in die Nacht hinaus. Das Dröhnen der Trommeln übertönte seine Warnschreie an seine andern Freunde, sofern sie noch lebten. Hani und Warahai gelang es, einen jungen Mann namens Seg zu töten und zu köpfen. Tausi und Mahaeri wurden ebenfalls erschlagen, während Iri und Meramer verwundet entkamen.

Das Morgenlicht enthüllte vier geköpfte Schlachtopfer, bereitgelegt zum Ausschlachten. Die andern vier hatten sich mit übermenschlicher Willensanstrengung durch meilenweiten Sumpf und Dschungel nach Hause geschleppt, allerdings nur, um völlig ausgeblutet am Fuß der Stufenpfosten zu ihren Wohnungen zu sterben.

\* \* \*

Während der folgenden Festwochen wurden Kani und Mahaen von den Haenamleuten offen umschmeichelt. Daß vier der Opfer entkommen waren, tat ihrem augenblicklichen Ruhm keinen Abbruch. Nicht die Menge der Köpfe, sondern die Raffiniertheit des Betruges war ausschlaggebend. Kani und Mahaen hatten beide eine neue, einzigartige Legende erfunden. Hauptsächlich dank Kanis Genialität hatten sie dem althergebrachten Ideal des Sawivolkes weitaus verwegeneren Ausdruck verliehen. Dieses Ideal war durch unzählige Generationen entwickelt, in ein System gebracht und vervollständigt worden. Es war das Ideal, Freundschaften zu benutzen, um ein Schlachtopfer zu mästen, Lust und Behagen zu finden am Elend und an der Vernichtung anderer Menschen. Dies Ideal wurde unbewußt dadurch symbolisiert, daß ab und zu jemand den Schädel eines Opfers als Kopfkissen benutzte – obwohl man meistens die Schädel von Verwandten dafür verwendete, einfach weil die Schädel der aufgefressenen Opfer zu oft geschwärzt waren durch die Küchenfeuer, die zu ihrer Vernichtung brannten.

Wie jede Philosophie, deren Grundelemente einmal anerkannt sind, ihre Anhänger unaufhaltsam zu gewissen endgültigen Ergebnissen führt, so hatte auch die Sawi-Weltanschauung endlich ihren wahrscheinlich höchsten Ausdruck gefunden in dem Verrat von Kani und Mahaen. Männer, Frauen und Kinder bewunderten sie als Ausbund von Sawi-Männlichkeit.

Ihr Platz an der Sonne sollte ihnen jedoch in Kürze streitig gemacht werden. Und nicht nur dies, sondern die Verherrlichung von Tücke und Verrat selbst, für die sie so nachdrücklich eintraten, sollte bald in eine Auseinandersetzung völlig fremder Art für die Sawi verwickelt werden, – in einen Wettkampf um sittliche Werte.

Kani und Mahaen wußten noch nicht, daß vor etwa zweitausend Jahren schon ein »Legendenmacher« von höchster Macht eine neue Lebensanschauung, die auf Liebe gründete, auf die Erde gebracht hatte. Diese Lebensauffassung war dem Sawi-Verständnis völlig entgegengesetzt, genauso wie dem von Millionen anderer Menschen, die sich für viel klüger hielten als die Sawi.

Fast zweitausend Jahre hatte es gedauert, bis die Nachricht über dieses neue Wertsystem von Galiläa aus den Weg fand in die krankheitsverseuchten Sümpfe im Südwesten Neuguineas. Auf ihrem Weg dorthin hatte diese Botschaft bereits die Grausamkeit in vielen Formen unter Millionen von Menschen angegriffen, bekämpft und überwunden. Denn es war eine äußerst feurige Botschaft. Sie ließ sich durch irdische Hindernisse nicht abschrecken, denn ihre Kraft war übernatürlich. Sie konnte nicht eingeschüchtert werden, denn sie bildete selbst das vollkommene Gegenstück zu Angst und Furcht.

Diese Botschaft scheute nicht zurück vor irgendeiner Form von Dunkelheit, denn sie war das Licht selbst! Sie geriet auch nicht in Verlegenheit, wenn ihre Überbringer manchmal einfache, unansehnliche, sogar ungelehrte Leute waren – im Gegenteil, sie verwirklichte ihre besten Pläne gerade durch solche Menschen! Zur Bestürzung ihrer Feinde konnte diese Botschaft selbst da siegen, wo ihre Anhänger mit Schwert oder Speer vernichtet wurden.

Diese Botschaft war das Evangelium von Jesus Christus. Es hatte die kompromißlose Aufgabe, Menschen aus allen Stämmen, Sprachen und Völkern dazu zu bringen, Buße zu tun und sich durch Jesus Christus mit Gott versöhnen zu lassen. Diese Botschaft war auf dem Weg, auch in die Sawi-Welt einzudringen und ihrer Idealisierung des Verrats in einem gnadenlosen Geisteskampf um die Seelen von Männern, Frauen und Kindern gegenüberzutreten. Gebet und Verkündigung wurden eingesetzt gegen Speere und mit Widerhaken versehene Pfeile; Glaube und Hoffnung kämpften gegen systematische Grausamkeit, Liebe und Barmherzigkeit gegen festeingewurzelte Furcht und Bosheit.

Diese Invasion war im Kommen, dieser Kampf sollte bald beginnen, die Versöhnung bald stattfinden. Denn eben jetzt waren die ersten Sendboten des großen »Legendenmachers« schon auf dem Weg zu den Sawi, um unter ihnen Wohnung zu nehmen.

# Teil II
# Begegnung zweier Welten

# Geschichte einer Mission

Der hagere, einundsiebzigjährige Engländer stützte sich mit seinen großen, knochigen Händen auf das Rednerpult und sah die schweigend vor ihm sitzenden siebenhundert Studenten prüfend an. Sein weißes Haar war straff zurückgekämmt. Die Brille saß vorn auf der Nase. Unter den buschigen Brauen blitzten seine grauen Augen trotz des Alters noch hell.

Irgend etwas in seiner Erscheinung schien die Versammlung vor ihm im großen Auditorium geradezu zu bannen. Mit tiefer, rollender Stimme hatte der alte Mann drei Worte ausgesprochen – drei Worte, schwer vom Gewicht der ihm eigenen Würde und Inbrunst: »Niederländisch-Neu-Guinea!«...

Mit diesen drei Worten hatte Ebenezer G. Vine, Sekretär des Rates einer internationalen Missionsgesellschaft in Philadelphia (USA) »Regions Beyond Missionary Union« (Mission für unerreichte Gebiete) seinen Vortrag eingeleitet.*

Es war das Jahr 1955. Seine Zuhörerschaft bestand aus den Studenten des Prairie Bibel-Instituts, einem ausgedehnten Gebäudekomplex auf den winterlichen Ebenen von Alberta in Kanada, in der Nähe der kleinen Stadt Three Hills (Drei Hügel). Hinter dem Redner beugte sich L. E. Maxwell in seinem Stuhl vor, der bekannte Leiter dieser sich teilweise selbst erhaltenden christlichen Gemeinschaft und Missionsschule. Ebenfalls weißhaarig, mit kantigem Kinn und entschlossenem Gesichtsausdruck, verkörperte er den robusten Idealismus dieser Schule.

Mr. Vine verfolgte eine deutliche Absicht, als er gerade diese Studentenschaft ansprach. Vielleicht gab es in andern Hochschulen mehr intellektuelle, weltgewandte Absolventen als hier, wo das Motto schlicht und einfach hieß: disziplinierte Soldaten für Christus auszubilden. Aber Mr. Vine wußte bei seinem Ruf nach Pioniermissionaren genau, daß es nicht in erster Linie um Gelehrsam-

---

*Regions Beyond Missionary Union, 8102 Elberon Avenue, Philadelphia, Pennsylvania 19111

keit und feine Sitten ging, wenn die Fahne des Evangeliums unter den gänzlich isolierten und ungeheuer feindseligen Stämmen von Niederländisch-Neuguinea, die noch in der Steinzeitkultur lebten, aufzupflanzen war. Unerschütterlicher Glaube, Selbstverleugnung und innige Verbindung mit Gott, das waren die Haupterfordernisse, und gerade Prairie's Fakultät und Dozentenschaft strebten danach, den Studenten diese Eigenschaften zu vermitteln, und zwar sowohl durch lebensnahen biblischen Unterricht als auch durch das persönliche Beispiel.

Mr. Vine war die Geschichte des Prairie Bibel-Instituts wohlbekannt. Seit seinen Anfängen in einem Farmhaus mit acht Studenten im Jahr 1922 hatte es sich zum größten bibelgläubigen Lehrinstitut Kanadas entwickelt. Da starkes Gewicht auf die Auslandsmission gelegt wurde, waren von den dreitausend Absolventen schon mehr als elfhundert in den Dienst der Äußeren Mission getreten, während Hunderte als Pastoren oder sonstige Gemeindemitarbeiter in ihren Heimatländern eingesetzt waren. Mr. Vine wußte aufgrund dieser Tatsachen, daß ungefähr 35 Prozent der Studenten, die hier vor ihm saßen, in die Äußere Mission gehen würden, und zwar als Angehörige verschiedener Missionsgesellschaften. Die Stämme in Niederländisch-Neuguinea, die Christus noch überhaupt nicht kannten, brauchten dringend solche Missionare, fand Mr. Vine. Und so legte er den Studenten aus tiefster innerer Überzeugung und großer Sorge um jene Menschen das Land und seine gewalttätigen, unberechenbaren Einwohner ans Herz.

»Niederländisch-Neuguinea«, sagte er, »ist die westliche Hälfte einer 771 900 qm umfassenden Insel, die nördlich von Australien im Pazifischen Ozean liegt. Sie gehört zur heißen Zone, eben südlich vom Äquator. Trotzdem findet man sich in manchen Gebieten plötzlich vor zerklüfteten Gebirgsketten, deren Gipfel in mehr als 5000 m Höhe eisbedeckt sind. Andere Landstriche sind dagegen von krankheitsverseuchten Niederungen durchzogen, wo drückende Hitze zusammen mit wolkenbruchartigen Regenfällen einen entnervenden Feuchtigkeitsgehalt der Luft bewirkt.

Es könnte sein, daß Sie den Ruf bekommen, den ersten Vorstoß zu wagen in ganze Stammesgebiete, die noch nie im Leben von irgendeiner regierungsamtlichen Kontrolle erfaßt worden sind, die ihre eigenen Stammesgesetze haben und bei denen wilde Grausamkeit ein Lebensstil ist. Sie müssen lernen, sich und Ihre Botschaft in Sprachen auszudrücken, die kein Fremder je zuvor erlernt hat. Es wird keine Lehr-, Lese- und Wörterbücher als Hilfsmittel geben, Sie werden gänzlich auf sich allein gestellt sein.

Sie werden Sitten und religiösen Überlieferungen begegnen, die Ihnen völlig rätselhaft sind. Aber wenn Sie Frucht haben wollen, müssen Sie sie verstehen lernen. Sie werden sich bemühen, ekelerregende Tropenkrankheiten zu behandeln und dabei Gefahr laufen, für den Tod eines Patienten verantwortlich gemacht zu werden, wenn Sie versagen. Sie müssen darauf gefaßt sein, Einsamkeit, Müdigkeit und schwere Enttäuschungen mit Standhaftigkeit zu ertragen. Vor allen Dingen aber müssen Sie bereit sein, in der Kraft des Herrn mit dem Fürsten der Finsternis zu kämpfen, der diese Hunderte von Stämmen über viele Jahrtausende hinweg in geistlicher Gefangenschaft gehalten hat. Er gibt seine Herrschaft nicht freiwillig und kampflos auf!«

Der alte Mann schwieg. Eine schwere Stille breitete sich aus unter dem hohen Gewölbe des Auditoriums. Dann fuhr er fort:

»Es war vor sieben Jahren. Paul Gesswein, ein Wehrmachtsangehöriger, der im Zweiten Weltkrieg in Neuguinea gedient hatte, kam auf diesem Ihrem Universitätsgelände zu mir und sagte: ›Mr. Vine, ich möchte Ihnen zwei Fragen stellen. Erstens, ist sich die Mission für unerreichte Gebiete (RBMU) eigentlich darüber klar, daß es Zehntausende von Stammesleuten gibt, die in ihrer Abgeschiedenheit im Innern Niederländisch-Neuguineas noch nie das Evangelium gehört haben?‹

Ich sagte: ›Woher wissen Sie, daß es solche Leute gibt?‹ Er antwortete: ›Ein Militärflugzeug ging auf einem Inlandsflug verloren. Ich nahm an der Suche teil. Als wir über viele Gebiete flogen, die auf der Landkarte immer noch weiße Flecken sind, waren wir völlig verblüfft, als unter uns ein Tal nach dem andern auftauchte, in denen Dörfer verstreut lagen, die von ausgedehnten Gartenflächen umgeben waren.‹ Ich fragte: ›Wie heißt Ihre zweite Frage?‹

Er erwiderte: ›Würde die RBMU mir helfen, das Evangelium zu diesen Leuten zu bringen?‹

Ich schreckte zurück vor den Folgen einer bejahenden Antwort und erklärte ihm, unsere Missionsgesellschaft sei schon stark ausgelastet durch die Arbeit auf fünf Missionsfeldern – Indien, Nepal, Kongo, Peru und Borneo. Aber dann ergriff mich die Erregung über das Ganze und ich schloß: ›Ich will sehen, was ich tun kann!‹

Nach viel Gebet und reiflichen Überlegungen hatte ich einige Monate später die Freude, Paul Gesswein schreiben zu können: ›Der Missionsvorstand der RBMU hat seine Einwilligung gegeben. Wir beantragen bei den holländischen Behörden die Genehmigung zur Einreise ins Inland von Niederländisch-Neuguinea!‹

Aber wir erlebten bald, daß die holländische Regierung unsere Bitte abschlug und geltend machte, ihre Verwaltungsstellen dort könnten nicht für den Schutz unserer Missionare vor den Kannibalen garantieren! Immer wieder reichten wir die Gesuche ein. Schließlich reiste ich dreimal über den Atlantik, um unser Anliegen persönlich in Den Haag vorzutragen. Erst vor kurzem ist uns die notwendige Genehmigung erteilt worden.

Nun ist der Weg ins Landesinnere offen! Die Missionsflieger-Vereinigung (MAF) von Kalifornien hat schon ein einmotoriges Flugzeug eingesetzt, um Menschen und Vorräte für unsere eigene und andere Missionen in ein größeres Basislager namens Bokondini, tief im inländischen Hochland gelegen, einzufliegen. Paul Gesswein und unser zweiter Freiwilliger, Bill Widbin, haben schon bei der Einrichtung dieses Lagers in Bokondini mitgearbeitet und planen jetzt einen Vorstoß über die Berge hinüber zu einem Stamm, der ›die Dani vom Schwarzen Tal‹ genannt wird. In der Zwischenzeit helfen ihre Frauen mit bei den linguistischen Studien an der Nordküste, bis es für sie möglich wird, sich ungefährdet ihren Männern anzuschließen.«

Der Redner streckte seine Hand gegen die Studenten aus und fuhr fort: »Ich kann einfach nicht glauben, daß Gott unsere Missionsgesellschaft vor diese große, neue Türschwelle gestellt hat, nur damit zwei Männer mit ihren Frauen sie allein überschreiten sollen! Es muß andere geben, die Gott in diese Arbeit berufen wird. Vielleicht sitzen heute einige schon vor mir! Wenn Gott Ihnen die besondere Aufgabe stellt, nicht auf einem Grund weiterzubauen, den ein anderer schon gelegt hat, sondern Jesus Christus dort zu verkündigen, wo die Ohren der Menschen diesen Namen noch nie gehört haben – dann ist unsere Mission bereit, betend Ihre Bewerbung und Ihre Fähigkeiten zu prüfen.

Wieviel länger sollen diese verlorenen Stämme denn noch warten, bis sie von dem hören, der auch zu ihrer Erlösung starb und auferstand vor nahezu zweitausend Jahren? Seit hundert Jahren haben sich die Sendboten Jesu damit begnügt, nur die leicht erreichbaren Küstengebiete zu besetzen. Aber jetzt ist ein neuer Marschbefehl ausgegeben worden: Auf ins Landesinnere!

Unser Herr brennt darauf, sein Reich der Liebe auch in jenen finsteren Orten aufzurichten, die bis jetzt der Sitz schwerer Grausamkeit sind. Zwei junge Ehepaare sind vorausgegangen, um einen Brückenkopf im Feindesland zu bilden. Sie warten dringend auf Verstärkung. Wer will hingehen und mithelfen, diesen Brückenkopf auszubauen?«

Es war genug. Gott hatte nicht die Absicht, den alten Missionsleiter zu enttäuschen. Einer der Zuhörer war Bill Mallon. Nach nicht ganz drei Jahren waren Bill und seine Frau Barbara bei Paul und Joy Gesswein und Bill und Mary Widbin im Schwarzen Tal unter den Dani. Vier Jahre lang erforschte Bill die Dani-Sprache, wobei er mithalf, den Geheimnissen ihrer Grammatik auf die Spur zu kommen und Sprachlektionen für nachfolgende Missionare zu erarbeiten.

Im Auditorium saß auch David Martin, der Jüngste seiner Klasse, dem klar wurde, daß der Finger Gottes sein Leben berührte. Dasselbe geschah mit Margaret Colton, die später seine Frau wurde. Zusammen mit Bill und Barbara Mallon konnten sie später erleben, wie Tausende von Dani im Schwarzen Tal ihre Fetische und Kriegswaffen verbrannten als Antwort auf die Botschaft des Evangeliums.

Ein junger holländischer Einwanderer lauschte ebenfalls begierig dem Aufruf des alten Missionsmannes. Er hieß John Dekker und leitete später mit seiner Frau Helen einen neuen Vorstoß in ein Nebental des Schwarzen Tals, das Kanggime heißt, in der Dani-Sprache »Ort des Todes«. Durch ihren Dienst erblühte in diesem Todes-Tal neues Leben in überreichem Maß, als Tausende der Einwohner Christus in ihr Herz und Leben aufnahmen.

Zwei ledige junge Frauen, Judith Eckles und Winifred Frost, erkannten, daß ihr Lebensziel auch mit dem Aufruf des Redners zu tun haben werde. Nach ein paar Jahren hatten sie sich der RBMU angeschlossen und waren gleichfalls im Schwarzen Tal, wo sie in Schule, Krankenbehandlung und Beratung tätig waren, während die Dani-Kirche sich entwickelte und vor ihren Augen zu wachsen begann.

Weiter saß ein junges Ehepaar aus dem ländlichen Iowa mit im Saal. Philip und Phyliss Masters nahmen später teil an den unbegrenzten Möglichkeiten des Evangeliumsdienstes im Schwarzen Tal und drängten dann weiter, um eine Arbeit in Korupun unter den reizbaren Kimyal-Leuten zu eröffnen. – Dreizehn Jahre später starb Philip Masters am Ufer des Seng-Flusses. Sein Körper wurde von hundert Pfeilen des Yali-Stammes durchbohrt.* Phyliss, seine Frau, erfüllt mit dem Trost des Heiligen Geistes, kehrte mit ihren fünf Kindern in das Schwarze Tal zurück, um ihren Dienst dort weiter zu tun.

Und dann war da noch Richard Hale, der später mit seiner Frau Wanda zunächst drei Jahre auf den Salomon-Inseln diente, bis er Niederländisch-Neuguinea erreichte. Aus Gesundheitsgründen mußten sie schon nach einem Jahr aufhören.

Außer diesen Freiwilligen vom Prairie Bibel-Institut stießen bald weitere Hilfskräfte aus Bibelschulen in Nordamerika, England, Deutschland und Australien zu dem Sondereinsatzunternehmen der RBMU, so daß die Zahl der Missionare in Niederländisch-Neuguinea um 1965 auf mehr als dreißig angewachsen war. Etwa vierzehntausend Steinzeit-Papuas hatten bis dahin schon eine tiefgreifende Lebensumwandlung durch den missionarischen Dienst der Predigt, Lehre und medizinischen Fürsorge erfahren.

Etwa fünf Jahre später, im Jahre 1971, stieg die Gesamtzahl der Christusgläubigen auf 21 000. Inzwischen hatte eine noch größere Gruppe von Missionaren sich mit 176 neu ausgebildeten christlichen Führungskräften aus den Stämmen zusammengeschlossen, um

---

* Diese Ereignisse werden geschildert in dem im gleichen Verlag erschienenen Missionsbuch von H. Manning »Die Blutzeugen vom Sengtal«. TELOS-Paperback Nr. 1047, Bad Liebenzell 1974.

mehr als hundert Gemeinden und zahlreiche Schulen und Krankenstationen in den Tälern des hohen Berglandes und im Sumpfgebiet des Tieflandes zu gründen.

Ganze Bevölkerungsgruppen erlebten ihre dramatische Befreiung aus lebenslanger Bedrückung durch Kannibalismus und Aberglauben. Sie begannen sich nicht nur des Segens geistlicher Gesundung durch das Evangelium zu erfreuen, sondern auch eines Friedens und einer Sicherheit in ihrer Umwelt, wie sie sie noch nie gekannt hatten. Dazu kamen die Bemühungen um ihre Bildung, um sie gegen ruchlose Ausbeuter, die ihre ahnungslose Einfalt mißbrauchen wollten, zu stärken und zu schützen. Solche Ausplünderung ist in andern Teilen der Welt ja nur zu oft unvorbereiteten Primitivvölkern widerfahren.

Ärzte und Krankenschwestern, die von Buschhospitälern und sogenannten Kliniken, also ambulanten Behandlungszentren, aus arbeiteten, konnten bald die schreckliche Plage der Frambösie zum Erlöschen bringen. Es gelang ihnen auch, die schweren Epidemien von Grippe, Masern und Keuchhusten einzudämmen, die so lange in diesen isolierten Stämmen gewütet hatten. Zeitweise wurden die Missionare inmitten all ihrer Tätigkeit geradezu überwältigt von der Dankbarkeit Tausender, die besser als jeder Außenstehende es je begreifen konnte, wußten, wie tiefgreifend ihr Leben durch die Annahme des Evangeliums umgewandelt worden war.

Aber all dies konnte natürlich nicht anders geschaffen werden als durch unendlich viel Arbeit! Hunderttausende von Arbeitsstunden waren über Jahre hinweg nötig, um die unbekannten Regeln der Stammessprachen zu entdecken, Wörterbücher auszuarbeiten, Alphabete für nie zuvor schriftlich fixierte Sprachen zu entwickeln, Häuser zu bauen für Schulen und Kliniken, Fluglandestreifen in Dschungelgebieten anzulegen, mühsame Reisen über kalte Gebirgskämme zu unternehmen, schlangengleich sich windende Flüsse zu erforschen, Sitten und Überlieferungen zu erkunden, Tausenden zu predigen und denen, die sich ansprechen ließen, Lesen und Schreiben beizubringen. Die Bibel mußte übersetzt, die Kranken geheilt und ihre Wunden behandelt werden. Zwischen streitenden Stämmen mußte vermittelt, Arbeitskräfte mußten angeworben, beaufsichtigt und bezahlt werden. Es gab Reparaturen auszuführen an Generatoren, Waschmaschinen, Außenbordmotoren und Tonbandapparaten. Dazwischen galt es, die Korrespondenz mit der Heimat zu führen, Buchhaltungsarbeiten und Finanzberichte zu machen, Niedergeschlagene mußten ermuntert, Aufgeregte und Zornige beruhigt werden; Trauernde galt es zu trösten; Gäste waren zu bewirten, Vorräte mußten Monate im voraus bestellt werden – und um das zu können, mußte viel um die notwendigen Geldmittel gebetet werden. Aber über dem allem stand der Dank gegen Gott für das wunderbare Vorrecht, das Ganze miterleben zu dürfen!

Alles, was über die Arbeit der RBMU gesagt wurde, gilt gleicherweise für die Unevangelized Fields Mission (UFM), die Evangelical Alliance Mission (TEAM), die Asia and Pacific Christian Mission (APCM), die Christian and Missionary Alliance (C & MA), die Australian Baptist Mission Society (ABMS) und die Missionary Aviation Fellowship (MAF). Die einfallsreiche Missionsfliegervereinigung (MAF) versorgte die andern sechs Missionen immer mit genug Vorräten und Material, während jene die ungeheuren Sumpfgebiete und Gebirgsgegenden des Landes erschlossen. West-Neuguinea wurde bald zum größten Operationsgebiet der MAF. Es erforderte den vollzeitlichen Einsatz von acht einmotorigen und zwei zweimotorigen Flugzeugen.

Gesswein, Vine und andere Pioniere dieses neuen Missionsgebietes schätzten die Bevölkerung des Inlandes auf Zehntausende. Tatsächlich aber wurden fast 300 000 »Steinzeitler« entdeckt, und das war sogar noch ehe alle Gebiete vollständig erforscht worden waren. Die sechs gemeindegründenden Missionen, unterstützt von der MAF, erlebten es, daß von diesen nahezu 300 000 etwa 125 000 ihren persönlichen Glauben an Christus bekannten. Das geschah noch vor Ende 1971.

Viele dieser Neubekehrten waren ebenso erfüllt von Glaubenskraft und Hingabebereitschaft wie die Missionare, vielleicht übertrafen sie diese sogar. Einige, wie die Yali-Christen Bingguok und Yeikwarahu, starben den Märtyrertod. Ohne zu klagen und voll Überwinderkraft forderten sie ihre Mörder auf, Christus anzunehmen.

Stan Dale, ein australischer Missionar der RBMU, erlitt bei dem Versuch sie zu retten fünf schwere Pfeilverletzungen.*

Zwei Jahre später starb Stan mit Philip Masters bei einem weiteren Aufstand der Yali. Innerhalb weniger Monate nach ihrem Märtyrertod begann die feindselige Haltung der Yali abzubröckeln. Bald begrüßten Dutzende von Yali-Dörfern Evangelisten der Dani-Kirche im Schwarzen Tal. Später entstand eine geistliche Bewegung, in welcher sich Hunderte dem Herrn Christus zuwandten, darunter viele der Mörder der vier Blutzeugen.

Dies ganze Geschehen lag natürlich noch im Schoß der Zukunft verborgen, als Ebenezer Vine im Jahre 1955 vor der Studentenschaft des Prairie Bibel-Instituts sich die Last von der Seele redete. Da ich jedoch einer der 700 Zuhörer war, hatte ich damals den Eindruck, daß Gott plötzlich unter uns getreten war mit einem Plan, auf der Suche nach Leuten, durch die er diesen Plan verwirklichen könne.

Ich hatte auch das ganz sichere Empfinden, daß ich einer von denen war, die Gott genau auf ihre Brauchbarkeit prüfte. Dieses Gefühl begleitete mich nach dem Gottesdienst in meine Stube. Ich brannte darauf, im Gebet mit Gott allein zu sein und ihn zu fragen: Ist dies der Weg, den du mit mir gehen willst?

Ich war damals 20 Jahre alt. Vor drei Jahren hatte ich zum erstenmal das neue Leben, die Liebe, die Freude an Jesus Christus als meinem persönlichen Herrn erlebt. In einer Krise hatte ich ihn um Hilfe angerufen – und plötzlich war er da, lebendig! Zweitausend Jahre hatten ihn in keiner Weise altern lassen! Ich entdeckte, daß er noch die gleiche Kraft besaß, das Leben der Menschen umzuwandeln und sie in seiner Nachfolge zu behalten wie damals, als er sich in den Evangelien offenbarte.

Die bisher altertümlich und abgedroschen klingenden Kapitel und Verse begannen, sich bis zum Bersten mit neuer Bedeutung zu füllen. Gott gab mir nun ein Herz, zu verstehen, was von altersher in ihnen ausgesprochen wurde. Das Universum bekam seinen Sinn, seit Christus im Mittelpunkt stand. In seinem Dienst konnte das

---

* Auch diese Ereignisse werden ausführlich in dem genannten Missionsbuch »Die Blutzeugen vom Sengtal« berichtet.

Leben Bedeutung bekommen für die Ewigkeit. Von nun an sollte es mein glühender Wunsch sein, ihn zu erkennen und anderen von ihm mitzuteilen! Und wenn es schon ein Vorrecht war, andere zu ihm zu führen in Ländern, wo sein Name schon bekannt war, so mußte es ein unermeßlich größeres Vorrecht sein, ihn dort zu verkündigen, wo die Menschen bisher nie etwas von ihm gehört hatten.

Mit diesen Gedanken begann ich die Weltkarte zu studieren. Ich suchte auch nach einer christlichen Hochschule, die mir das biblische Wissen und den Geist vermitteln konnte, um Christus wirksam und eindrücklich den Menschen eines anderen Kulturkreises nahezubringen. Geleitet vom Frieden Gottes schrieb ich mich im Herbst 1953 beim Prairie Bibel-Institut ein.

Die kraft- und geistvolle Unterweisung dort, die Gemeinschaft mit andern Studenten gleicher Zielsetzung und die Gastvorträge von Missionaren, die aus fast allen Teilen der Welt zu uns kamen, festigten immer mehr in mir die Überzeugung, daß Gott mich zum Dienst nach Übersee berief. Aber es gab so viele Wahlmöglichkeiten, so viele Gebiete, die um Mitarbeiter baten, so viele bedürftige Völker, die auf die Gelegenheit warteten, das Evangelium zu hören. Immer wichtiger erschien mir die Frage: Wo in dieser großen, weiten Welt will Gott mich als seinen Diener haben?

Drei Jahre lang hatte die Antwort auf sich warten lassen. Jetzt endlich, während ich im Jahr 1955 über Ebenezer Vine's Aufruf nachsann, bekam ich Herzklopfen, weil eine innere Stimme mir zu sagen schien: »Das ist's!« Zwar sollte sowohl der Ruf als auch mein Entschluß ihm zu gehorchen in der Folgezeit ernster Prüfung ausgesetzt sein, Enttäuschungen und Verzögerungen zeitweise den Weg blockieren – dennoch sollte jener Ruf bestehenbleiben, mich weiter einladen und ziehen.

Da saß noch jemand unter den Studenten des Bibel-Instituts in jener Versammlung, das war die hübsche, blonde Carol Soderstrom aus Cincinnati im Staat Ohio. Erst jeder für sich, später gemeinsam, begannen wir, den Weg zu verfolgen, der uns zum Dienst Gottes über die RBMU nach Neuguinea führen sollte. Carol lernte nach Abschluß des Studiums drei Jahre die Krankenpflege. Ich sammelte Erfahrungen als Pastor und Jugendleiter.

Im August 1960 heirateten wir. Im Sommer des folgenden Jahres nahmen wir an einem Linguistikkurs des Sommerinstituts für Linguistik an der Washingtoner Universität in Seattle teil. Im November 1961 wurde unser erstes Kind Stephen geboren. Bald danach erhielten wir unsere Visa für Niederländisch-Neuguinea. Am 19. März 1962 fuhren wir von Vancouver auf der *Oriana* ab und erreichten Sentani, einen Flugplatz an der Nordküste Holländisch-Neuguineas, am 13. April. Sieben Tage später nahm uns Flugpilot Dave Steiger mit auf unseren ersten Inlandsflug. Wir landeten in Karubaga, der Hauptstation der RBMU im Schwarzen Tal.

Hier sahen wir fast nackte Männer spielerisch mit Steinäxten üben und Frauen in Grasröcken mit Stöcken in ihren Süßkartoffelgärten graben. Umringt von Hunderten von Danileuten, begrüßten uns Philip und Phyliss Masters, die früheren Klassenkameraden David und Margaret Martin, Winnie Frost und andere Mitarbeiter der RBMU.

Nach der ersten Begrüßung wanderten David Martin und ich in die Umgebung hinaus, und er erklärte mir vieles in der Dani-Kultur und erzählte die kurze Geschichte der dortigen Missionsarbeit. Nach und nach kamen wir darauf zu sprechen, welche Aufgaben Carol und ich in Zukunft bei diesem Werk übernehmen könnten.

David blieb stehen und schaute über die grasbewachsene Karubaga-Ebene hinüber zu den Bergabhängen, an denen die Dani-Dörfer verstreut lagen: »Es gibt noch allerlei zu tun hier im Schwarzen Tal. Aber in unserer letzten Missionarskonferenz sprachen wir viel über die Not anderer Stämme, die noch immer nicht erreicht worden sind. Wir haben tatsächlich schon eine Vereinbarung getroffen mit der TEAM-Mission. Sie hat uns die Verantwortung übertragen für einen großen Bezirk auf der weiten Sumpfebene, die von den südlichen Berghängen dieser Gebirge bis zu den Ufern der Arafura-See reicht.

John und Glenna McCain aus Florida sind schon in jenes Gebiet gereist. Seit fünf Monaten arbeiten sie unter einem Volksstamm, den Kayagar. Ihren Berichten nach ist die Gegend alles andere als einladend und empfänglich. Viele der dortigen Stämme treiben immer noch Kannibalismus und Kopfjägerei und sind ganz allgemein nicht vertrauenerweckend. Und das Klima ist so heiß, feucht und ungesund wie nur irgend möglich.

Trotz alledem möchten wir dich und Carol bitten, euch zu überlegen, ob ihr dorthin gehen wollt. Wir könnten uns denken, daß ihr Sorge habt, euren kleinen Stephen in eine solche Gegend mitzunehmen. Wenn ihr lieber irgendwo anders arbeiten möchtet, sagt es ruhig. Aber wenn Gott euch seinen Frieden zu dem Entschluß gibt, zu einem Stamm im Süden jenes Gebiets zu gehen, ist der Weg frei für euch.«

Zwei Tage blieben wir vor Gott im Gebet, dann gaben wir David Martin unsere Antwort: »Ja, wir sind mit Freuden bereit, zu einem der Stämme im Süden zu gehen! Wie bald können wir abreisen?«

Am 19. Mai flog der MAF-Pilot Hank Worthington uns von Karubaga in das südliche Tiefland. Mit ehrfürchtigem Staunen schauten wir auf die gewaltigen Hänge des Mount Wilhelmina, die von mehr als 5000 Metern Höhe bis zum Meeresspiegel abfielen. Vor uns schimmerten smaragdgrüne Sümpfe, von Hochwasser führenden Flußläufen durchzogen und von üppigen, endlosen Sagodickichten umsäumt. Irgendwo dort sollten wir uns ein Heim einrichten und mitten unter einem kannibalischen Kopfjägerstamm leben.

Endlich zeichnete sich die Küstenlinie der Arafura-See am Horizont ab. Hank Worthington richtete die Nase der Cessna auf unser Ziel, eine winzige holländische Regierungsstation namens Pirimapun. Die TEAM-Missionare Dr. Ken Dresser und seine Frau Sylvia hatten dort einen neuen Brückenkopf unter dem südlichen Asmatstamm errichtet. Unsere RBMU-Mitarbeiter John und Glenna McCain waren auch dort. Sie waren aus dem Sumpfgebiet in ihrem acht Meter langen Flußboot angereist, um uns zu treffen und in ihr Heim unter den Kayagar mitzunehmen.

Als wir am Nachmittag zu sechst im Wohnzimmer des Aluminium-Fertighauses der Dressers an einem kühlen Erfrischungstrank nippten, lernten Carol und ich diese beiden tüchtigen und einfallsreichen Ehepaare näher kennen. Sie waren uns vorausgegangen in dieses »äußerste Ende der Welt«. John und Glenna McCain, die aus dem (heute kultivierten) Sumpfgebiet der Everglades an Floridas Westküste stammten, war der Aufenthalt in solchem Gelände deshalb nicht fremd. Sie waren ein ruhiges, zielbewußtes Paar und ihrer Aufgabe, den Kayagarleuten Christus nahezubringen, ganz hingegeben, obgleich die Arbeit dort einem andern Ehepaar schon die Gesundheit gekostet hatte, so daß es in die Heimat zurückkehren mußte.

Ken Dresser, ein kluger kanadischer Arzt, hatte schon vor Schwierigkeiten und Enttäuschungen gestanden, die viele als unüberwindbar bezeichnet hätten. Er wußte auch, daß ihm weitere bevorstanden, dennoch strahlten seine ruhigen Augen in einer zufriedenen Gelassenheit, die ihn nie zu verlassen schien. Seine Frau Sylvia unterstützte seine kraftvolle Art. Sie arbeitete fröhlich neben ihrem Mann im Operationsraum ihres Buschhospitals und versorgte daneben ihr Heim und ihre Kinder. Es dauerte noch viele Jahre, bis die Asmatleute anfingen, auf diesen Dienst geistlicher und leiblicher Freundlichkeit mit aufrichtiger Zuwendung zu reagieren.

Während unseres Zusammenseins machte uns Ken Dresser mit der Geschichte dieses entlegenen Ortes bekannt. Vor beinahe 200 Jahren hatte der britische Seefahrer Kapitän James Cook sein Schiff ganz in der Nähe ankern lassen und eine Abordnung an Land geschickt, um nach Trinkwasser zu suchen. Aber soweit Dr. Dresser herausbringen konnte, hatten die Asmatleute keinerlei Erinnerung an diesen geschichtsträchtigen Augenblick behalten.

Sie berichteten uns von Michael Rockefeller, dem Sohn des früheren Gouverneurs des Staates New York (und späteren Vizepräsidenten), der erst vor sieben Monaten an einem Punkt genau 35 Kilometer nördlich von Dressers Heim auf tragische und mysteriöse Weise verschwunden war. Und beide Ehepaare sprachen ausführlich und kenntnisreich von ihren eigenen interessanten Erfahrungen unter den Kayagar und Asmat.

Ich fragte John McCain gründlich aus darüber, welchem andern Stamm im Gebiet der RBMU Carol und ich uns zuwenden sollten. John antwortete: »Nach Berücksichtigung aller Begleitumstände sind Glenna und ich der Meinung, ihr solltet zu dem Stamm gehen, der nordwestlich von unseren Kayagar lebt. Das sind die Sawi.«

Es war erregend, nach all diesen Jahren der Vorbereitung und des Wartens plötzlich den Namen der Menschen zu hören, bei denen wir unsere Lebensaufgabe finden sollten. Die Sawi! Im Geist wiederholte ich den Namen immer wieder, es war, als schmeckte ich den Klang auf meiner Zunge! Der Hauch undurchdringlichen Geheimnisses, der über dem ganzen Dschungel lag, sogar bis hin zu der hinteren Haustür des Dresserschen Hauses, umgab diesen Namen.

Am nächsten Morgen verabschiedeten wir uns von Dressers, verließen Pirimapun zusammen mit John und Glenna und fuhren auf dem sich dahinschlängelnden Cook-Fluß bis zu ihrem Heim in dem Kayagar-Dorf Kawem, vierundsechzig Kilometer tief im Sago-Sumpfgebiet gelegen.

# Durch den Eisenholz-Vorhang

John McCains Flußdampfer, die *Ebenezer* (nach Ebenezer Vine benannt), wiegte sich sacht am Ufer, als wir Treibstoff und Vorräte einluden. Es war die Stunde der Morgendämmerung. In der Nähe schimmerte das freundliche Licht der Kerosinlampen im Aluminiumhaus der McCains, wo Glenna und Carol Speisevorräte für unsere Reise zusammenpackten. Weiter entfernt zeigten sich die massigen Schattenumrisse der Kayagar-Langhäuser in zwei langen Reihen entlang dem im Sternenlicht schimmernden Cook-Fluß.

Um 5.30 Uhr fuhren wir ab. Der Volkswagen-Bootsmotor brüllte auf, und John wandte den Schiffsbug flußabwärts. Unsere Frauen winkten uns zum Abschied von der Landestelle aus zu. Carol hielt unsern kleinen Stephen, der eben aufgewacht war, im Arm. Sein Gesichtchen war kaum sichtbar in der blassen Bläue der frühen Morgendämmerung, während er sich dicht an Carols blondes Haar schmiegte. Neben ihnen stand Herep, der Kayagar-Häuptling, der sich als treuer Beschützer von Johns Familie und Besitz erwiesen hatte, wenn John sie in diesem isolierten Außenposten zurücklassen mußte. Ein zweiter Beschützer war McCains grimmiger Wachhund Patches. Außerdem konnten die beiden Frauen über das Rundfunksendegerät im Hause bei Schwierigkeiten um Hilfe bitten.

Als der Morgen ganz hell geworden war, befanden wir uns in der schmalen Fahrrinne des Cook, die westwärts auf Pirimapun zuführte. Eine schimmernde Landschaft smaragdgrünen Graslands, anmutiger Palmen und dichten Sagodickichts bildete den Hintergrund für Schwärme silberweißer Reiher, pastellfarbiger Enten und schwarzkehliger Gänse. In größerer Höhe glitten gespenstisch wirkende Haufen von Flughunden unbeirrbar nach Süden, als leite sie ein einziger düsterer Geist. Ermüdet von der nächtlichen Futtersuche würden sie bald ihre wunderlichen Köpfe unter die großen Ledermembranen ihrer Flügel stecken, um den Tag zu verschlafen. Tausende hingen dann in irgendeinem entlegenen Dschungeldikkicht beieinander.

Vier Stunden später erreichten wir Pirimapun, wo Dr. Ken Dresser auf uns wartete, um sich unserem Vorhaben, mit den Sawi Verbindung aufzunehmen, anzuschließen. Wir nahmen sein Fiberglasboot mit Außenbordmotor in Schlepp, falls die *Ebenezer* in irgendeiner abgelegenen Wildnis Maschinenschaden hätte. Wir verließen Pirimapun und steuerten nördlich über die Arafura-See, wobei wir Ausschau hielten nach den Flußmündungen, die uns hineinbringen konnten in das Sawiland.

Drei Tage später lief die *Ebenezer* in die Mündung des Kronkel ein und verfolgte nun den gleichen gewundenen Weg, den die holländischen Flußboote vor etwa zwei Jahren genommen hatten. In der Zwischenzeit hatten wir den Au-Fluß erforscht und drei Sawi-Dörfer gefunden, die Mauro, Hahami und Ero hießen. In allen drei Ortschaften waren Frauen und Kinder beim Herannahen unseres Schiffes in den Dschungel geflohen, aber einige der Männer hatten sich am Strand eingefunden. Es war mir möglich gewesen, bei diesen kurzen Treffen eine Anzahl Sawiwörter herauszufinden, als kleiner Anfang für das Studium einer Sprache, die wahrscheinlich mehrere tausend Begriffe enthielt.

In Sato, dem vierten Dorf, waren die Baumhäuser verlassen, als wir ankamen, sämtliche Einwohner waren in panischem Schrecken geflüchtet. Ich kletterte in eins der Baumhäuser hinauf und hinterließ ein kleines Geschenk mitten auf dem Fußboden, als Zeichen guten Willens. Später erfuhren wir, daß wir zwei weitere Dörfer, Mosi und Tamor, übersehen hatten, weil sie tief in den Winkeln des Dschungels versteckt lagen. Aber wir hatten uns von dem Vorhandensein einer ziemlich großen Sawibevölkerung entlang des Au-Flusses überzeugen können.

Wir hofften jetzt, am Kronkel eine noch größere Anzahl von Bewohnern zu finden. Die übrigen Stunden des Tageslichts vergingen schnell beim Kurven durch die Krümmungen des Kronkel. Deshalb gingen wir in sicherer Entfernung von zwei großen Asmatdörfern mitten im Strom vor Anker und bereiteten unser Abendessen.

Am nächsten Morgen entschlossen wir uns, die langsamere *Ebenezer* vor Anker liegen zu lassen und mit dem fünf Meter langen Fiberboot einen raschen Vorstoß in das Quellgebiet des Flusses zu unternehmen. Bei einer Geschwindigkeit von ungefähr 25 Knoten ließen wir die Asmatregion schnell hinter uns und sahen bald einige spärliche Zeichen der Sawibevölkerung. Es waren verlassene Baumhäuser, die auf ihren Pfählen verrotteten.

Schließlich passierten wir die Mündung des Hanai-Flusses, der zu dem Versteck hinführte, wo – uns damals noch nicht bekannt – Haenam die vier Männer aus Wasohwi vor einigen Monaten ermordet und aufgefressen hatte. Eine scharfe Flußbiegung nach Norden brachte uns zu dem verlassenen Dorfgelände, wo die beiden holländischen Flußboote vor zwei Jahren die Leute aus Haenam und Kamur so erschreckt hatten. Der Platz war jetzt so mit Bäumen überwachsen, daß wir ihn kaum bemerkten.

Dann kam die lange, gerade Flußstrecke, von der ich später erfuhr, daß man sie *kidari* nannte. Ich sagte zu John McCain: »Diese Strecke würde sich für die Wasserung des MAF-Wasserflugzeuges hervorragend eignen.«

Am andern Ende der *kidari* entdeckten wir weitere vermodernde Baumhäuser eines anderen verlassenen Dorfes. Wir wußten, wenn wir noch weiter vordrangen, würden wir Kayagargebiet erreichen. Deshalb zogen wir das Boot bei dem verlassenen Dorfgelände auf den Strand. Dort mündete ein weiterer Nebenfluß von Norden her in den Kronkel. Wir gingen an Land und betraten den gleichen Erdhügel, wo Kigo, Hato und Numu vor zwei Jahren in einem plötzlichen Anfall von Mut die herankommenden Flußboote öffentlich erwartet hatten.

Aber jetzt begrüßte uns niemand. Der brütende Dschungel stand hoch gegen den Himmel und umschloß die überwachsene Lichtung, als wolle er einen Schauplatz für einen drohenden Kampf schaffen. Ich lauschte dem Wind, der seufzend durch die verwitterten Häuserreste strich und das rauchgeschwärzte, modernde Dachstroh flattern ließ, und beobachtete einen Fisch, der die träge Oberfläche des stillen, baumbeschatteten Nebenflusses durchstieß.

Die Wildheit der Gegend schien mich zu verhöhnen. Es war, als flüstere die Düsterkeit dieses Ortes mir spöttisch zu: »Ich bin nicht wie dein zahmes, leicht zu behandelndes Heimatland Kanada. Ich bin ein wirrer Knäuel. Ich bin so dicht bewachsen, daß man mich nicht durchdringen kann. Ich bin heiß und dämpfig und regentriefend.

Ich bin hüfttiefer Schlamm und 15 Zentimeter lange Sagodornen. Ich bin die Giftnatter, der Taipan, der Blutegel und das Krokodil. Ich bin Malaria und Ruhr und Filariasis (Fadenwurmbefall, der zur Elefantenkrankheit führt) und Hepatitis (Leberinfektion).

Euer Idealismus bedeutet hier nichts. Eure Evangeliumsbotschaft hat das Herz und Gewissen meiner Kinder nie beunruhigt. Ihr denkt, ihr liebt sie – aber wartet nur ab, bis ihr sie kennt! Wenn ihr sie überhaupt jemals wirklich kennenlernt! Ihr bildet euch ein, in der Lage zu sein, euch mit mir einzulassen, meine Geheimnisse zu begreifen und meine Natur zu ändern. Aber ich kann euch mit Leichtigkeit überwältigen mit meiner Düsternis, meiner Abgelegenheit, meiner rücksichtslosen Grausamkeit, meiner Trägheit, meiner schamlosen Krankhaftigkeit, meinem völligen Anderssein!

Denk noch einmal nach, ehe du dich der unausweichlichen Ernüchterung auslieferst. Siehst du nicht, daß ich kein Aufenthalt bin für eine Frau? Für deinen Sohn? Für dich selbst?«

Die Stimmen der Blätter schienen lauter zu werden und wieder zurückzusinken in die Massen von Schling- und Kletterpflanzen. Ich wandte mich um und schaute zurück auf John und Ken, die neben dem Boot warteten. Hinter ihnen schimmerte die einladend gerade Flußstrecke in der Sonne. Der Grund, auf dem ich stand, schien vernünftig hoch zu liegen. Die verwitternden Baumhäuser zeugten von einer Bevölkerung, die im Dschungel um uns verborgen lebte. Der kleine Nebenfluß führte vielleicht zu andern Wohnorten weiter nördlich.

Das ist nur ein Bluff, dachte ich. Dieser Sumpf ist doch auch Teil der Schöpfung meines Vaters. Seine Fürsorge kann uns hier genauso gut erhalten wie anderswo. Dann senkte sich der Friede Gottes auf mich herab, und plötzlich wurde mir dieser fremde Ort zur Heimat! Mein Heim! Ich wandte mich Ken und John zu und sagte: »Hier möchte ich bauen!« Sie nickten zustimmend. Die Würfel waren gefallen. Hoch über uns segelte ein weißer Kakadu auf den Ast eines Eisenbaumes zu, ließ sich nieder und legte den Kopf schief, um das ungewohnte Bild von drei bekleideten Fremden und einem Ruderboot zu beäugen. Dann stellte er seinen gelben Federschopf auf und schwang sich davon mit lautem Gekreisch, als wolle er den Dschungel warnen, daß dessen Täuschungsmanöver durchschaut worden sei.

Aber tief versteckt unter den Schlingpflanzen kauerte ein junger Mann namens Seg und beobachtete ängstlich unsere Bewegungen. Als wir das Boot wieder bestiegen hatten, wandte er sich um und hastete zurück in die Schattengewölbe des Waldes, um das Dorf Kamur vor unserer Gegenwart zu warnen.

Vor der Rückkehr zur *Ebenezer* fuhren wir noch weiter stromaufwärts auf der Suche nach weiteren Anzeichen von Sawi-Bevölkerung. Aber auch hier fanden wir nur modernde Häuser oder überwucherte Dorfplätze.

Dann trafen wir zwei Kayagarleute in einem Einbaumkanu. Sie kannten John McCain von Besuchen in der Gegend des Cook her. Durch seine Kenntnis der Kayagarsprache konnte John von ihnen erfahren, daß es stromaufwärts keine weiteren Sawidörfer gab. Wir entdeckten auch, daß das verlassene Dorf, wo wir eben gewesen waren, Kamur hieß. Sie sagten uns, daß Kamur vor kurzem im Quellgebiet des Nebenflusses, den wir gesehen hatten, neu errichtet worden sei.

Wir baten sie, uns zu diesem neuen Dorf zu bringen. Sie zögerten, aber als wir ihnen Bezahlung anboten, willigten sie ein. Wir wiesen sie an, sich in ihr Kanu zu setzen, und dann legten wir ein Seil um den spitzen Schiffsschnabel. Ken warf den Außenbordmotor an, und bald rasten wir flußabwärts zurück, während zwei Kayagar mit weit aufgerissenen Augen sich voller Todesangst an die Seiten ihres kleinen Bootes klammerten.

Als wir die Mündung des Nebenflusses erreichten, war die Ebbe eingetreten und hatte Massen gestürzter Bäume freigelegt, die die Fahrrinne fast blockierten. Es war ganz klar, daß das Schnellboot nie durch ein solches Holzgewirr hindurchsteuern konnte. Aber wir dachten, das kleine Boot der Kayagar wäre wohl leicht genug, um über die meisten Hindernisse hinwegzuschwimmen. John und ich nahmen ziemlich gewagte Stellungen ein in dem engen Kanu und begannen den Nebenfluß hinaufzufahren. Ken blieb solange beim Schnellboot. Aber wir waren noch keine hundert Meter weit gekommen, als es uns klar wurde, daß selbst das Kayagar-Kanu nicht genügend Wassertiefe hatte. So gaben wir den Versuch auf und kehrten zu Ken auf den Strom zurück.

Nachdem wir die beiden Kayagar für ihre Hilfe bezahlt hatten, fuhren wir zurück zur *Ebenezer*. Wir waren enttäuscht, daß wir mit keinem einzigen Sawi am Kronkel Kontakt aufnehmen konnten. Aber unsere Enttäuschung sollte nur von kurzer Dauer sein!

\* \* \*

Kani und 39 andere Krieger aus Haenam- und Yohwi-Dörfern schlängelten sich in ihren schwarzen Einbäumen vorsichtig durch den gewundenen, vom Busch gebildeten Tunnel, den der Flußlauf des Hanai hier bildet. Packen mit frischem Sagomehl und gerösteten Käferlarven füllten den Platz zwischen den Füßen der Paddler. Eine Anzahl Lori-Papageien flatterten an ihren Haltestricken wie kleine Farbblitze in rot, blau und grün. Auch Hühner streckten ihre Köpfe zwischen den Sagopacken heraus. Die 40 Männer hatten sich auf ein neues Abenteuer eingelassen – eine Handelsreise nach dem neuen Außenposten der Regierung Pirimapun. Seit fast zwei Jahren hatten sie märchenhafte Geschichten gehört von den Kayagar- und Atohwaem-Dörfern am Cook. Oft schon hatten sie beinahe genügend Mut aufgebracht, um die gefürchtete Fahrt zu beginnen. Jedesmal hatten sie vor Angst wieder aufgegeben. Gleich nach Sonnenaufgang hatten sie sich an der Quelle des Hanai versammelt, wo die vier neuen Kanus bereitlagen. Jetzt näherten sie sich der Mündung des Hanai, und damit hatten sie den ersten Abschnitt ihrer Reise hinter sich gebracht.

Kani kauerte sich in die schlanke Spitze des Leitkanus und spähte durch die schützenden Zweige hinaus auf das helle, breite Band des Kronkel. Es konnte tödlich sein, sich ins freie Wasser hinauszuwagen und plötzlich einer Flotte von Asmat-Kriegskanus zu begegnen. Der Kronkel war klar. Kani tauchte sein Paddel tief ein und schoß hinaus ins Freie. Die andern Kanus folgten.

Sie wandten sich stromaufwärts dem Kayagargebiet entgegen, wobei sie den längeren Anfahrtsweg wählten, um die immer noch feindlichen Asmatdörfer am unteren Kronkel zu vermeiden. Sie wußten, daß es möglich war, den Cook zu erreichen, indem man das überflutete Kayagar-Grasland überquerte. Die Kayagar waren in jüngster Zeit zunehmend freundlicher geworden gegen ihre früheren Feinde, die Sawi. Die Reisenden erwarteten keine Schwierigkeiten von seiten der Kayagar, aber für alle Fälle waren die Innenwände ihrer Kanus gepolstert mit vierzig Palmholzbögen und Hunderten mit Widerhaken versehenen Pfeilen.

Die Abenteurer hatten sich bereits dem langen Abschnitt der *kidari* eingeordnet, als plötzlich ihr neu aufgeflammter Mut bis aufs äußerste erprobt wurde. Vor ihnen, eben außer Sicht durch die Krümmung am Ende der *kidari*, durchschnitt ein sonderbarer Ton die Morgenstille. Es hörte sich an wie das Summen einer zornigen Hornisse, wurde rasch lauter und kam geradewegs auf sie zu!

Ganz plötzlich schoß ein blaßgelbes Boot in ihr Blickfeld, hinter sich das Wasser in Gischt aufwühlend. In dem Fahrzeug saßen drei Gestalten, in grellfarbige Häute gehüllt. Tuans! In den vier Kanus brach die Hölle los!

Als wir in die *kidari* einfuhren, deutete Ken plötzlich nach vorne. Wir wandten uns um und sahen vier Kanus voller Männer. Es konnten nur Sawi sein. Mein Herz schlug schneller bei diesem Anblick. Das Erscheinen unseres Bootes hatte sie in völlige Verwirrung gestürzt. Einige sprangen aus ihren Kanus und tauchten im Schilf unter, während andere ihre Paddel wie wild schwenkten, um ihr Gleichgewicht zu halten. Die in den Kanus Verbleibenden hatten zum Flüchten keine Zeit mehr.

Ein paar Sekunden später hielten wir neben ihnen, und John rief in der Kayagarsprache, sie brauchten sich nicht zu fürchten. Unter ihnen war der Atohwaem-Krieger Hadi, der sowohl seine eigene, als auch die Kayagar- und Sawi-Sprache fließend beherrschte. Als er Johns ermutigende Zurufe hörte, übersetzte er sie rasch ins Sawi mit heller, weittragender Stimme, die man trotz des verwirrten Lärms der vierzig verängstigten Krieger gut hören konnte.

Es waren alles schlanke, drahtige Männer mit harten Muskeln, nackt bis auf ihre Armbänder und Ornamente. Die meisten bebten vor Furcht, und ihre leichtgebauten Kanus bebten mit! Durch dieses Beben kräuselte sich auch die dunkle Oberfläche des Kronkel, so daß es den Eindruck machte, als seien die Männer, ihre Kanus und die Natur alle im Einklang miteinander. Wir manövrierten unser Boot längseits eines der Kanus. Dann berührten wir die Fingerspitzen der uns nächsten Krieger, wobei wir die Sawi-Begrüßung »*Konahario!*« gebrauchten, die uns in den Dörfern am Au-Fluß so gute Dienste getan hatte. Als die Männer auf dem Kronkel das Wort hörten, reagierten sie ebenfalls überschwenglich. Ihre nervöse Spannung löste sich zu so lautem »*Konahario!*«-Geschrei, daß es uns in den Ohren gellte.

Einer nach dem andern kroch heraus aus dem Schilf und kletterte in sein Kanu zurück. Dann gaben wir mehr als ein Dutzend leere Konservenbüchsen her, die wir für eine solche Gelegenheit aufbewahrt hatten. Sie griffen schnell danach. Solche Büchsen sind bei Leuten, deren einzige Wasserbehälter aus hohlen Bambusstücken bestehen, höchst erwünscht. Kein einziges dieser Gefäße würde als Abfall im Dschungel herumliegen, jedes würde gebraucht werden, bis es völlig verrostet war.

John erfuhr nun von Hadi, daß die Expedition auf dem Weg nach Pirimapun war. Ken Dresser rief überrascht: »Das ist ein großes Wagnis für sie! Es ist wahrscheinlich das erste Mal in ihrer Geschichte, daß sie sich aus ihrem eigenen Gebiet herausgetraut haben, um mit der Zivilisation zusammenzutreffen. Und Gott hat in seiner Vorsehung unsere Fahrt zeitlich genauso abgestimmt, daß wir sie auf den ersten Meilen ihrer Reise treffen mußten!« Ken hatte recht. Denn wenn wir unsere Rückfahrt nur einige Minuten früher begonnen hätten, wären wir an der Mündung des Hanai vorbei gewesen, ehe die Kanus sich herausgewagt hätten.

Es waren nicht Männer wie Kani, Maum und Mahaen, die unsere Aufmerksamkeit erregten, sondern Hadi. Seine frische Persönlichkeit und offensichtliche Furchtlosigkeit zusammen mit seiner Fähigkeit als Übersetzer überzeugten uns, daß er eine wertvolle Hilfe sein könnte bei meinen künftigen Kontakten mit den Sawi. John lud ihn ein, die Fahrt mit uns zu machen, zuerst zurück zur *Ebenezer* und dann weiter nach Pirimapun und Kawem, wo er am nächsten Tag die Reisegesellschaft wieder treffen konnte. Während der Fahrt konnte ich versuchen, eine persönliche Beziehung zu ihm herzustellen und vielleicht noch mehr von der Sawisprache zu lernen.

Als er unsere Einladung hörte, wurde Hadi unter seiner dunklen

Haut ganz blaß! Wir konnten fast sehen, wie sich sein Magen unter der gespannten Haut verkrampfte, während er die möglichen Folgen unseres Angebots überdachte. Eine Annahme bedeutete am Ende nicht nur, sein Leben der unsicheren und zweifelhaften Gunst von drei wunderlichen und womöglich nichtmenschlichen Fremden auszuliefern. Es würde auch bedeuten, mit ihnen in das gefürchtete Gebiet der teuflischen Asmat-Kannibalen zu reisen. Und selbst wenn er das überleben sollte, so gab es danach immer noch die Reise auf dem Meer zu überstehen, ein Erlebnis, das völlig außerhalb seiner Vorstellungskraft lag.

Obwohl Hadi sein ganzes Leben nur zweiunddreißig Kilometer von der Arafura-See entfernt verbracht hatte, so hatte er das Meer doch noch nie gesehen. Immerhin hatte er jedoch einige furchteinflößende Berichte aus zweiter oder dritter Hand darüber gehört, was eine Seereise bedeutete. Während der Zeit der westlichen Monsunstürme hatte er oft den entfernten Donner der mächtigen Brecher gehört, die zu Tausenden Tag und Nacht gegen die Arafura-Lehmufer brandeten. Dann zitterte er beim Gedanken daran, wie schrecklich es wäre, ganz in der Nähe dieses gewaltigen Getöses zu sein.

Andererseits – welch ein Abenteuer wäre eine solche Reise! Und wie ungeheuer mußte sein Ansehen unter seinem Volk sein, käme er gesund zurück! Die Geschichte seiner Odyssee würde ihm mindestens bei drei Stämmen atemloses Zuhören sichern, denn Hadi konnte ja drei Sprachen! Seine Reise würde einen großen Wendepunkt in der Geschichte seines Volkes bedeuten, denn er könnte viel über die Tuans erfahren, was für künftige Beziehungen mit ihnen von großem Nutzen wäre.

Die möglichen Vorteile überwogen die möglichen Gefahren, entschied Hadi schließlich. »Ich gehe mit euch!« sagte er zitternd zu John. Wir freuten uns, während Hadis Freunde ihn voller Besorgnis anstarrten. Sie hatten nicht so rasch Wert und Unwert des Angebots abwägen können.

John entschloß sich in kluger Voraussicht, noch jemand als Begleitung für Hadi einzuladen, um dessen Skrupel und Einsamkeitsgefühle während der Reise zu zerstreuen. Der Auserwählte war ein lächelnder junger Mann namens Er (Vogel). Hadi war sein älterer Verwandter, und so nahm Er mutig unser Angebot an.

Wir nahmen beide an Bord und versicherten den andern Reisenden hoffnungsfroh, sie würden Hadi und Er wohlbehalten in Kawem am nächsten Morgen wiedersehen. Mit einem letzten »*Konahario!*« legten wir ab. Sie blieben in einiger Verwirrung zurück und schauten uns durch den aufschäumenden Gischt lange nach. Innerhalb von Sekunden hatten wir die *kidari* hinter uns gelassen auf unserer Fahrt zur Arafura-See, die noch über eine Strecke von vierundsechzig Kilometern voller Flußwindungen führte.

Dreißig Minuten später fanden wir die *Ebenezer* genauso vor, wie wir sie verlassen hatten, banden das Schnellboot am Heck fest und nahmen die Reise seewärts wieder auf. Hadi, Er und ich setzten uns aufs Kajütendach, und ich entlockte Hadi weitere Wörter und Redewendungen in Sawi. John stand unter uns am Steuerrad und half uns auf Kayagar aus.

Als wir endlich in die Nähe des ersten Asmatdorfes kamen, wurden Hadi und Er steif vor Furcht. Sie konnten sich nicht länger auf meine Fragen konzentrieren, deshalb mußte ich damit aufhören, bis wir an der gefürchteten Stelle vorbei waren. Die Asmat, ein hageres, hungrig aussehendes Völkchen, hatten sich nur am Ufer aufgestellt und starrten verdutzt auf die Kielwellen des Schiffes, die sich zu ihren Füßen brachen.

Als wir um die letzte Krümmung des Kronkel herumfuhren und die offene See vor uns hatten, stockte Hadi und Er der Atem vor Erstaunen. Wie ein straff gespannter Draht zwischen den Mangrovensümpfen beiderseits der Flußmündung erstreckte sich die Horizontlinie der Arafura-See. Im kupfernen Glanz der Nachmittagssonne leuchtete das Meer so stark, daß uns die Augen wehtaten. Hadi und Er muß es vorgekommen sein, als führen wir geradewegs ins Nichts hinein, als die *Ebenezer* tapfer weiterpflügte, hinein in den stets zurückweichenden, glitzernden Saum zwischen Himmel und Meer. Dann wendete das Schiff in Richtung Pirimapun.

Als die *Ebenezer* begann, sich auf den Wogen des Ozeans zu wiegen, umklammerten Hadi und Er die Handgriffe, voller Besorgnis, das Schiff könne umschlagen. Ich legte meine Hand auf Hadis

Schulter und flüsterte ihm ruhig zwei Sawiworte zu, die er mir selbst ein paar Stunden vorher beigebracht hatte: »*Tadan nom!* Hab keine Angst!«

Hadi schaute mich an, und langsam breitete sich ein Lächeln wiedererwachenden Vertrauens über sein Gesicht. Er erwiderte: »*Tadan haser!* Ich habe keine Angst!« und ließ die Reling los, um es zu beweisen. Und Er folgte Hadis Beispiel.

Als wir in die Mündung des Cook River bei Pirimapun eingelaufen waren, löste Ken Dresser sein Boot von dem unsern und verabschiedete sich, während John und ich durch die hereinbrechende Dunkelheit im Licht der Positionslampen weiterfuhren.

Um ein Uhr morgens zeichneten sich die vertrauten Umrisse des McCainschen Hauses unterm Sternenhimmel ab. Unsere erste Reise zu den Sawi war zu Ende. Ich stieg aufs Deck und fühlte mich von Carols Armen in der Dunkelheit umfangen. »Ist alles in Ordnung?« flüsterte ich ihr ins Ohr. »Ganz großartig«, erwiderte sie begeistert.

»Stell dir bloß vor, wir haben zwei Sawi an Bord!« sagte ich, denn ich hatte immer noch nicht begriffen, daß Hadi zum Atohwaem-Stamm gehörte. Ich fühlte, wie eine Welle der Freude sie überlief, als sie neugierig an meiner Schulter vorbei zu den dunklen Umrissen Hadis und Ers hinüberblinzelte. Sie waren im Licht der Kabinenbeleuchtung hinter ihrem Rücken kaum zu sehen.

Nachdem Hadi und Er untergebracht waren, stahlen Carol und ich uns leise in das Zimmer, wo Stephen in einem von John höchst sorgfältig mit Fliegendraht versehenen Bettchen schlief. Wir richteten das Licht unserer Taschenlampe vorsichtig so nahe auf ihn, daß wir seine runden Wangen und sein goldenes Wuschelhaar sehen konnten, ohne ihn zu wecken. Dann standen wir Hand in Hand davor und betrachteten versonnen dieses Bild engelhafter Heiterkeit, das unser Sohn war.

Welches Schicksal uns unter den Sawi auch erwarten mochte, Stephen würde es mit uns teilen, ob gut oder böse. Wir waren sicher, es werde zum Guten sein.

Unser Gottvertrauen wuchs ständig. Erfüllt und beflügelt von Glaubensmut, überlegten wir uns keinen Augenblick, daß irgend eine der schrecklichen Sumpfseuchen den rosigen Schimmer vom Gesicht unseres Kindes verscheuchen oder daß eine andere Gefahr eins von uns ernsthaft bedrohen könnte. »Ist Gott für uns, wer mag wider uns sein?«, das war das Losungswort, das uns Tag und Nacht aufrechthielt.

Wir hatten den Eindruck, daß diese aufmunternde Erregung nicht aus uns selbst stammte, sondern uns durch Gottes Gegenwart geschenkt wurde. Es war, als habe Gott unendlich lang darauf warten müssen, nun durch uns an den Sawi arbeiten zu können und daß er überglücklich sei, daß es endlich soweit war! Mir war nie der Gedanke gekommen, daß Gott in freudige Erregung geraten könne! Daß der Allgegenwärtige in Zeit und Raum tatsächlich einen Teil seines Bewußtseins auf eine einzelne Weltecke konzentrieren und die Zukunft erwarten könne, als kenne er sie nicht schon längst! Aber es ist wahr, dachte ich, Gott ist freudig erregt, und wir als seine Kinder werden von seiner Freude angesteckt. Dieser Gedanke erhöhte nur noch unsere gespannte Erwartung dessen, was Gott für uns und für die Sawi vorbereitete.

Mit ernsthaftem Verlangen flehten wir zu Gott, er möge die Botschaft der Erlösung in Christus alle kulturellen und satanischen Schranken so rasch als möglich durchbrechen lassen, damit diese ansteckende Freude sich rasch ausbreite unter jenen fremden, furchtsamen Menschen, die wir am Morgen auf dem Kronkel getroffen hatten. Wie lange dies dauern würde – ich ahnte es nicht. Ich wußte nur, mein Lebenszweck wäre nicht erfüllt, bis es geschah!

*  *  *

Im Dorf Kawem erhob sich der Ruf: »Die Sawi kommen?«

Hadi, Er und ich brachen das Sprachstudium ab und gingen hinaus bis ans Ende von McCains Landungssteg. Und da kamen sie! Vier Kanus hintereinander, wobei sie sich weit von Kawem entfernt und dicht an das schilfige Nordufer des Cook hielten. Hadi und Er hoben die Arme und winkten, und alle vier Einbäume steuerten rasch auf uns zu. Die achtunddreißig Paddler schienen nervös gespannt und grübelnd zugleich, als sie ihre Kanus an Land zogen. Fern von ihrem eigenen Gebiet empfanden sie die Fremdheit sehr stark.

Und sie mußten ja noch vierundsechzig Kilometer weiterpaddeln bis Pirimapun! Herep, der Kayagar-Häuptling, kam von Kawem herübergerannt und begrüßte die Reisenden. Zwei oder drei von ihnen gaben Herep mehrere Stöcke, die mit gerösteten Käferlarven behängt waren, eine Art Zollgebühr für sichere Durchreise. Ehe die Reisenden ankamen, hatten Hadi und Er eingewilligt, für weitere linguistische Arbeit bei uns in Kawem zu bleiben. So setzten die andern die Fahrt ohne sie fort. Zwei Tage später kamen sie zurück; sie hatten ihre Waren in der »großen Stadt« Pirimapun verkauft. Müde in den Knochen nach vierundsechzig Kilometern des Stromaufwärtspaddelns, ruhten sie sich auf ihren Paddeln oder Kanuwänden sitzend aus, während Hadi und Er die Waren zusammensuchten, die wir ihnen für vier Tage Sprachstudium als Bezahlung gegeben hatten.

Als Hadi und Er ihre Plätze im Einbaum einnahmen, gab John McCain Hadi eine letzte rätselhafte Botschaft vor der Abfahrt mit. »Du und deine Leute, ihr solltet einige Tage lang auf dem Kronkel fischen!«

Hadi lächelte verständnisvoll und übersetzte die Mitteilung ins Sawi. Sie bedeutete, daß sie Guckposten ausstellen sollten, weil wir vorhatten, zu ihnen zurückzukehren, aber noch nicht genau wußten wann.

Bis jetzt hatten wir weder zu den Kayagar noch zu den Sawi etwas gesagt von unserer Absicht, uns am Kronkel niederzulassen, um die innerdörflichen oder stammesinternen Rivalitäten, die entstehen könnten, falls das Vorhaben zu früh bekannt würde, auszuschalten. Denn die Kayagar waren fest entschlossen, Carol und mich in ihrem Land zu behalten.

Als die vier Kanus abfuhren, standen Hadi und Er da und schauten winkend zurück – zwei begeisterte, wagemutige Optimisten in einer Menge düsterer entschlossener Männer. Es war einfach gewesen, die Freundschaft dieser beiden zu gewinnen – aber was war mit den andern?

Noch war es zu früh, zu erkennen, wohin die Mehrheitsmeinung sich wenden werde. Aber wir würden es bald erfahren.

# Das Ende eines Zeitalters

Eines Tages im Juni 1962 waren die beiden Kayagar-Einbaumkanus morgens um sieben Uhr beladen und die sechs Paddler saßen bereit. Ein Kanu schaukelte unsicher unter dem Gewicht von zwei leeren, zweihundert Liter fassenden Stahltrommeln. Das andere Kanu war sauber bepackt mit einem großen Moskitonetz, einer Rolle Bettzeug, dem Speisevorrat für eine Woche, Bauwerkzeugen und Handelsgütern zur Bezahlung der Arbeiter. Alles war mir von den McCains geliehen worden, weil unsere eigene Ausrüstung noch nicht aus Nordamerika angekommen war.

Ich küßte Carol und Stephen zum Abschied und stieg ins zweite Kanu, während Glenna mir einen Behälter mit abgekochtem Trinkwasser und ein vorbereitetes Mittagessen übergab. Ich dankte ihr, während wir vom Ufer ablegten, und John gab den Kayagar-Paddlern letzte Anweisungen.

Wir hatten geplant, die Abkürzung durch die Sümpfe bis zum Kronkel zu nehmen, den Kontakt mit den Sawi zu erneuern und ein vorläufiges Heim zu errichten, während John nach Pirimapun mit der *Ebenezer* zurückkehrte, um dort ein Vorratshaus fertig zu bauen, das wir begonnen hatten. Fünf oder sechs Tage später wollte John dann nach Norden entlang der Küste zur Kronkelmündung und von dort stromaufwärts fahren, um mir bei der Fertigstellung des Hauses am Kronkel behilflich zu sein.

Wir begannen unsere Fahrt über die überflutete Grasebene. Das Schweigen der Wildnis legte sich auf uns und schloß uns ein, nur unterbrochen vom Schlag der Paddel und dem Flüstern des Kunaigrases, das an den Kanus entlangstrich. Über uns blickte ab und zu eine blasse Sonne durch die brütende Wolkendecke und warf ihren unsicheren Schein auf die dichten Sagowälder jenseits des Graslandes.

Bald drangen wir ins Sagodickicht ein, und die Wasserstraße wurde zunehmend schmaler. Fast zwei Stunden lang folgten wir den engen Windungen der Fahrrinne, bis wir endlich in das Grasland durchstießen, das direkt in den Kronkel ausläuft. An diesem Punkt umringten uns drei Kanus mit lärmenden Kayagar-Männern. Sie beugten sich herüber und ergriffen unsere Arme, dabei riefen sie laut und deuteten nach vorne.

Sie hatten offensichtlich an der Fracht, die ich mitnahm, erraten, daß ich vorhatte, irgendwo am Kronkel ein Haus zu errichten. Und sie waren fest entschlossen, es solle in ihrem eigenen Dorf Amyam stehen. Es war, als wollten sie mir klarmachen: »Tuan, geh nicht zu den Sawi. Sie morden und essen Menschen. Komm in unser Dorf. Dort gibt es genügend Erdhügel zum Bau. Wir werden dir helfen, ein richtiges, schönes Haus zu bauen. Komm in unser Dorf! Komm in unser Dorf! Komm in unser Dorf!«

Ihre lauten Rufe verdichteten sich zum Tumult, während wir uns dem Kronkel näherten. Vergebens versuchte ich, ihnen die Hoffnung zu nehmen. Ich brauchte meinen ganzen spärlichen Wortschatz indonesischer und Kayagar-Wörter, um meine eigenen Paddler zu drängen, den andern beizubringen, daß ich auf dem Weg zu dem Sawidorf Kamur sei. Meine Paddler waren jedoch nur mit halbem Herzen bereit, meine Antwort weiterzugeben.

Mir schien das Ganze verabredet zu sein. Schließlich waren die Paddler ja Kayagar, und so konnte ihnen nichts daran liegen, daß die Sawi all die Stahläxte, Buschmesser und andere Handelsgüter bekamen, die ich sicherlich im Lauf der Zeit verteilen würde. Ich erkannte, daß ich gezwungen werden sollte, das Dorf Amyam als Wohnsitz zu wählen.

John McCain hatte mich schon gewarnt, eines Tages würden die Bewohner des Gebietes mich testen, um zu sehen, ob man mich einschüchtern könne. Es sei äußerst wichtig, sagte er, daß ich diese Probe bestünde, denn sonst kämen Carol und ich von da an in die größten Schwierigkeiten, und unser Ende wäre zerstörte Gesundheit oder völlige Entmutigung. Ja, dachte ich, jetzt kommt's. Und ich stählte meinen Willen.

Der Lärm und die Bedrängungen dauerten noch zwei Stunden. Es kamen andere Kanus dazu und verstärkten das Getöse. Da ich in keiner Sprache mit ihnen verhandeln konnte, saß ich einfach ruhig da und wartete. Leider nahmen sie mein Schweigen für Unterwerfung und fingen an zu jubeln und zu schreien, dabei fern und weit ankündigend, das Glück habe ihnen gelächelt und ihnen einen eigenen Tuan geschenkt, der sie alle reich machen werde.

Dann sah ich auf und erblickte ein Dorf. Das mußte Amyam sein. Die Kayagar in den Kanus um mich herum klopften mit ihren Paddelblättern gegen die Kanuwände, um den triumphalen Einzug von Amyams Tuan in seine prachtvolle neue Residenzstadt anzukündigen! Als wir das Dorf erreicht hatten, sahen mich meine Paddler fragend an, zeigten auf Amyam und drängten mich, dort zu halten. Mit großer Entschiedenheit sagte ich in einem Gemisch von Indonesisch und Kayagar: »Fahrt direkt weiter nach Kamur! – *Sevi terus ke Kamur!*«

Niedergeschlagen nahmen sie das Paddeln wieder auf – und dann geschah es! Ein großes, schnelles Kayagar-Kanu schoß von rechts her nach vorne, schwang vor uns herum und zwang unsern Einbaum auf diese Weise dazu, auf das Ufer vor dem Dorf zuzuhalten. Inzwischen rannten die Leute aus dem Dorf ans Wasser, rufend, winkend, bittend. Es war mir furchtbar, sie enttäuschen zu müssen. Dennoch erhob ich mich im Kanu, obwohl ich alle Muskeln anstrengen mußte, um das Gleichgewicht zu halten. Ich richtete mich zur vollen Höhe meiner 183 Zentimeter auf und brüllte: »Fahrt weiter nach Kamur!!!«

Stille. Einige Sekunden lang war es unklar, ob sie meine Forderung annehmen oder mit bitterem Groll ablehnen würden. Äußerst mürrisch machten die Leute in dem uns blockierenden Einbaum dann Platz. Langsam paddelten wir zurück in die Mitte der Fahrrinne und setzten die Reise fort.

Ich hatte die erste Probe bestanden. Aber als Bote Christi schmerzte es mich tief, solch eine herzliche Einladung eines so bedürftigen Volkes zurückweisen zu müssen. Doch ich wußte, daß die Amyam später das Evangelium in ihrer eigenen Sprachte von den Lippen John McCains hören würden, und deshalb war ihre Not nicht so drängend wie die der Sawi, die immer noch keinen Missionar hatten, der in ihrer eigenen Sprache zu ihnen reden konnte. Das Dorf Amyam behielt jedoch seitdem einen besonderen Platz in meinem Herzen, und die ganzen Jahre hindurch betete ich ernstlicher für die Amyam-Leute als für irgendein anderes Dorf der Kayagar.

\* \* \*

Die stete Strömung des Kronkel trug uns rasch durch ein Gebiet, das in unruhigeren Zeiten das Niemandsland zwischen den Kayagar- und den Sawi-Stämmen gebildet hatte. Beim Einfahren ins Sawigelände deuteten meine Kayagar-Paddler auf verschiedene Nebenflüsse des Kronkel und erwähnten die Namen von Sawidörfern, die in den jeweiligen Quellgebieten dieser Flüsse mitten in den Sagosümpfen lagen.

Ein Nebenfluß hieß Sumdu. »Er führt nach Wiar«, erklärten sie mir. Der nächste linke Nebenfluß war der Baitom, der nach Yohwi führte, Hadis Dorf.

»Hadis Dorf?« wiederholte ich. »Schnell! Fahrt in den Baitom und bringt mich zu Hadi. Ich möchte ihn besuchen, ehe wir weiterfahren nach Kamur.«

Wir wendeten das Boot und folgten dann ungefähr eine Meile dem überlaubten, schattigen Lauf des Baitom, bis der Dschungel immer dichter wurde. Plötzlich öffnete sich vor uns eine Lichtung, und wir sahen sechs Langhäuser an jedem Ufer des Flusses.

Meine Kayagar-Paddler riefen: »Hadi! Tuan Don ist hier!«

Ein rasches Hin- und Hergerenne in den Langhäusern setzte ein. Einige Bewohner, die aus ihrem Nachmittagsschlaf aufgeschreckt worden waren, trafen Anstalten zu flüchten. Ein paar andere nahmen sich die Zeit, nachzusehen, was los war. Diese erkannten mich und kamen freudig aufgeregt aus ihren Häusern an den Strand, um mich in ihrem Ort zu bewillkommnen. Hadi arbeitete gerade im Dschungel, wurde aber bald gefunden und geholt. Es war wie ein Wiedersehen mit alten Freunden.

Hadi lud mich ein, in sein Haus zu kommen. Wir setzten uns, und ich versuchte, meine mageren Sprachkenntnisse, die er mir beigebracht hatte, in der Unterhaltung zu verwerten. Ich hatte noch keine Ahnung von den grammatischen Regeln dieser nie erforschten Sprache, aber er schien trotzdem das meiste zu verstehen, was ich sagte.

Zum erstenmal erwähnte ich nun, daß ich auf dem Weg war zu dem alten Dorfplatz der Kamur, um dort mein Haus zu bauen. Hadi schien wie betäubt. Ungläubig vermutete er, er habe mein verstümmeltes Sawi falsch verstanden. Ich wiederholte meine Angaben nachdrücklich, und er begriff. Dann übersetzte er den übrigen Anwesenden, was ich gesagt hatte. Sofort gab es ein kleines Konzert langgezogener Pfiffe und Ausrufe, zum Ausdruck der Erregung, die das Dorf durchlief.

»Ich möchte gern, daß du mit mir nach Kamur kommst und mir hilfst, mein Haus zu bauen, Hadi«, sagte ich.

»*Der!* – Gut!« antwortete er mit einem breiten Grinsen. »Ich komme morgen!«

Als ich mich erhob, um zu gehen, legte mir Hadi eine Hand auf die Schulter und zeigte auf das andere Ende des Langhauses, wo ein junger Mann krank lag. Er hatte hohes Fieber und phantasierte; er hatte von der ganzen Aufregung nichts mitbekommen.

»Mein Sohn Amwi ist sehr krank«, sagte Hadi. »Kannst du ihm helfen?« Ich trat zu dem abgemagerten Jungen, wobei ich mich unter hochhängenden Gestellen voller Bogen, Pfeilen, Speeren und Werkzeugen zur Sagogewinnung bücken mußte. Ich hatte noch keine Erfahrung in der Erkennung von Tropenkrankheiten, nahm aber an, es sei Malaria und verabreichte die entsprechende Arznei.

Hadi und ich umarmten uns zum Abschied. Ich verließ Yohwi, und Hadi folgte mir am sumpfigen Ufer des Baitom entlang, wobei er mir immer wieder versicherte, er werde zu mir nach Kamur kommen, sobald er genug Sago geerntet habe, um für einige Tage versorgt zu sein. Dann entzog der Dschungel ihn unsern Blicken.

Um fünf Uhr nachmittags erreichten wir den alten Dorfsitz von Kamur. Hier sollte nun eine dramatische Erneuerung vorgenommen werden. Es gab immer noch kein Lebenszeichen irgendeines Sawi. Wir hatten auch keine Zeit, sie zu besuchen, denn es wurde in einer Stunde dunkel. Wir suchten uns das am wenigsten zerstörte Langhaus aus und hievten unsere Güter hinauf. Der Fußboden trug unser Gewicht noch und war nur an einigen Stellen durchgebrochen. Wir kochten unsere Abendmahlzeit und breiteten unsere Grasmatten für die Nacht aus.

Kurz vor Anbruch der Morgendämmerung erwachten wir am Geräusch heftigen Regens, der ein paar Sekunden später mit solcher

Gewalt gegen das alte Langhaus schlug, daß das Gebäude zu schwanken schien. Wir konnten bei diesem Sturzregen erst in der Mitte des Vormittags mit unserer Arbeit anfangen.

Ich teilte die Arbeit unter meinen sechs Helfern folgendermaßen ein: Zwei sollten den Fluß hinauffahren und versuchen, Kamur zu finden. Sie sollten den Dorfhäuptlingen Geschenke überreichen und sie einladen, zu mir zu kommen. Drei andere sollten mit Äxten darangehen, Eisenholzpfeiler für das Fundament meines Hauses zurechtzuhauen. Der letzte der sechs blieb bei mir, um beim Roden des Landes zu helfen.

Die fünf waren bald gegangen. Ein junger Mann namens Hedip und ich selbst mußten uns nun mit dem ungeheuren Gewirr von Schlingpflanzen auf dem vorgesehenen Bauplatz herumschlagen. Wir kämpften uns mit unsern Buschmessern durch. Der Dschungel gab Boden frei, langsam und unwillig – aber es war alles tiefliegendes Land! Wenn wir darauf bauten, stünde bald das Wasser während der Regenzeiten monatelang unter unserm Fußboden.

Wir kämpften uns weiter in den Dschungel hinein, bis Hedip mit seinem Buschmesser zwischen das Wurzelgeflecht zu unsern Füßen deutete.

Ich schaute hin – tatsächlich, der Boden stieg an! Wir verdoppelten unsere Anstrengungen und folgten der Böschung. Zu unserer größten Freude stieg sie an bis zu der unglaublichen Höhe von etwas mehr als einen Meter über dem umliegenden Sumpfland! Eine solche Erhebung war in dieser Gegend eine große Seltenheit. Wahrscheinlich geriet sie nicht länger als höchstens ein paar Wochen im Jahr unter Wasser.

Stephen konnte wirklich auf trockenem Boden spielen!

Zwei Stunden später wurde unsere Arbeit unterbrochen durch die Rückkehr der beiden Geschenkträger, die ich nach Kamur geschickt hatte. Sie strahlten vor Freude und sagten: »Wir haben sie gefunden, Tuan.« Ich fragte: »Wo sind sie?« Ein Kayagar hob sein Paddel und deutete flußaufwärts. Ich schaute hin und sah fünf oder sechs Kanus sich unter einem Laubvorhang vorsichtig nähern. Ich konnte die Männer darin noch nicht sehen, aber ich wußte, daß sie mich beobachteten.

Die zwei Kayagar riefen ihnen zu, und schließlich wagte sich ein Kanu nach dem andern unter dem Blätterdach hervor. Muskulöse, mißtrauische Sawikrieger bemannten die Fahrzeuge. Sie sahen mich unverwandt und schweigend an, als sie zögernd den ermunternden Zurufen der Kayagar folgten und näherkamen. Ihre Palmholzbogen lagen gespannt und bereit zu ihren Füßen, sie selbst standen nackt im Kanu.

Ich stand ganz dicht am Uferrand und sagte: »*Konahario!*«

Keine Antwort. Ihre Kanus rieben sich am Uferrand und immer noch standen sie da und starrten. Weil sie nun näher herangekommen waren, konnte ich sehen, wie ihre Glieder zitterten und ihre Augenbrauen nervös zuckten. Ich zitterte selbst auch etwas, konnte es aber verbergen. Diesmal gab es keinen John oder Ken, um mich zu beraten, keine *Ebenezer*, kein Schnellboot lag bereit für einen hastigen Rückzug, falls die Sache gefährlich wurde.

Wenn sich kulturell gleichstehende Fremde begegnen, ist das schon eine Sache, wenn aber Leute von völlig entgegengesetzten Kulturkreisen zusammenkommen, ist das noch ganz etwas anderes! Wir standen einander gegenüber, und die Luft schien vor Spannung zu knistern.

Vor vielen Jahrtausenden waren ihre und meine Vorfahren ein Volk gewesen, die zusammen lebten, die gleichen Werkzeuge und Waffen benutzten, die gleichen Ziele verfolgten, die gleiche Sprache benutzten. Dann waren sie auseinandergezogen, nicht nur in verschiedene Klimazonen, sondern auch in ständig sich weiter voneinander entfernende Lebenskreise. Durch diese Absonderung bedingt traten genetische Veränderungen im Gesamtstoffwechsel, in der Haut- und Haarfärbung und in den Körperproportionen ein. Sprachliche Veränderungen hatten die ursprüngliche Muttersprache ausgelöscht. Die vielen aus diesen hervorgegangenen Abarten der Ursprache wandelten sich weiter, bis keine Verwandtschaft mehr zu erkennen war.

Und jetzt, nach Äonen des steten Wandels, der uns einander als völlig fremd und andersartig erscheinen ließ, hatte Gott uns wieder zusammengebracht, um sich ihnen zu beweisen ...

\* \* \*

Die jüngeren Männer blieben in ihren Kanus, aber drei der älteren stiegen vorsichtig an Land und kamen auf mich zu. Die Kayagar, deren Versuch, mich von den Sawi fernzuhalten, gescheitert war, schienen sich völlig umgestellt zu haben. Ich erkannte, daß sie mit großem Stolz und Vergnügen ihre Rolle spielten als Vermittler bei dieser neuen Begegnung. Sie benahmen sich wie besorgte Kindermädchen, redeten den Sawi gut zu und machten ihnen sanfte Vorwürfe wegen ihrer beinahe rüden Zurückhaltung.

Einer der drei Männer trat auf einmal nahe an mich heran. Sein rechtes Auge war früher von einem Pfeil durchbohrt worden und ausgelaufen, aber sein linkes Auge sah mich mit klugem Blinzeln an. Ich streckte ihm die Hand entgegen. Er tat das gleiche. Einen kurzen Augenblick maßen wir einander prüfend, dann berührten sich unsere Finger. Allmählich löste sich die Starre, und das Gefühl gefährlicher Fremdheit verschwand. Wir waren uns gleich im Menschsein . . . wir waren aus Fleisch und Blut – Männer.

Er lächelte und sagte: »Ich bin Hato!« Ich griff nach seiner Hand und sagte: »Ich bin Don!« Die andern beiden drängten sich um mich und berührten meine Hand auch. Dann sagten sie: »Ich bin Kigo!« »Ich bin Numu!« Die drei Helden hatten sich wieder vorgewagt!

Ihre Kameraden strömten jetzt aus den Kanus, und die »*Konahario!*«-Rufe schwirrten durch die Luft. Ich wies auf den neugerodeten Grund und Boden hin und bedeutete ihnen meinen Vorsatz, hier ein Haus zu bauen und mich niederzulassen. Sie riefen begeistert: »*Der! Der! Der! Gut! Gut! Gut!*« Ich bat sie, mir gespaltene Palmrinde für den Fußboden mitzubringen, und sie versprachen sie mir für den nächsten Tag.

Unvermittelt wurden ihre Rufe und Schreie immer lauter, schwollen an zu einer einzigen Woge des Jubels, die schließlich ausklang in einem mächtigen, tiefen Brustton, der *hahap kaman* hieß. Bei diesem Ausruf drückt sich die Freude erst dadurch völlig aus, daß alle zusammen ihn ausstoßen. Er erregte in mir ein solches Gefühl der Hoffnung und der Fremdartigkeit zugleich, daß meine Kopfhaut zu prickeln begann. Alles löste eine Empfindung in mir aus, als habe jemand bei der Weltmeisterschaft im Baseballspiel einen Treffer erzielt. Da mich jeder anschaute, merkte ich, daß ich derjenige sein mußte, dem das gelungen war! Fast blieb ich nicht mit den Füßen auf dem Boden!

Als das große Jauchzen verklang, erhob sich ein anderer Ton. Ich fuhr herum und sah den Kronkel schwarz von Kanus aus Amyam und Yohwi. Hadi und seine ganze Gesellschaft schossen auf uns zu und hämmerten dabei mit ihren Paddelblättern laut an die Kanuwände. Dieser Anblick und Ton rief sofort einen weiteren ekstatischen Ausbruch bei den Männern aus Kamur hervor. Noch ehe Kamurs zweiter *hahap kaman* verklungen war, hatten Yohwi und Amyam plötzlich mit dem Hämmern aufgehört und donnerten ihren eigenen *hahap kaman* in die Luft. Dabei wedelten sie mit den Paddeln und hüpften in ihren Kanus auf und ab, um Wellen zu erzeugen.

Immer aufs neue brandeten die Jubelschreie auf und wurden vom Strand zum Fluß und von dort zurückgeworfen. Es war der Sawi-Ersatz für einundzwanzig Salutschüsse. Und es bedeutete das Ende eines Zeitalters der Isolierung und das Heraufziehen einer Ära der gegenseitigen Beeinflussung.

Wenn ich an jenem Tag nicht dort gewesen wäre, um als Sendbote Christi diesen Salut auszulösen, so hätte der Abgesandte einer andern Macht ihn später verursacht, höchstwahrscheinlich aber aus ganz andern Beweggründen und mit ganz anderen Ergebnissen. Diejenigen, die dafür eintreten, daß man die übriggebliebenen Urstämme auf der Welt sich selbst überlassen solle, begreifen nicht, wie naiv ihre Ansicht ist! Die Welt ist einfach nicht mehr groß genug, um irgend jemand sich selbst zu überlassen. Man kann ruhig sagen, selbst wenn Missionare nicht zu diesen Menschen gingen, um ihnen zu geben, würden Holzfäller, Krokodiljäger, Schürfer, Goldgräber oder Farmer zu ihnen gehen, um von ihnen zu nehmen! Das Problem ist nicht, ob jemand hingehen sollte – denn das tut irgend jemand ganz sicher! Die Frage heißt vielmehr: Wird der Wohlwollendste zuerst hingelangen?

Da ich es als erster fertigbrachte, unter den Sawi zu leben, war es mein Ziel, die Treue zu Gott und zu seinem Wort mit dem Respekt für die Sawi und ihre Kultur zu verbinden. Die entscheidende Frage war nur: würden die Sawi-Kultur und die Heilige Schrift sich als so gegensätzlich in ihren Grundwahrheiten erweisen, daß diese Treue nach beiden Seiten unmöglich wurde? Ich beschloß, es herauszufinden. Aber erst mußte ich mein Haus bauen.

# Götter kommen aus dem Himmel

Da wir nun mehr Leute zur Verfügung hatten, waren wir mit dem Boden bald fertig. Inzwischen hatten die Kayagar eine Kanuladung mit Eisenholzstützen und Balken gebracht. Ich markierte deshalb den Grundriß des Hauses auf einer kleinen Erdkuppe und begann, die Pfosten einzurammen. Ich bin kein gelernter Zimmermann, aber als ich John McCain bei der Konstruktion eines kleinen Lagerhauses in Pirimapun half, hatte ich einige Grundregeln für den Bau mit solchen zugehauenen Pfosten gelernt, denn das ist ganz anders als bei Schnittholz.

Bald darauf erschienen auch die Kanus von Haenam. Die Nachricht von meinem Kommen hatte sie in ihrem Zufluchtsort tief im Dschungel südlich des Kronkel erreicht. Ich war jetzt ein einsamer weißer Tupfen inmitten einer wogenden Menge von ungefähr zweihundert Kayagar, Atohwaem und Sawi – drei Stämme, die sich gegenseitig bisher meistens als Feinde und nur selten als Freunde betrachtet hatten. Ein einziges ungeschicktes Wort konnte bei jedem einzelnen von ihnen einen Wutanfall auslösen. Die meisten trugen ihre Speerpaddel oder hatten beinerne Dolche, die in ihren Armreifen steckten. Auch ihre Bogen waren gespannt und lagen in den Kanus bereit. Es war schwierig, sich auf das Bauen zu konzentrieren, wenn man dauernd über die Schulter blicken mußte, um jeden Streit sofort im Keim zu ersticken. Aber es gelang mir doch einigermaßen, die Wände im rechten Winkelverhältnis zueinander festzulegen.

So vergingen die Stunden. Dabei konnte ich über die tiefe innere Ruhe, die mir Gott schenkte, nur staunen. Es war, als sei ich in einer dichten Hülle des Friedens eingeschlossen, die jede beunruhigende Entwicklung abfing und dämpfte und meiner Stimme einen Klang von Autorität verlieh, so daß die paar Wörter, die ich von der Sprache kannte, völlig ausreichten. Diese Wilden aus den Sümpfen folgten meinen Anordnungen, als bliebe ihnen gar keine andere Wahl, als zu gehorchen.

Nachdem die sechzehn Pfosten im Abstand von etwa anderthalb Meter voneinander eingesetzt waren, bildete ich Gruppen, die damit betraut wurden, die Pfosten tiefer in den Lehm einzurammen. Ich wies sie an, abwechselnd auf eine Behelfsplattform zu klettern, dann den Rammbock zu heben und niederfallen zu lassen. Das wirkte als großartiges Ablenkungsmanöver bei ihren Spannungen, weil es ihre Aufmerksamkeit fesselte. Die Luft war erfüllt von Gelächter und Begeisterung.

Aber nachdem das vollbracht war, fingen die Sticheleien wieder an, und gehässige Blicke schossen hin und her. Ein hochgewachsener Kayagar namens Yae, der zu den führenden Männern gehörte, überstürzte sich plötzlich in einem wild daher rollenden Strom von Worten. Ich hatte Mühe herauszufinden, ob er die Versammelten aufforderte, Frieden zu halten, oder ob er nur seiner Abneigung gegen die Sawi Ausdruck gab. Besorgt, daß letzteres der Fall sein könnte, trat ich hinter ihn und legte ihm sanft die Hand auf die Schulter. Weil ich kein Wort in Kayagar kannte, das hierher gepaßt hätte, sprach ich einfach beruhigend in Englisch auf ihn ein. Yae wurde sofort wieder ruhig, ebenso andere, die schon angefangen hatten, sich aufzuregen.

Es dauerte jedoch nicht lange, und die Spannung verdichtete sich wieder. Ich war voll Sorge, daß der Tag meiner Ankunft bei den Sawi für immer mit der Erinnerung an Blutvergießen verknüpft bleiben könnte. Da ich erkannte, daß ich nichts weiter tun könne, um einen drohenden Konflikt abzuwenden, legte ich mein Werkzeug nieder und bat Gott einfach einzugreifen. In diesem Augenblick wurde das Brummen eines Flugzeugs am Himmel hörbar. Sofort ebbte der Tumult der aufgeregten Krieger ab.

Ja, natürlich! In der Aufregung des Nachmittags hatte ich völlig vergessen, daß John McCain genau für diesen Nachmittag über Radio die Landung eines Wasserflugzeugs der MAF auf dem Kronkel angekündigt hatte. Es sollte mir eine Ladung Brennöl (Kerosin) bringen. Irgendwann an dem Tag hatte ich zwar versucht, die Leute darauf vorzubereiten, aber sie hatten, soweit ich das beurteilen konnte, nicht begriffen, was ich sagte.

Ich dankte Gott für seine zeitlich genau richtige Planung, zog mein Hemd aus, um den Piloten zuzuwinken, und beobachtete danach die Reaktion meiner ungestümen Mitarbeiter. All diese Stammesleute hatten natürlich schon Flugzeuge in großer Höhe gesehen und gehört. Viele erinnerten sich auch an Tiefflüge über ihren Dörfern, die vor Jahren wahrscheinlich durch australische Militärflugzeuge vorgenommen wurden. Dabei wurde nach Spuren japanischer Raubzüge gesucht, oder vielleicht geschah alles auch umgekehrt. Die Leute waren davon überzeugt, daß Flugzeuge übernatürliche Wesen seien. Sie hatten noch nicht gelernt, sie mit Tuans in Verbindung zu bringen.

Wenn ein Flugzeug sich näherte, flohen sie immer in dichtes Gebüsch und verkrochen sich dort voll Angst und Schrecken. Vor Jahren hatte irgendein Träumer sogar erfolgreich die Parole ausgegeben, *aramaso* = Flugzeuge seien empfindlich gegen Dornen, daher sei es am sichersten, sich im Dorngestrüpp zu verstecken. Diese Idee war natürlich ganz richtig, denn kein Flugzeug kann Dornen in seinen Reifen brauchen. Aber die Leute hatten dadurch auch viel auszustehen; denn jedesmal, wenn ein Flugzeug vorbei war, mußten die Armen sich erst aus den Dornen befreien, und dann mußten sie sich tagelang Dornen aus der Haut ziehen. Nun, es war immerhin Jahre her, seit ein Flugzeug im Tiefflug dahergebraust war; aber niemals in ihrer ganzen Geschichte hatten sie erlebt, daß eine Maschine tatsächlich landete!

Mit weit aufgerissenen Augen suchten die Krieger den weißblau getupften Himmel ab, um den dröhnenden Eindringling zu entdecken, in der verzweifelten Hoffnung, er möge doch noch abdrehen. Aber plötzlich war das Flugzeug da – in niedriger Höhe fliegend zeichnete es sich schwarz gegen die Wolken ab, flitzte über eine Windung des Kronkel in der Ferne und schoß dann abrupt, dem Flußlauf folgend, auf uns zu! Zitternde Schreie rings um mich her, sich steigernd bis zu einem einzigen Kreischen wilder Panik! Männer und Jungen stürmten in regelloser Flucht auf den Dschungel zu. Wie froh war ich, daß keine Frauen und Kinder diesen Schrecken miterleben mußten.

Als die Maschine zum erstenmal steil hochzog, winkte ich mit meinem Hemd und sah das Wackeln der Flügel als Gruß. Dann ging ich hinunter zum Ufer, um die Landung zu erwarten, und fand dort zu meiner Überraschung eine kleine Gruppe Männer zusammengedrängt. Sie zitterten vor Furcht, aber sie waren trotzdem nicht geflohen.

Unter diesen waren Kigo und Hato, aber Numu hatte anscheinend beschlossen, diese Zumutung sei zuviel! Die andern waren Obmänner, die offensichtlich meinen früheren Versuch, sie auf das Kommen der Maschine hinzuweisen, verstanden hatten. Sie hatten daraus geschlossen, daß *aramaso* ihnen keinen Schaden zufügen, sondern bloß den Tuan aufsuchen wolle. Sie wollten selbst sehen, was für Wunder sich ereignen würden, wenn der Gott aus der Luft den Gott auf der Erde traf!

\* \* \*

Hank Worthington suchte das lange, schwarze Band der *kidari*, der geraden Strecke des Kronkel nach Hindernissen für die Landung ab. Alles schien in Ordnung, und so kam er im Steilflug herunter, berührte die Wasserfläche und brauste dann wieder hoch, über die Baumwipfel hinweg, um ganz sicher zu gehen, daß auch für den Abflug alles klar war. Neben ihm saß Paul Pontier, ebenfalls ein »alter Hase« im Hinblick auf riskante Erstlandungen in entlegenen Gebieten von Niederländisch-Neuguinea.

Die zwei Piloten nickten sich zu. Hank schwenkte die Cessna 180 herum und ließ sie zwischen den ragenden Baumwällen des Dschungels niedergleiten. Die hohen Eisenholzbäume und baufälligen Langhäuser kamen rasch in Sicht.

\* \* \*

Ich sah zu Hato hinüber. Schweißüberströmt verfolgte er mit seinem einen Auge den Steilflug der *Mike Papa Bravo*. Kigo und die andern wichen schaudernd zurück, als der weiße Gischt unter den Schwimmern nach beiden Seiten aufschäumte. In diesem Augenblick betätigte Hank die Drosselklappe, um die Maschine in der Nähe des Ufers zu halten. Hatos Muskeln erschlafften, und er kauerte sich schutzsuchend hinter mich.

Einen kurzen Augenblick war es, als saugte ich die Gefühle der verängstigten Männer in mich ein! Ich entdeckte, daß ich die Wasserung des Flugzeugs vom Standpunkt eines Steinzeitmenschen aus beobachtete, und mir schauderte! Dann verschwand dieses Gefühl, und ich war wieder ein Mensch des zwanzigsten Jahrhunderts, der darauf wartete, daß ein Wasserflugzeug ihm eine Ladung Kerosin brachte.

Hank stellte den Motor ab, und jetzt vernahm man das Geschrei der Menge in voller Stärke. Ich schaute über die Schulter zurück und sah Dutzende von Männern halb verborgen am Waldrand. Viele streckten die Arme gegen die Cessna aus und spreizten die Finger in Abwehr.

Plötzlich schlugen Hank und Paul die Türen zu beiden Seiten der Cessna auf, was einen erneuten Entsetzensschrei auslöste. Dann kletterten sie herunter auf die Schwimmer, während um sie herum nur verblüfftes Keuchen zu hören war. Dieser Augenblick enthüllte ein großes Geheimnis – *aramaso* waren bloß Fahrzeuge der Tuans! Dennoch schien es ihnen, als kämen die freundlichen, englischsprechenden Stimmen, die mich von den Schwimmern her grüßten, aus einer andern Welt.

Die Schwimmer trafen etwa drei Meter vom Ufer entfernt auf Grund, deshalb watete ich hinüber und brachte Hank auf dem Rücken ans Ufer, während Paul Pontier die Kerosin-Kanister auslud. Zuerst wollte keiner der Sawi uns helfen, aber nach und nach brachte ich Hato und Kigo dazu, näherzukommen. Sie berührten Hanks Hand und überzeugten sich, daß er ein ganz zugängliches Wesen sei.

Nun waren sie willig, unter den Schatten der großen, weitausgebreiteten, gelbschwarzen Flügel zu waten und die Kanister an Land zu holen. Wir öffneten einen der beiden fünfundfünfzig Gallonen fassenden Behälter, die ich von Kawem mitgebracht hatte, und ließen etwa zehn Kanister Kerosin einlaufen. Währenddessen betrachtete Hank den hüpfenden, schreienden Schwarm von Kriegern, die nur halb beruhigt aus dem Busch strömten. Dann sah er mich eindringlich an und fragte: »Ist alles in Ordnung?« – »Großartig!« antwortete ich. Ich erzählte ihm nicht, daß seine Ankunft wahrscheinlich gerade den Ausbruch von Feindseligkeiten zwischen den Gruppen verhindert hatte.

»Wir kommen gerade von Kawem. Deine Frau und dein Sohn sind wohlauf. Sie schickt dir einen Brief.« Hank überreichte mir einen Briefumschlag, der Carols Handschrift trug.

Paul schaltete sich ein: »Und hier ist ein Päckchen, das sie dir schickt.« Er warf es mir vom Flugzeug aus zu, und ich fing es auf.

Als sie bereit waren zum Abflug, lehnte sich Paul gegen eine Flügelstrebe und schüttelte den Kopf. Die Sonne stand schon tief. Wildblickende Männer mit strähnigem Haar und geschweiften Wildschweinhauern, die durch die Nasenlöcher gezogen waren, drängten sich dichter heran.

»Wenn ich mir das alles nur rein vom menschlichen Standpunkt aus ansehe, würde ich am liebsten sagen: Steig ein, und wir bringen dich weg von hier!« sagte Paul. »Aber ich glaube, du willst gar nicht hier weg, oder?« Er wollte prüfen, ob ich insgeheim nicht doch den Mut verloren hatte und Hilfe brauchte.

»Kommt nicht in Frage, Paul!« sagte ich. »Ich fange ja eben erst an.«
»Okay«, meinte er. »Sieh dich nur vor, und wir beten für dich!«

Paul kletterte in die Kabine hinauf, Hank winkte zum Abschied und schlug die Tür fest zu. Eine Flügelspitze war in Reichweite, so legte ich meine Hand darauf und schwenkte die Maschine herum, bis die Nase zur offenen Wasserfläche des Kronkel hindeutete.

Der Motor dröhnte auf, und das Flugzeug erwachte zum Leben. Gischt sprühte vom Kronkel auf, traf uns wie ein Regenguß, und die Eingeborenen flatterten auseinander wie Blätter im Wind. Ich stand allein am Fluß und schaute der *Mike Papa Bravo* nach, wie sie auf der *kidari* entlangbrauste, sich über die Bäume erhob und in der Ferne verschwand.

* * *

Es war jetzt später Nachmittag, und die meisten der Leute verteilten sich in ihre Kanus, um vor Einbruch der Dunkelheit ihre Dörfer zu erreichen. Ich gab ihnen vor der Abfahrt Anweisungen, was für Baumaterial aus dem Dschungel sie mir am nächsten Morgen mitbringen sollten, falls sie wiederkommen wollten. Einige zogen sich in die ramponierten Langhäuser zurück, um dort zu übernachten, damit sie gleich bei Arbeitsbeginn zur Hand waren.

Das letzte Problem dieses Tages war ein Bad! Wegen der Krokodile, Giftschlangen und Blutegel war es durchaus nicht ratsam, einen

Sprung in den Kronkel machen. So stellte ich mich einfach in meinen Shorts an den Fluß, holte das Wasser eimerweise herauf, seifte mich ein und goß es mir reichlich über den Körper.

Natürlich verließ jedermann seine Kochstelle, um sich diesen einzigartigen Vorgang anzusehen. Zum erstenmal erlebten sie den Gebrauch von Seife. Ihre Augen durchbohrten förmlich meine weiße Haut; ich hätte gern gewußt, was sie so aufgeregt untereinander murmelten.

Später erfuhr ich, daß sie sich nicht nur über meine weiße Haut unterhalten hatten. Sie waren auch voll Sorge über den Seifenschaum, der von meinem Körper in den Kronkel floß. Sie wußten, daß mit dieser Seife ein fremdes Element von großer Kraft in ihren Fluß eingebracht wurde – mein Hautfett!

»Was werden die Geister denken?«, fragten sie sich, »wie werden sie darauf reagieren?« Ob zum Guten oder zum Bösen – ich hatte mein Hautfett in den Kronkel einfließen lassen, ohne zu wissen, daß in den Augen der Leute dies soviel bedeutete wie den Dämonen der Sawi-Welt den Fehdehandschuh hinzuwerfen!

Die Herausforderung war erfolgt. Jeden Augenblick konnte der Kampf beginnen.

\* \* \*

Es war, als stünde ich zwischen den weitausladenden, himmelhochragenden, riesigen Eisenholzbäumen, sehr klein und vom Grauen überwältigt. Meine Füße sanken bis zu den Knöcheln in den weichen Dschungelboden ein.

Ich war nicht allein. Aus den Baumwänden traten langsam eine Menge Sawileute hervor. Der erste war Hato. Er kam auf mich zu, blieb stehen und sah mich mit unaussprechlichem Ernst aus seinem einzigen Auge an. Seine Lippen bewegten sich, aber ich hörte nicht, was er sagte. Es schien, als lege er mir eine ungeheuer drängende Verantwortung auf.

Dann stand Kigo neben Hato, auch er sprach unhörbare Worte, und seine schwarzen Augen flehten mich inständig an.

Der stämmige Tumo, Numus Sohn, war der nächste, der mich unausgesetzt anstarrte, ihm folgte Hadi, Er und andere, deren Namen und Gesichter ich eben erst langsam anfing, mir einzuprägen. Einige deuteten auf sich selbst und dann auf ihre Frauen und Kinder, die vom Dschungelrand her uns ängstlich beobachteten.

Meine Sinne schienen in das wahre innere Wesen jedes einzelnen ganz tief eindringen zu können, ob ungeschlacht, mißgestaltet, voller Narben, oder mit schuppigen Hautpilzinfektionen bedeckt – alle waren sie sich einig im inständigen Flehen wegen einer tiefen, stumm eingestandenen, unaussprechlichen Not. Es war, als flehten zum Tode Verurteilte inständig um Gnade. Und für diese Begnadigung machten sie mich verantwortlich. Der Druck dieser Verantwortung wurde zur unerträglichen Last.

Plötzlich erwachte ich schweißüberströmt und voller Verlangen, diesen so schwer geängstigten Menschen Trost zu bringen. Etwa eine Stunde lang lag ich ganz elend vor Verlangen vor Gott und rang mit ihm, daß die schon vor so langer Zeit mit Blut unterschriebene Begnadigung doch bald in diesen verlorenen Schafen der Sumpfgebiete wirksam werden möge. Gerade vor Sonnenaufgang erfüllte mich die Gewißheit seiner Hilfe.

# Das Schicksal kommt im Einbaumkanu

Sechs breitschultrige, schmalhüftige Kayagar tauchten ihre Paddel in rhythmischem Gleichmaß ein und trieben unser schmales Fahrzeug über meilenweit überflutetes Grasland. Langbeinige Silberreiher auf einer Insel aus Ahos-Ästen beobachteten unser Näherkommen. Als der scharfe Bug unseres Einbaums sich rasch näherte, flogen sie auf und schwebten schwerelos zur nächsten Bauminsel, wo sie sich niederließen, bis wir sie erreicht hatten. Wie Albatrosse, die ein Schiff begleiten, so zogen sie mit uns und führten unseren Einbaum über das sonnendurchtränkte Grasmeer.

Unter der Zeltplane, die ich im Mittelteil des Kanus aufgezogen hatte, spähten zwei ausdrucksvolle blaue Augen über Carols Schulter. Wenn sie mich erfaßten, glomm zärtliches Erkennen in ihnen auf, aber im nächsten Augenblick öffneten sie sich weit vor Staunen über den hellen Blitz eines vorbeistreichenden Silberreihers. Eine winzige Hand streckte sich aus und berührte das raschelnde *kunai*-Gras. Ein klares Stimmchen jubelte über den ungestümen Flug einer Schar von Pfeifenten. Ein neugieriges Gesichtchen schaute scheu bewundernd dem krächzenden Flug zweier grotesker Nashornvögel nach.

Mit der lebhaften Aufnahmefähigkeit eines sieben Monate alten Kindes war Stephen dabei, sich seine neue Umgebung zu erobern. Er fand sie rundum erfreulich und konnte keine Gefahr entdecken. Er ergötzte sich an ihrer Schönheit, bis er, ganz erfüllt von so unendlich vielen neuen Licht- und Klangeindrücken, sich zurücklegte, um zu trinken und dann zu schlafen, eingelullt vom sanften Wiegen des Kanus.

Am fernen Horizont flimmerte die Linie des dunkelgrünen Dschungels in der Mittagshitze. Allmählich rückte sie näher. Plötzlich blieb das Grasland hinter uns zurück, und wir glitten unter dem Schatten überhängender Bäume in den Hauptstrom des Kronkel hinüber. Die westwärts gerichtete Strömung trug uns bald an

Amyam vorüber, wo Männer, Frauen, Kinder ungläubig und zum erstenmal in ihrem Leben eine goldblonde Frau und das ebenso goldblonde Kind auf ihrem Schoß anstarrten.

Die Sonne hatte den Zenit längst überschritten. Unsere Paddler ermüdeten allmählich in der windstillen Schlaffheit des Spätnachmittags, die über dem Sumpfgebiet lag. Carol tauchte ihr Taschentuch in den Fluß, um Stephens Stirn zu kühlen. Die feuchte, brütende Hitze lähmte alle Sinne. Die Zeit schien zu kriechen, so daß sogar die Fische nur noch langsam sprangen und die langgezogenen Windungen des Kronkel noch länger zu sein schienen als in Wirklichkeit.

Mir lag sehr daran, unser Ziel vor Einbruch der Dunkelheit zu erreichen.

*** 

Narai stand in seinem Kanu und stieß seine Paddelspitze tief in einen Klumpen Elefantengras. Dann bog er das Paddelblatt über die Kanuwände und setzte sich darauf. Auf diese Weise mit dem Boot im Elefantengras verankert, wartete er und schaute unentwegt stromaufwärts.

Er dachte an die merkwürdigen Ereignisse der letzten Monate, nie dagewesene Dinge in der Überlieferung der Sawi. Das erschreckende Eindringen der beiden Flußboote ... die plötzliche Begegnung mit drei Tuans auf der *kidari* ... die Rückkehr eines der Tuans zum Hausbau neben dem Tumdu ... die Wasserung des *aramaso* ... das Kommen des Tuan aus Kawem nach einigen Tagen, um beim Bau zu helfen, und schließlich ... die Abfahrt der beiden Tuans, wobei der eine von ihnen versprach, nach drei Tagen mit Frau und Kind zurückzukehren.

Oder hatten sie am Ende seine Zeichensprache mißverstanden? Es war jetzt der dritte Tag. Drei Meilen flußabwärts wartete die gesamte Bevölkerung von Haenam, Kamur und Yohwi. An den Flußwindungen zwischen dort und Narais Beobachtungsplatz waren weitere Wächter postiert, um seine Signale weiterzugeben. Die Zeit floß dahin, und der Kronkel auch.

Narai blickte über die Schulter zurück nach der sinkenden Sonne. Vielleicht hatte der Tuan, der aus unerfindlichen Gründen aus dem Nichts aufgetaucht war, um am Ufer des Tumdu zu bauen, sich anders besonnen . . .?

Das Aufblitzen eines Sonnenstrahls auf nassen Paddeln weit flußaufwärts traf Narais Auge. Die schlanke, schwarze Form eines Kayagar-Einbaums kam in Sicht und glitt über die schimmernde Wasserfläche auf den einsamen Wächter zu. Narai beugte sich weit vor in seinem Kanu und zog dabei langsam sein Paddel aus dem Elefantengras.

Aber er wartete immer noch. Dann sah er einen auffallenden Farbfleck zwischen den Kayagar-Paddlern. Er richtete sich hoch auf, setzte ein Bambushorn an die Lippen und blies einen langen, tiefen Ton. Innerhalb von Sekunden wurde das Signal im fernen Dorf aufgenommen. Erwartungsvoll lächelnd machte Narai sich bereit, das näherkommende Fahrzeug an sein Ziel zu geleiten. Schon war die Sonne nur noch eine glühende Masse, die hinter einem Bambusvorhang niedersank.

Plötzlich war neben uns ein einzelner Sawi in seinem Kanu aufgetaucht. »*Konahari!*« rief ich ihm zu. »*Konahari!*« antwortete er lächelnd. Bald darauf tauchten ein zweiter und ein dritter Begleiter aus der blauen Abenddämmerung auf und flitzten über den Kronkel in winzigen, kaum vier Meter langen Einbäumen daher. Als wir die letzte Flußwindung ausgefahren hatten, war unser Geleitzug um sechs bis sieben solch kleiner Kanus vermehrt worden. In ihrer eigenartig fließenden Sprache sandten die Fahrer ihre Rufe voraus und jeder Satz endete in einem langen, nachdrücklichen ». . . ooooo!«

Auf der letzten Strecke der Fahrt spähten Carol und ich zwischen Beinen und Paddeln durch, um einen Blick zu erhaschen auf unser zukünftiges Heim und auf . . .? Aber auf das, was wir sahen, waren wir nicht gefaßt! Rund 200 bewaffnete Krieger waren am Strand zusammengeströmt, eine dunkle Masse, die sich vom rotgoldenen Horizont abhob. Federn steckten in ihren Haaren und flatterten von ihren Speeren. Im Hintergrund, näher bei dem kleinen Holzhaus, das John und ich vor drei Tagen fertiggestellt hatten, beobachtete uns eine ebenso große Anzahl Frauen und Kinder, die unseres fremdartigen Aussehens wegen aufgeregt miteinander tuschelten.

Unsere Paddler verstummten, als wir ans Ufer glitten und zu Füßen der bewaffneten Menge anlegten.

*Oben: Sprachstudien. Der Verfasser mit einem seiner Sprachinformanten.*
*Mitte: Kanufahrt.*
*Unten: Don und Carol Richardson helfen einem Verletzten.*

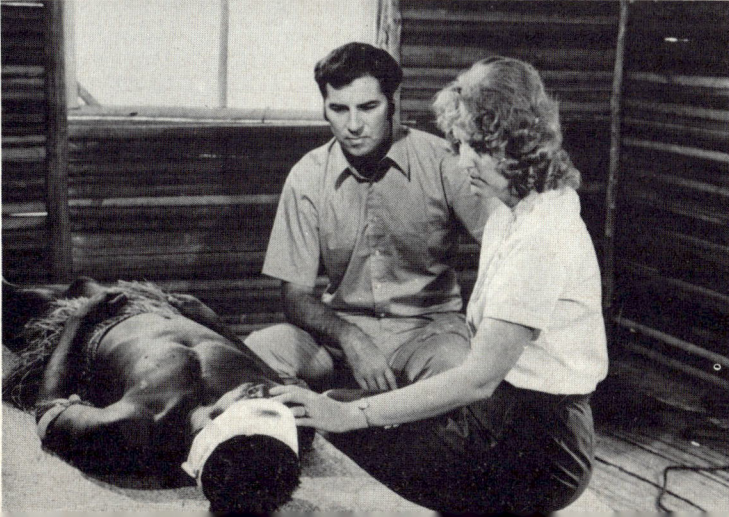

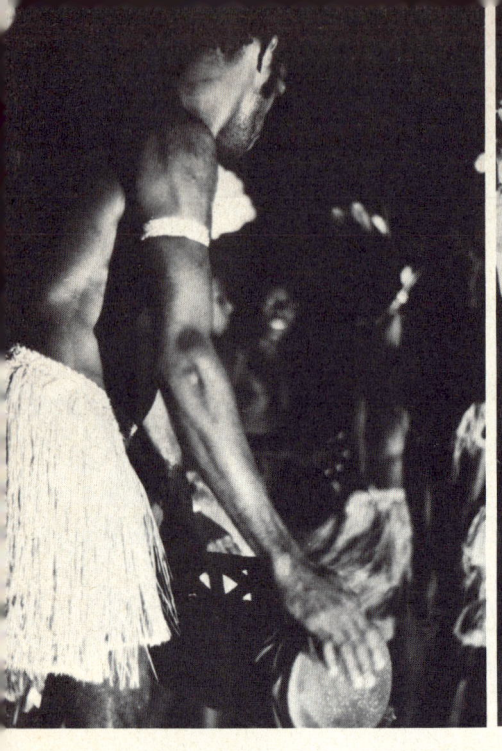

*Oben und unten links: Die Sawi feiern ein Fest.*

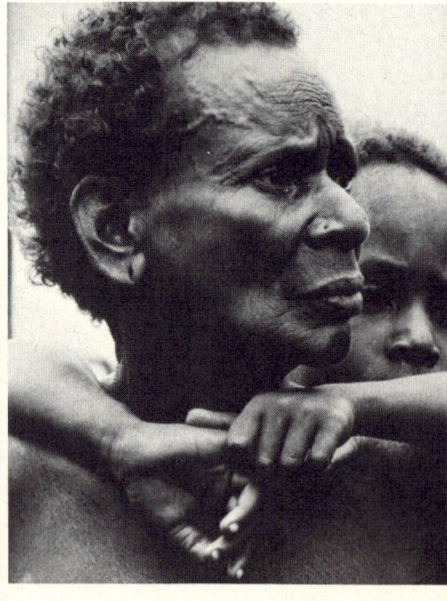

# Eingetaucht in Fremdartigkeit

»Schau sie dir an!« flüsterte Carol.

Aus der Nähe konnten wir die grellweiße und ockerfarbige Bemalung ihrer Gesichter erkennen. Ihre Augenhöhlen hoben sich dagegen ab als tiefklaffende schwarze Löcher. Wir sahen die Wülste stachliger Widerhaken, mit denen ihre Speerspitzen, sich nach oben hin verjüngend, ringsum besetzt waren. Wir hörten das zischende Flüstern, das mit steigender Erregung lauter anschwoll.

Es war kaum zu fassen, daß dies die gleichen Leute sein sollten, die vor wenigen Tagen erst so bereitwillig Baumaterial für unser Haus gesammelt hatten. Damals konnte man leicht vergessen, daß sie trotz ihrer freundlichen Manieren und entwaffnenden Begeisterung immer noch Kopfjäger und Kannibalen waren. Jetzt allerdings sah man es deutlich. Hatte ich ihre Absichten falsch verstanden? War dies ihre Art, jemanden zu begrüßen oder steckte etwas anderes dahinter? Hatte ich mich in Gottes Führung getäuscht, als ich Carol und Stephen so früh hierher brachte? Ich hörte das Hämmern meines Herzens wie in einem Echoraum widerhallen.

Einige der Sawi stiegen ins Wasser und packten unsere Kanuwände. »Herr, mein Gott, bin ich ein Narr gewesen? Diese Männer haben ja noch nie gelernt, einen Polizisten zu respektieren, geschweige denn dich! Und hier sind wir jetzt, Mann, Frau und Kind, mehr als hundert Kilometer entfernt von der nächsten Regierungsstation. Wir haben keinen Schutz außer deinem guten Heiligen Geist. Hat uns denn nur menschliche Anmaßung getrieben und nicht dein göttlicher Friede?«

Während die Sawi unseren Einbaum höher aufs Schlammufer hinaufzogen, erhielt ich die Antwort. Dieser Friede – war er nun rein menschliche Anmaßung oder nicht – hatte jedenfalls das eine für sich, daß er immer noch mein Herz erfüllte! Wenn er nicht von Gott war, dachte ich, hätte er mich doch jetzt im Stich gelassen! Aber – er war da trotz meiner aufgeregten Sinne, und wie leise lächelnd über die Warnungen der Vernunft, durchflutete dieser Friede den innersten Kern meines Wesens.

Aber was war mit Carol? Und mit Stephen?

Ich kniete nieder, griff unter das Sonnendach und hob Stephen von Carols Schoß. Von meinem Arm aus strahlte er die kriegsbemalten Männer mit engelhaftem Lächeln an und streckte ihnen seine rundlichen Ärmchen entgegen. Carol schlüpfte unter der Zeltplane hervor und stellte sich neben mich. Sie war scheu und aufgeregt, zeigte aber keine Angst.

Vorsichtig stiegen die Kayagar-Paddler aus dem Vorderteil unseres Kanus an Land und machten uns den Weg frei. Wir kletterten zum Bug vor und stiegen aus, mitten unter die Menge. Die übrigen drei Paddler folgten mit unserer Ausrüstung.

Jemand packte mich am rechten Arm. Hadi! Er war vor Freude wie berauscht. Eine andere Hand griff nach meiner Schulter. Hato! Sein einziges Auge glänzte hell. Ältere Sawi-Frauen streichelten Carol und Stephen mit ungläubigen Mienen. Die Männer drängten sich näher herzu, während die Dunkelheit anbrach.

Ich gab Stephen an Carol zurück, damit ich die Arme frei hatte, um uns einen Weg durch die Menge zu unserem Haus zu bahnen, das noch etwa fünfzig Meter entfernt war. Die Krieger hatten sich jedoch so dicht um uns zusammengeschlossen, daß es unmöglich war, sich zu bewegen. Wir konnten nichts tun als warten.

Plötzlich schwoll das unterdrückte Flüstern um uns herum an zu einem lauten Ruf: »*esa! esa! esa!*« Irgendwo hinter mir kreischte eine hohe Stimme einen Befehl. Ein Signal! Was sollte das bedeuten? Carol und ich sahen uns an, während Stephen uns rasch und prüfend musterte. Carols klare blaue Augen leuchteten immer noch voller Vertrauen, ohne die leiseste Frage: »Warum hast du uns hierhergebracht?« Stephen sah ihren Blick und lehnte sich beruhigt wieder an ihre Schulter. Ich aber wußte so genau wie nie zuvor, daß ich die richtige Frau gewählt hatte.

Aber die Probe war noch nicht vorbei. Das laute Signal war das Zeichen gewesen zu einem heftigen Trommelwirbel um uns herum, bei dem wir unwillkürlich zusammenfuhren. Ich erhaschte einen Blick auf eine der Trommeln. Sie war an beiden Enden dickbauchig, in der Mitte ganz schmal und mit fremdartigen Zeichen des Ahnenkults übersät. Das Trommelfell bestand aus schwarzgefleckter Eidechsenhaut, die mit Menschenblut rundum festgeleimt war.

Dunkle Blutrinnsale waren an den Trommelwänden hintuntergesikkert, eingetrocknet und bildeten so einen Teil der Verzierungen. Die Andersartigkeit der Sawi!

Allmählich stimmten sich die Trommler aufeinander ab zu einem gleichmäßigen, donnernden Wirbel, worauf die ganze Menge wild ausbrach mit Geschrei, Luftsprüngen und Auf- und Niederstoßen ihrer Speere. Wir standen mitten in diesem Tumult und beobachteten die heftig bewegten Gesichter der Feiernden. Die fanatische Kraft ihres Gefühlsausbruchs, das völlige Hingegebensein an die Bedeutung des Augenblicks erfüllte uns mit respektvoller Scheu.

Das Schreien ging allmählich in leierndem Gesang über, die Luftsprünge verwandelten sich in Tanz. Eine Welle von Kriegern nach der andern wälzte sich heran, als wollten sie uns verschlingen. Es ist wie eine Taufe, dachte ich. Ein Untertauchen in den Geist des Primitivismus, der Fremdartigkeit.

Plötzlich umschloß uns im blauen Dämmerlicht des Abends die Gegenwart einer Persönlichkeit, die stärker war als die der uns umgebenden Menge. Die Gegenwart des gleichen Geistes, der uns zuerst zu Christus gezogen und dann gewonnen und gedrängt hatte, über Meere und Kontinente hinweg genau zu dieser Dschungellichtung zu kommen. Vor dieser hohen Gegenwart schwand jedes oberflächliche Denken und Fühlen. Es war mir, als würden alle meine Beweggründe ausgelotet und geprüft.

»Missionar«, so fragte ER, »warum bist du hier?«

Es war eine Frage, die mir oft von Ungläubigen gestellt worden war. Jetzt war es mein Herr, der so fragte, und ich konnte ihm nicht ausweichen. Die Augen jedes Sawi-Tänzers schienen zu fragen, ihre Stimmen nahmen die Frage auf, ihre Trommeln gaben sie wider.

Ich dachte an alle Antworten, die ich sonst gegeben hatte, und verwarf eine nach der andern. Zweitrangige Gründe schieden aus. Auch gewöhnlicher Ehrgeiz konnte der vierdimensionalen Wirklichkeit unserer Aufgabe nicht standhalten.

Es dauerte ein paar Minuten, bis ich der Sache auf den Grund gegangen war. Dann flüsterte ich meine Antwort:

»Herr Jesus, es ist um Deinetwillen, daß wir hier stehen. Wir sind nicht in Wasser eingetaucht worden, sondern in das Menschentum der Sawi. Dies ist unsere Taufe in die Arbeit hinein, die Du für uns vorgesehen hast, ehe die Welt geschaffen war. Laß uns Dir treu bleiben. Stärke uns durch Deinen Geist. Dein Wille geschehe unter diesem Volk wie auch im Himmel. Und wenn wir ihnen irgend etwas Gutes tun können, sei Dir die Ehre dafür!«

Und ER antwortete: »Der Friede Gottes, welcher höher ist als alle Vernunft, wird eure Herzen und Sinne bewahren in Christus Jesus« (Phil, 4. 7).

Nun war alles in Ordnung, unsere gegenseitige Verbindung erneuert. Ich spürte, wie eine frische Quelle in mir zu fließen begann.

* * *

Plötzlich begann die Menge auf unser Haus zuzuströmen. Sie teilte sich und gab uns den Zutritt frei zu den holprigen Stufen, die ich angelegt hatte.

Zusammen stiegen wir hinauf zum noch unfertigen Eingangsvorbau und wandten uns dann den Leuten zu. Ein ungeheurer Schrei ließ die Luft erzittern. Männer und Jungen vollführten wilde Sprünge, trommelten und sangen laut. Hinter ihnen tanzten die Frauen für sich, und ihre langen Grasröcke wogten auf und nieder wie Meereswellen.

Wir blickten in die uns zugewandten Gesichter der Krieger. Es war uns jetzt klar, daß sie durchaus nicht vorgehabt hatten, uns zu erschrecken. Sie trugen ihre Speere so, wie eine Ehrenkompanie ihre aufgepflanzten Seitengewehre trägt. Jede Bewegung, jeder Farbklecks, jeder Ton sollten uns erfreuen.

Irgendwie gelang es den Kayagar, sich mit unseren Vorräten durch die Menge zu drängen. Ich nahm eine Blitzlichtpackung aus einem der Behälter und führte die Leute ins Haus. Carol folgte mir mit dem staunenden Stephen auf dem Arm. Als sie uns eintreten sahen, begannen die Sawi, langsam um unser Haus herumzutanzen, bis sie es von allen Seiten umschlossen hatten. Das Stimmengewirr, das Trommeln und das Stampfen der Füße, alles brandete herein durch die dünnen Sagowedelwände des Häuschens.

Beim Licht einer Taschenlampe überblickten wir das Innere unserer neuen Behausung. Zu unseren Füßen huschten unzählige schwarze Grillen davon, um sich vor dem Licht zu verbergen. Über uns hüpfte ein großer grüner Baumfrosch aufgeregt von einem Dachsparren zum andern. Aber seine schwarzen Augen waren nicht die einzigen, die uns beobachteten. Als ich mich umwandte, sah ich, daß einige Tänzer uns nachgekommen waren, sich in der Eingangsveranda drängten und uns durch das Gitterfenster anstarrten.

Unter ihren prüfenden Blicken pumpte ich eine Kerosindrucklampe auf und schaltete sie ein. Dabei hatte ich vergessen, daß die Sawi zum erstenmal solch ein Licht sahen. Alles stürzte wie wild davon, als der unerwartete, helle Lichtstrahl ihre Augen traf. Niemand kümmerte sich um die Treppenstufen, jeder sprang einfach über das Geländer. Glücklicherweise befand sich unsere Eingangsveranda nur etwa anderthalb Meter über der Erde.

Draußen brach das Trommeln plötzlich ab, und der Gesang verwandelte sich in Jammern. Man hörte Hunderte von Füßen stampfend in die Nacht davonrennen. Ich setzte die Lampe ab und eilte hinaus, um die Leute zu beruhigen.

Dann sah ich, weshalb sie geflohen waren. Unser ganzes Haus erglänzte im Licht wie ein riesiger, furchteinflößender Lampion. Aus Hunderten von Ritzen in den Sagopalmwänden, aus jeder Tür und jedem Fenster strömte das blendende Licht des kleinen, fünfhundertkerzigen Glühstrumpfs und durchstach die Finsternis!

»*Tadan nomo! Tadan nomo! Kee nawain!*« rief ich. »Habt keine Angst! Kommt zurück!« Langsam kehrten Hadi, Hato und andere zurück. Sie beruhigten sich, als sie sahen, daß das Licht nur durch ein Gerät verursacht wurde und nicht bedeutete, daß Carol, Stephen und ich uns plötzlich in Götter verwandelt hatten, die furchteinflößende, übernatürliche Kraft um sich verbreiteten.

Minuten später begannen die Trommeln wieder ihr Getöse, die Tänzer gewannen ihre Fassung zurück und umrundeten wieder unser Haus, wenn auch etwas weiter entfernt.

Während Carol auf einem Primuskocher eine einfache Mahlzeit zubereitete, breitete ich unser Bettzeug in einer Ecke aus und hängte ein Moskitonetz darüber auf. Sobald als möglich krochen wir alle drei darunter. Trotz dem Gedröhn der Trommeln schlief Stephen nach wenigen Minuten ein und atmete ruhig neben uns. Carol und ich brauchten etwas länger.

Einige der Tänzer trugen jetzt Fackeln, deren Licht unheimlich durch die Sagowedelwände leuchtete. »Mach die Augen zu, Liebes«, flüsterte ich, »und sag mir, was du siehst.«

Sie sagte: »Ich sehe meilenweit Grasland vorbeigleiten. Silberreiher fliegen um uns herum. Ich fühle das Schwanken des Kanus. Ich sehe den Sonnenuntergang und den Tanz all dieser Menschen um uns. Aber ich fürchte mich nicht. Es ist mir so verändert zumute, so, als hätte Gott mir ein neues Empfinden geschenkt, das es mir möglich macht, hier zu leben.«

Ja, das hatte er wirklich getan, auch bei mir.

Jene Umklammerung von Menschenkörpern, – ein pulsierender Mutterschoß fremden Klanges und fremder Seele – war eine Gußform Gottes gewesen, um uns so umzuschmelzen, daß wir in dieser urzeitlichen Luft atmen konnten, ohne vergiftet zu werden, und dem Herrn in dieser Welt zu dienen vermochten.

Voraussetzung war allerdings, daß wir die Sprache meistern und in ihre Geheimnisse eindringen konnten.

# Patriarch am Tumdufluß

Der Keiler schob sich dunkel und ungeschlacht durch die Schatten und schnüffelte den Geruch von frischem Sagomark. Seine lange Schnauze als Keil benutzend, zwängte er sich mit Leichtigkeit durch den hemmenden Pflanzenwuchs, während das Lianengewirr und die Zweige seinen stachligen Hals und abfallenden Rücken entlangglitten. Er brach durch zu einer kleineren, mondlichtüberfluteten Lichtung. Drüben am andern Ende lag eine gefällte Sagopalme, der Stamm war an der dem Keiler zugewandten Seite aufgeschnitten. Er trottete darauf zu.

Mitten auf der Rodung hielt er plötzlich an, alle vier Hufe fest eingestemmt in den schlammigen Dschungelgrund, zu sofortiger Flucht in jede Richtung bereit. Eine neue Witterung hatte sich dem sauren Geruch des Sagomarks beigemischt – Menschen.

Mit einem kurzen Schnauben schwang der Keiler seinen massigen Kopf von einer Seite zur andern und äugte mißtrauisch umher. Es gab keine Bewegung außer dem treibenden Schatten der Riesenfledermäuse unter dem Sternenhimmel, keinen Ton außer dem Geigen der Zikaden und dem Lärm der Froschchöre in einem nahegelegenen Sumpf.

Dem Wildschwein war menschliche Witterung nicht fremd. Sie war ihm oft begegnet, besonders in solchen Rodungen, wo Menschen Sago bearbeiteten. Aber die Menschen arbeiteten am Tag. Die Nacht gehörte ihm.

Der Keiler faßte wieder Mut und schnüffelte sich näher heran an die aromatisch duftende Schnittwunde im Sagostamm. Er entdeckte, daß das Mark schon oberflächlich ausgehöhlt worden war. Um mehr zu bekommen, würde er seinen Kopf ganz hineinstecken müssen.

Ein letztes Mal überschaute er das Untergehölz, das Mondlicht glänzte auf seinen gebogenen Hauern. Dann schob er seinen Kopf in die Öffnung im Stamm und begann, sich an dem reichen, mehligen Mark zu laben. Das Loch hatte genau die richtige Größe.

Ein langer Bambuspfeil stieß durch eine Lücke in einer nahegelegenen Schutzblende aus Sagowedeln. Hinter der Blende ertönte das schwache Surren einer scharf gespannten Bogensehne. Der Keiler bemerkte es nicht. Seine Ohren waren erfüllt vom eigenen Schmatzen. Aber plötzlich durchstach ihn ein scharfer Schmerz bis tief ins Herz hinein. Der Pfeil hatte ihn glatt durchbohrt.

Ehe die harte Bogensehne aufgehört hatte zu schwirren, war das Schwein vom Sagostamm weggetaumelt, wobei es donnernd die Luft aus seinen Lungen stieß. Quietschend sprang es zum fernen Ende der Lichtung, das Blut schoß in Strömen aus zwei Wunden.

Der Keiler fuhr plötzlich herum, um sich seinem Quälgeist zu stellen, aber der Feind war immer noch unsichtbar. Seine Vorderbeine knickten ein, er hustete Blut, rollte auf die Seite und lag still.

Einige Minuten später kam der Jäger hinter der Blätterwand zum Vorschein, ein zweiter Pfeil lag schon auf der Sehne. Er beeilte sich nicht bei der Annäherung, berührte das Schwein mit seinem Fuß, und als er sah, daß es tot war, lockerte er die Sehne.

Hato ging zurück zur Schutzblende und kehrte zurück mit sechs der kürzeren Wedel. Er breitete diese paarweise überlappend um seine Beute herum, kniete sich auf den Boden und fing an, die überlappenden Blätter von jedem Paar zusammenzuflechten. Dann nahm er ein schmales Bambusrasiermesser aus einem Behälter, beugte sich über das tote Schwein und begann mit der langen Arbeit des Ausweidens und Zerlegens.

Sein nackter Körper wurde von einem unheimlich wirkenden Lichtkreis umflirrt. Es war das Mondlicht, das auf den Flügeln unzähliger ihn umschwirrender Moskitos spielte. Über ihm schimmerten Feuerfliegen durch hochragendes Lianengewirr. In den dunklen Winkeln des Dschungels leuchtete phosphoreszierendes Licht von moderndem Holz wie eine Heerschar glühender Augen.

Hato im Mondlicht . . .

Daß es auf der Welt für einen Menschen irgendeine andere Wohngegend geben könnte, als ein Sumpfgelände, war ihm nie eingefallen. Und wenn auch, er hätte sich doch keine günstigere Landschaft für menschliche Besiedlung vorstellen können.

Er teilte den Kadaver in drei Haufen, Fleisch, Eingeweide und Knochen, und packte jeden auf ein Paar der zusammengeflochtenen Sagowedel. Dann faltete er die noch ungeflochtenen Teile über dem Fleisch zusammen und flocht sie ebenfalls zusammen. So bildeten sich drei feste Pakete, jedes enthielt etwa fünfzig Pfund Fleisch und Knochen. Als letztes befestigte er Schulterriemen aus Lianen an jedem Ende der Pakete und schwang sich eins davon auf den Rücken.

Inzwischen dämmerte der Morgen. Tief gebückt unter der Last sammelte Hato Bogen und Pfeile auf, auch den blutigen Pfeil, mit dem er den Keiler durchstochen hatte. Wie er im ungewissen Licht der frühen Morgendämmerung so dastand, hätte man ihn ebensogut für irgendeinen seiner Vorfahren halten können. Es gab nur einen Unterschied. Hato ging zur Schutzblende zurück, bückte sich und zog ein neues Stahlbuschmesser hervor, das er sich durch seine Hilfe beim Hausbau des Tuans erworben hatte. Er hatte es gebraucht, um die Wedel für die Schutzblende abzuschneiden. Dieses Werkzeug war der einzige Unterschied. Aber er war groß.

Während ringsum der Dschungel zum Leben erwachte und das millionenstimmige Vogelkonzert einsetzte, wandte sich Hato seinem Baumhaus zu, das im Quellgebiet des Tumdu lag. Zwei seiner Söhne sollten später die beiden übrigen Pakete holen.

* * *

Sirowi und Imati, zwei von Hatos vier Frauen, standen sich gegenüber, eine hohe Sagopalme zwischen sich. Gleichmütig schlugen sie von beiden Seiten mit ihren Steinäxten in den Stamm, bis die Fasern in ihrer schweren, schwarzen Umhüllung schwächer wurden. Der Riese schwankte und schlug krachend um, wobei ein Drittel seiner Masse sich in den weichen Dschungelboden einbohrte.

Während Imati den Fasermantel auf einer Seite aufbrach, stellte Sirowi den Trog zum Auswaschen des Sago auf. Als das Herz der Palme freilag, begannen die beiden Frauen damit, das faserige, mehlhaltige Mark mit Steinbeilen herauszuhauen. Danach mußten sie die Fasern im Trog waschen, wobei das lebensnotwendige Sagomehl als Lösung in einer Rinne in einen andern Trog abfloß.

Neben Imati lag ihr zwei Wochen altes Baby auf einem weichen Blätterbett und blinzelte in den immer heller werdenden Himmel.

Yami, eine von Hatos Enkelinnen, wedelte mit einem Blatt über dem Baby, um die allgegenwärtigen Dschungelfliegen vom Gesicht des Kindes fernzuhalten.

Hoch über ihnen klammerte sich ein Junge namens Badep an die obersten Äste eines *kabi*-Baumes. Er hielt Wache, falls Asmatjäger auf der Suche nach Menschenköpfen durch den Axtklang auf die Frauen aufmerksam werden sollten. Er beobachtete dabei besonders die Scharen von Kakadus, die über dem Wald kreisten. Jede ungewöhnliche Flugunterbrechung konnte die Annäherung eines Feindes bedeuten. Nicht ohne Grund nannten die Sawi oft den Kakadu *ragedep*, den »Enthüller«.

\* \* \*

Ein anderer von Hatos Sprößlingen, ein geschmeidiger Jugendlicher namens Amio, schlüpfte lautlos durch die Sumpflichtungen, die das Hauptquellgebiet des Tumdu bilden. Über ihm streckten sich fast dreißig Meter hohe Sagopalmen der Sonne entgegen, ihre großen Wedel wölbten sich gegeneinander und formten eine vielbogige Decke über den darunterliegenden schattigen Teichen. Amino umrundete die größeren Gewässer, indem er von einer grotesk geformten Wurzel zur andern hüpfte.

Plötzlich erregte ein hochspringender Katzenfisch in einem der Teiche seine Aufmerksamkeit. Amio hockte sich auf eine Wurzel und wartete, Pfeil und Bogen in der Hand bereithaltend. Ein zweiter Fisch sprang und dann ein dritter. Amio stand auf und überblickte prüfend die Bäume um ihn herum.

Schließlich fand er unter den säulenähnlichen Palmen einen *os*-Baum. Er zog ein neues Stahlmesser aus seinem gewebten Grasgürtel, dem einzigen Kleidungsstück, das er trug, und schnitt mehrere Rindenstücke aus dem erwählten Baum heraus. Die Innenseite der Stücke glänzte vor dickem, weißem Saft. Amio trug die Stücke zum Teich, tauchte sie ins Wasser und rieb sie dann aneinander.

Bald breitete sich eine wolkig weiße Trübung zur Mitte des Teiches hin und bis in seine teebraunen Tiefen aus. Amio wiederholte die Prozedur von verschiedenen Seiten des Teiches aus, bis der ganze weiße Saft im Wasser aufgelöst war. Dann warf er die Rinde beiseite, nahm seinen Bogen auf und legte einen Fischpfeil auf die Sehne. Er brauchte nicht lange zu warten.

Bald durchbrach ein Fisch die Wasserfläche; er schnappte vor Schmerzen, und seine Augen waren von der weißlichen Substanz überwölkt. Amios erster Pfeil drang in den Körper ein, der Fisch schlug um sich, noch an der Oberfläche, und schleppte den Pfeil mit sich. Als er nah genug an Amio vorbeikam, griff dieser nach dem Pfeilende und hob seine Beute aus dem Wasser.

Inzwischen waren weitere geblendete Fische an die Oberfläche gekommen. Er fing sie alle. Dann flocht er ebenfalls eine Packung aus Sagowedeln und wickelte die Fische darin ein. Aber zuerst entfernte er die giftigen Stacheln von den Rückenflossen der Katzenfische. Es tat nicht gut, sich ein solches Paket auf den Rücken zu schwingen und dabei einen jener Stachel durch die Blätter hindurch in den Körper zu bekommen.

Amio ging auf das Baumhaus zu. Er erreichte es etwa um die gleiche Zeit, als Hanay und Wagay, seine älteren Brüder, mit den beiden restlichen Schweinefleischpaketen aus dem Dschungel zurückkehrten. Inzwischen hatten Hatos andere Frauen das Fleisch gekocht, das Hato selbst von seiner nächtlichen Jagd heimgebracht hatte.

\* \* \*

Kimi und Sayo, zwei von Hatos älteren Töchtern, unterhielten sich leise auf ihrem Weg durch ein Dickicht junger Sagopalmen. Sie vermieden die Massen sechszölliger Dornen, die am unteren Ende dieser Palmen den Stamm schützen, solange die Bäume jung sind. Anmutig schwangen ihre langen Grasröcke dabei hin und her. An einem der vom Tumdu gebildeten, durchsichtig klaren Tümpel bückten sie sich und hoben zwei Säcke aus zusammengewebten Sagowedeln heraus, die sie zwei Tage zuvor hineingesenkt hatten. Jeder der beiden Säcke war mit einer weichen, wattigen Fasermasse gefüllt, bestehend aus Blattknospen, die die Mädchen von einer gefällten Sagopalme abgezupft hatten. Während das Wasser aus den Säcken abtropfte, bemerkten die Mädchen entzückt das Zappeln von Süßwassergarnelen, die sich in den Fasermassen verkrochen hatten. Garnelen können einem solch idealen Versteck nie widerstehen.

Kimi und Sayo brachen geschickt mehrere fast zwei Meter lange

Halme des Elefantengrases ab, wickelten die lebenden Krustentiere ein und ließen dann die beiden Garnelenfallen wieder hinunter in die trüben Untiefen des Tumdu. An jedem Tümpel verfuhren sie auf die gleiche Weise, wobei sie einen Kreis schlugen und schließlich wieder zu ihrem Ausgangspunkt zurückkamen, wo sie ihre Tragbeutel und Grabstöcke zurückgelassen hatten. Sie verstauten die Garnelenbündel in den umfangreichen Säcken, nahmen ihre zugespitzten Palmholzstöcke und schlugen einen Pfad in den üppigen Wald von Elefantengras, wobei sie die dicken Stengel direkt unter der Wasserlinie abbrachen. Dann streiften sie die großen Blätter ab und legten so das eßbare Herz jeder Pflanze frei. Alles wurde in die Säcke gepackt.

Schließlich hoben sie sich die Packen auf die Schulter und wandten sich heimwärts. Ab und zu hielten sie an und pflückten eßbare junge Blätter von den Zweigen eines *sinaham*-Baumes oder schüttelten reife Früchte von einem *akakor*-Baum. Hier und da bückten sie sich, um sich einen Blutegel von den Füßen oder Knöcheln zu entfernen. Sie warfen ihn weg, ohne einen Augenblick ihre Unterhaltung zu unterbrechen.

\* \* \*

In der Zwischenzeit hatten Sirowi und Imati ungefähr sechzig Pfund Sagomehl aus dem Trog herausgewaschen. Wenn dies sich am Grund gesetzt hatte, gossen sie das Wasser ab und brannten die Außenseite jedes Sagoklumpens mit Fackeln ab, um die klebrige Fläche festwerden zu lassen. Diese festgewordene Außenhaut wurde dann abgezogen und unter alle Anwesenden verteilt als nahrhafte Mittagszugabe.

Zu diesem willkommenen Extragenuß war eine Gruppe Kinder aus dem Baumhaus gekommen. Ihr Gelächter klang auf, wenn sie den gummiartigen *du rayp*, den Sagoschleim, auseinanderzogen, bis er zerriß und zurückschnappte in ihre Hände. Während die Kinder den Sago kauten, wickelten Sirowi und Imati die feuchten Laibe in Packungen, um sie nach Hause zu tragen.

\*\*\*

Als die verschiedenen Nahrungsammler den Fuß des Baumhauses erreicht hatten, legten sie ihre Bündel zunächst in die drei Familienkanus, die im Schilf des Tumdu festlagen. Dann stiegen sie hinauf in ihr luftiges Haus. Hato hatte angekündigt, sie würden heute alle zum Dorf zurückkehren, deshalb war es unnötig, die schweren Packen in das Haus hinaufzuschleppen.

Die Vorräte waren wirklich reichlich. Neben Schweinefleisch, Sago, Fisch, Garnelen, Elefantengrasherzen, eßbaren Blättern und Früchten gab es noch Bündel mit krabbelnden Käferlarven, eine Giftnatter, die Hanay auf dem Heimweg mit den Fleischpacken durch einen Pfeil getötet hatte, und einen Vogel, den Badep geschossen hatte, als er Wache hielt gegen Asmat-Jäger. Einige der jüngeren Buben hatten auch eine Anzahl Frösche und eine Eidechse gefangen.

Auf gleicher Höhe mit den Baumwipfeln sitzend, aßen die Familienmitglieder gebratenes Schweinefleisch und hörten Hatos Bericht über das Töten des Keilers. Der einäugige Familienvorstand hatte sich den ganzen Morgen ausgeruht, war nun erfrischt und erzählte, während er ein Schweinsohr in der Hand hielt. Ein Holzbock, der eine neue Wohnung suchte, kroch aus dem Ohr auf Hatos Hand. Dieser schnippte ihn gleichgültig ins Feuer, das neben ihm brannte.

Mit einem Bambusrasiermesser schnitt Hato ein rundes Stück haarbesetztes Fleisch mitten aus dem Ohr heraus und stach dann ein Loch in das Fleischstück, so daß es nun ein Ring war. Diesen steckte er auf das Ende seines Bogens und schob ihn weiter zu den übrigen Trophäen erfolgreicher Wildschweinjagden.

Die ganze Zeit über lag ein blutbefleckter, meterlanger Röhrenpfeil neben ihm auf der Grasmatte. Es passierte selten, daß ein Pfeil den ganzen Körper eines Wildschweins durchdrang, ohne auf Knochen zu stoßen. Selbst dann gehörte die ganze Kraft eines außergewöhnlich tüchtigen Schützen dazu, den Pfeil völlig hindurchzutreiben.

Hato war ein solcher Schütze. Er hatte vier Frauen, die im Frieden mit ihm lebten, er wurde von elf lebenden Söhnen und Töchtern geehrt und geachtet, freute sich an einer wachsenden Enkelschar und war der Schrecken aller seiner Feinde ringsum. Hato, der Patriarch an der Quelle des Tumdu.

Was brauchte er mehr? Er sah auf sein neues Stahlbuschmesser und glitt mit dem Finger über die blitzende Schneide. Wirklich – was brauchte er mehr!

Mehr Buschmesser, Äxte und andere Messer, natürlich. Sein eigenes und Amios Messer waren ein Anfang. Hato hoffte, nach und nach würden jede seiner Frauen und alle seine Kinder wenigstens ein eigenes Buschmesser, eine Axt und ein gewöhnliches Messer besitzen. Das brauchte Zeit und erforderte Arbeit.

Denn soviel war schon klar, der Tuan hatte durchaus nicht die Absicht, diese Dinge als Geschenke auszustreuen. Hato konnte das nur recht sein. Er und seine Familie waren an Arbeit gewöhnt.

Aber war da nicht noch etwas? Daß der Tuan und seine Nyonya vorhatten, das Weltbild der Sawi zu ändern, war auch schon deutlich geworden. Aber Hato konnte sich immer noch nicht vorstellen, wie dieses neue Weltbild aussehen sollte. Trotzdem brannte er darauf, mehr von ihren Absichten zu erfahren.

»*Es aphaem ke hafem!* Wir wollen ins Dorf gehen!« rief er und erhob sich.

Die Küchenfeuer wurden gelöscht, indem man Wasser aus Bambusgefäßen darüber spritzte. Grasmatten wurden zusammengerollt. Die Ahnenschädel wurden zusammengebunden bis zu einer späteren Rückkehr in das Baumhaus. Babies wurden in Tragtaschen gesteckt, die von den Müttern auf dem Rücken befestigt wurden. Dann stieg der lange Zug die Pfosten mit den eingekerbten Stufen hinunter zu den Einbäumen.

Nachdem Hato und seine Familie eine Stunde den gewundenen Lauf des Tumdu hinuntergepaddelt waren, erreichten sie die Mündung in den Kronkel. Sie konnten das Häuschen des Tuan auf der Lichtung sehen und zu beiden Seiten die vielen Rodungen, wo die Stämme der Kamur, Haenam und Yohwi ihre vorläufigen Siedlungen errichtet hatten. Später wollten sie dauerhaftere Wohnungen bauen. Grauer Rauch ringelte sich langsam über dem rotgrauen, frischgetrockneten Dachstroh.

Plötzlich erspähte Hatos einziges Auge mehr als nur den Rauch über der Siedlung. Weiße Speerspitzen blitzten wie Nadeln in der Sonne gleich oberhalb der Baumspitzen, ehe sie wieder zur Erde fielen. In dem Augenblick hörte man in der Ferne Rufe. Und Jammern.

»Schnell!« schrie Hato. »Im Hof des Tuan wird gekämpft!«

# Krieg vor meiner Haustür

»Carol!« schrie ich, um den plötzlichen Lärm zu übertönen. »Halt das Kind vom Fenster weg!«

Ich raffte meine Sprachnotizen zusammen und raste auf das Haus zu, im Zickzackkurs unter den bewaffneten Männern durchschlüpfend, die plötzlich von Kamur her aufgetaucht waren. Mein Sawi-Sprachhelfer Narai verschwand in entgegengesetzter Richtung im Wald.

Im Laufen blickte ich nach Haenam, wo ein zweiter Haufe zorniger Männer schon Pfeile gegen die Angreifer bereitlegte. Ich sah drei der Pfeile hoch über unsere Köpfe fliegen und versuchte ihre Flugbahn zu erraten. Sie schienen alle auf mich zuzusausen, deshalb sprang ich hinter unser Haus und unter den Schutz des Daches. Alle drei drangen in einem Umkreis von etwa zwölf bis dreizehn Metern Entfernung in den Boden vor unserem Haus. Nicht ganz so nahe wie ich erwartet hatte.

Das Geklapper der Lianenbogensehnen vermischte sich mit dem Kriegsgeschrei, als ich die Hintertreppe unseres Hauses hinauflief. Carol hatte meine Warnung beachtet, Stephen aus seinem Nachmittagsschlaf gerissen und in unseren Vorratsraum gebracht, wo eine Innenwand jeden verirrten Pfeil, der durch ein Fenster oder eine Lücke der Außenwände dringen mochte, auffangen würde. Während Carol bei Stephen blieb, ging ich zur Vordertür und schaute hinaus.

Die meisten Kamurmänner waren auf dem offenen Gelände vor unserem Haus bis hinunter zum Kronkel ausgeschwärmt. Andere hatten hinter dem kleinen Schutzdach, das ich beim Sprachstudium benutzte, Stellung bezogen. Die Vorhut aus Haenam hatte sich auf dem jenseitigen Ufer eines dazwischenliegenden Sumpfgeländes zu einer langen Linie auseinandergezogen. Keiner versuchte, sich irgendwo zu verbergen. Es war deutlich, daß sie den offenen Kampf bevorzugten.

Die Männer, die Speere zum Kampf mitgebracht hatten, stießen diese mit den Spitzen in den Boden, um die Hände für ihre Bogen frei zu haben. Der Feind wurde mit tödlichem Blick fixiert, dann schwangen die Körper von einer Seite zur andern, reckten sich hoch auf, um einen Pfeil abzuschießen, kauerten sich wieder zusammen, um eine möglichst geringe Zielfläche zu bieten, sprangen hoch in die Luft, um die blitzenden Speere zu meiden, die auf sie zuflogen. Die mörderische Beschäftigung erforderte ihre volle Konzentration, denn die Pfeile schossen mit der Geschwindigkeit von hundert Stundenkilometern daher, deshalb war es tödlich, die Aufmerksamkeit auch nur für einen Sekundenbruchteil abschweifen zu lassen.

Die erfahrensten Krieger bildeten die Frontlinien jeder Seite. Sie schossen und wichen aus in einer Entfernung von etwa vierzig Metern. Die weniger erprobten, meist Jugendliche, standen mehr im Hintergrund und schossen ihre Pfeile hoch in die Luft, so daß sie von oben in die feindliche Stellung fielen. So mußte jeder Krieger nicht nur seine volle Aufmerksamkeit auf die Pfeile richten, die von vorn mit großer Wucht und Genauigkeit auf ihn zukamen, sondern auch dauernd Angst haben, an Kopf oder Schultern von mit Widerhaken besetzten Pfeilen getroffen zu werden, was entnervend wirkte. Wenn einer den Vorrat an Pfeilen, den er mitgebracht hatte, aufgebraucht hatte, griff er sich einfach solche, die um ihn herum niedergegangen waren und schoß sie zurück auf den Feind.

Im Hintergrund schwenkten die Frauen beider Seiten drohend ihre Sagostöcke, schrien dem Feind über die Köpfe ihrer Männer hinweg Flüche zu, stampften vor Wut mit den Füßen oder heulten und wehklagten schon im voraus. Noch weiter im Hintergrund kletterten Kinder auf Holzklötze oder Baumstümpfe, um das Schauspiel besser sehen zu können.

Die Spannung stieg immer höher bei Kämpfenden und Zuschauern, denn jeder wartete nur darauf, daß ein Pfeil einen Menschen träfe. Sobald ein Mann getroffen wurde, würden seine Feinde ihn sofort mit einem Pfeilhagel zudecken, um ihn noch schwerer zu verwunden, solange er abgelenkt oder kampfunfähig war. Da aber jeder Mann fest entschlossen war, nicht dieses erste Opfer zu werden, kämpften die Mannschaften mit äußerster Konzentration gegeneinander.

Ich trat auf die vordere Veranda, erregt und bereit einzugreifen, aber ich wußte nicht wie. Es dauerte einige Sekunden, bis mir klar wurde: »Dies ist Wirklichkeit! Nimm dich zusammen, Mann, du sitzt nicht im Kino, und du träumst auch nicht! Dies sind tatsächlich Menschen, und sie versuchen wirklich, sich gegenseitig umzubringen. Jeder von ihnen zappelt wie ein Köder über dem hungrigen Rachen des Todes. Jetzt, genau in diesem Augenblick, kann das Leben eines dieser Menschen, mit denen du gerade erst in Berührung gekommen bist, für alle Ewigkeit ausgelöscht werden. Ausgerechnet jetzt, wo du dich anschickst, ihnen die Botschaft zu bringen, die sie noch nie gehört haben.

Handle, Mensch! Tu etwas! Aber während du es tust, vergiß bloß nicht: dies ist Wirklichkeit!«

Ich trat vor an die Treppe und öffnete den Mund, um ihnen Einhalt zu gebieten. Aber dann zögerte ich. Wenn ich rief, konnte die Aufmerksamkeit eines der Kämpfenden abgelenkt und er von einem Pfeil getroffen werden. Ich konnte der mittelbare Anlaß dazu sein, daß jemand verwundet oder getötet wurde.

Vielleicht sollte ich einfach unter sie springen und mit den Armen winken. Sicher würden sie dann das Schießen einstellen. Wenn sie mich töteten, mußten sie sich doch darüber klar sein, daß am Horizont keine weiteren Tuans bereitstanden, um meinen Platz einzunehmen. Andererseits bedeutete ihnen ein Sieg in diesem Kampf vielleicht mehr als ein noch so nützlicher Tuan.

Plötzlich fiel mir ein Rat ein, den mir jemand einmal gegeben hatte: »Hüte dich, das Amt eines Friedensstifters zu übernehmen. Ein Pfeil an der richtigen Stelle – und dein Dienst, wenn nicht sogar dein Leben, ist zu Ende.«

Das stimmt, dachte ich. Schau dir die Männer an – sie wissen sich bei dem Pfeilhagel zu benehmen. Ich weiß es nicht. Wenn ich einfach bete und abwarte, wird vielleicht niemand getroffen. Gott erwartet doch gewiß nicht, daß ich mich einmische, wo ich nicht einmal die Sprache . . .

Ein mächtiger Ruf brandete auf. Haenam glaubte, einer ihrer Pfeile hätte Tumo getroffen, aber ihr Jubel war verfrüht. Im letzten Augenblick war Tumo in die Luft gesprungen, und der Pfeil war unter seinem Oberschenkel durchgeschwirrt. Tumo, einer, nach dessen Errettung ich mich in meinem Traum gesehnt hatte.

Erregung wallte in mir auf, als Haenam versuchte, Tumo, der vorübergehend aus dem Gleichgewicht gekommen war, mit einem Pfeilregen einzudecken. Wenn sie ihn töten, überlegte ich, wird Kamur erst aufgeben, wenn sie wieder gleichgezogen haben. Es ist unbedingt nötig, daß dieser Kampf aufhört, ehe Blut vergossen worden ist!

»Selig sind die Friedensstifter«, hörte ich in mir eine Stimme, »denn sie werden Gottes Kinder heißen.« Es gehörte zu meinen Aufgaben Frieden zu stiften, dachte ich. Wie kann ich erwarten, daß eine solch tiefgreifende Verpflichtung leicht, schmerzlos, risikolos sei? Vielleicht enthält jeder echte Versuch, Frieden zu stiften, notwendigerweise ein Wagnis für den Friedensstifter.

Außerdem – die wirkliche Schlacht findet ja nicht zwischen Kamur und Haenam statt, sondern zwischen dieser heidnischen Grausamkeit und dem Evangelium, das ich bringen soll. Alles, was ich unter diesen Leuten tue, setzt ein Beispiel. Wenn ich hier nur stehenbleibe, setze ich das Beispiel der Nichteinmischung. Ich muß gleich jetzt zu Anfang durch ein Beispiel eine klare Grundlage schaffen, die ich dann nach und nach verstärken und erweitern kann.

Ich sprang die Stufen hinunter und schrie dabei das nützlichste Sawi-Wort, das ich je lernen sollte: »*Es!* Genug!« Tiefgebückt und unablässig betend kroch ich auf Kamurs Kampfstellung zu, wobei ich Haenam zuwinkte, mit dem Schießen aufzuhören. In meiner unmittelbaren Nähe ebbte der Kampf ab, aber in der Mitte und am andern Ende ging er immer noch weiter. Ich schöpfte Mut und kroch noch näher heran. Von beiden Kampfstellungen aus versuchten die Männer mich zurückzuwinken, aber ich machte weiter.

Ich fühlte, wie Gottes Kraft mich durchdrang. Beunruhigt rückten die Kamur-Männer näher zum Fluß, um Haenams Beschuß von dem Punkt abzuziehen, wo ich stand. Aber ich hatte die Wucht des Kampfes schon gebrochen. Das Schlimmste war vorüber. Freude durchflutete mich.

Das Schießen hörte auf, statt dessen überschütteten sie sich gegenseitig mit wilden Zurufen. Die Männer fingen an, nur noch mit ihren Bogen zu fuchteln, statt sie zu spannen. Aber alle waren noch immer voller Wut.

Wie sollte ich den Streit schlichten und den unmittelbaren Anlaß dazu aus der Welt schaffen? Der Kampf mußte wieder aufflammen, wenn es keine friedliche Lösung gab. Es ging jetzt um die rechten Worte – aber da stand ich vor der Menge und diese Worte fehlten mir.

Eine starke Hand packte mich am linken Ellbogen. Ich wandte mich um und sah in Hatos Auge. Er blickte sehr streng. Seine Brust hob und senkte sich. »Tuan«, schien er sagen zu wollen, »warte hier. Ich werde die Sache in die Hand nehmen.«

Ich seufzte tief auf vor Erleichterung, als er an mir vorbeischritt und sich vor die Kamurkrieger stellte, den Rücken furchtlos Haenam zugewandt. Er erhob seine Stimme über den Lärm und begann seine Freunde in donnerndem Sawi zu schelten. Die Kamurleute senkten ihre Waffen.

Haenam schäumte jedoch immer noch vor Zorn. Es muß doch sicherlich unter ihnen auch jemand geben, an den ich mich wenden kann, dachte ich. Rasch lief ich um den Sumpf herum, eilte auf Haenams Stellung zu und suchte nach jemand – irgend jemand.

Dann sah ich Hadi. Er stand mit verschränkten Armen auf einem Baumstumpf und beobachtete ruhig die Vorgänge. Hadi! Natürlich!

»Hadi!« brüllte ich, nach Worten suchend. »Du . . . sprechen!«

Einen Augenblick riß er vor Staunen über meinen Befehl den Mund auf. Dann sprang er vom Stumpf herunter, pflanzte sich direkt vor den Männern aus Haenam auf und brüllte sie nieder mit seiner machtvollen Stimme.

Drei Dörfer zu einem zu vereinigen war ein Versuch, den die Sawi nur selten im Verlauf ihrer ganzen Geschichte unternommen hatten. Solch ein Unternehmen endete zu leicht in Blutvergießen! Allein der letzte Versuch, zwei Dörfer am von uns entfernten Ende der geraden Kronkelflußstrecke, *kidari* genannt, zusammenzulegen, hatte zu einem Kampf geführt, in welchem Hato sein rechtes Auge eingebüßt hatte. Es war kein Wunder, daß Sawi-Gemeinschaften lieber mehrere Meilen leeren Dschungelgebiets als Pufferzone zwischen sich und sogar ihnen wohlgesonnene Nachbarn legten.

Im vorliegenden Fall waren Kamur, Haenam und Yohwi nur aus dem Grund zusammengezogen, weil es etwas Neues und Nützliches war und vielleicht auch das Ansehen hob, neben zwei so seltenen Wesen zu wohnen, von denen man glaubte, sie seien eine unerschöpfliche Bezugsquelle für Äxte, Macheten, Messer, Rasierklingen, Spiegel, Angelruten, Angelhaken und wer weiß was sonst noch! Die Leute aus Kamur wußten, sie hatten das Recht, neben dem Tuan zu wohnen, einfach weil er ihr Land als Wohnsitz erwählt hatte! Haenam und Yohwi beanspruchten ebenfalls das Recht der Nachbarschaft, weil sie die ersten gewesen waren, die Kontakt zu ihm aufgenommen hatten.

So hatten sie sich entschlossen, den Versuch zu wagen und sich den Gewinn zu teilen. Während der drei Tage meiner Abwesenheit, um Carol und Stephen aus Kawem zu holen, hatten die Männer, die mir beim Bauen geholfen hatten, sich entschlossen, ihre Frauen und Kinder ebenfalls herzuholen. Für gewöhnlich lebten diese in den tief im Dschungel gelegenen Sagosümpfen. Jede Familie hatte zusammengeholfen, hastig ein *saurai*, ein Haus auf Zeit, am Boden zu errichten. Dies wollten sie als Unterkunft benutzen, während sie unsere Ankunft feierten und auch solange sie *anep* »Hochhäuser« errichteten, bevor die Monsunregen die Sümpfe überfluten ließen.

Wir waren daher hocherfreut, als wir nach der ersten durchtrommelten Nacht unter den Sawi im Licht des neuen Morgens entdeckten, daß drei ganze Dörfer beabsichtigten, sich für dauernd um uns herum anzusiedeln. Wir erkannten, daß dies unsere Kontakte sehr erleichtern und uns viel größere Möglichkeiten geben würde, dem Stamm auch in medizinischer Hinsicht zu helfen. Denn das war dringend nötig.

In den folgenden drei Tagen und Nächten hörte das Trommeln, Tanzen und Singen der ganzen Bevölkerung fast nicht auf. Nur einmal gab es eine denkwürdige Unterbrechung, als nämlich das MAF-Wasserflugzeug zurückkehrte und zum zweitenmal auf dem Kronkel landete. Diesmal befand sich unter den mitgebrachten Vorräten auch ein kleines Funkgerät. Das bildete nun unsere einzige unmittelbare Verbindung mit der Außenwelt. Nachdem die Marathon-Feierlichkeiten beendet waren, hatten sich die meisten in ihre Dschungelbehausungen zurückgezogen, so wie Hato, um Lebensmittelvorräte zu sammeln, bevor sie mit dem Bau ihrer Dauerwohnungen im neuen Dorf begannen.

Seit unserer Ankunft war jetzt ungefähr eine Woche vergangen. Die Leute waren gerade in guter Laune aus dem Dschungel zurückgekehrt, die Kanus mit Frischvorräten beladen. Aber die oberflächliche Kameradschaft der drei Tanztage war sofort zerbrochen, als Kamur und Haenam vor unserem Haus aufeinanderprallten. Wir staunten darüber, wie rasch ihre Haltung sich ändern konnte.

Die Zukunftsaussichten für unser eben begonnenes Gemeinwesen schienen wirklich trübe. Wenn wir sie doch nur zurückhalten konnten vom Blutvergießen, bis wir Zeit gehabt hatten, ihre Sprache zu lernen! Dann, so hofften wir, könnten wir vielleicht die drei Dörfer zusammenhalten.

Diese Hoffnung sollte sich als vergeblich erweisen.

# Der Tuan nährt sich von Gehirn

Der Schwarm neugieriger Sawijungen kroch langsam näher an das erleuchtete Fenster heran, ein Wagnis, das bisher nur ältere Leute unternommen hatten. Zuerst blendete sie die Lampe des Tuan und zerrte an ihren Nerven durch ihr Zischen, aber allmählich gewöhnten sich ihre Augen an das Licht, und ihr Mut festigte sich.

Sie blickten ins Innere des Hauses. Vertraut waren nur die Sagowedelwände. Alles andere, von der Lampe bis zu den leuchtend gelben Vorhängen, konnte kaum fremder sein. Steppdecken, Tisch, Stühle, Tischtuch, Teller, Schüsseln, Messer, Gabeln, Löffel, Bilder an der Wand, ein Kerosinherd, alles war den neugierigen Burschen aus dem Sumpfgebiet völlig rätselhaft.

Sie klammerten sich zur besseren moralischen Unterstützung aneinander und beobachteten, wie der Tuan und die Nyonya sich mit ihrem Baby hinsetzten. Sie schauten genau zu, wie der Tuan eine dampfende Schüssel aufhob und sich etwas daraus auf den Teller schöpfte. Ihre Augen wurden vor entsetzter Spannung immer größer, sie schauten einander an und zitterten.

Schließlich faßte einer das in Worte, was alle dachten: »*Asem mohop ke manken!*« Urplötzlich rannten sie davon und flohen durch die Dunkelheit ins Kamurdorf, wo sie von Haus zu Haus eine unglaubliche Neuigkeit verbreiteten. Aus mehreren Langhäusern riefen die älteren Leute ihnen nach: »Ihr müßt euch irren!«

»Lauft und seht selber nach!« drängten die Buben.

Neugierig geworden, strömten die Respektspersonen von Kamur sofort zur vorderen Veranda des Tuan. Wir blickten auf und sahen nur das Weiße ihrer Augen aus der Dunkelheit leuchten. Wir grüßten sie, aber sie antworteten nicht. Ihre Augen starrten wie gebannt auf unser Essen.

»Es stimmt!« rief einer aus, aber wir verstanden die Worte nicht. »Es ist wirklich wahr! Der Tuan ißt Gehirn!«

Wir wunderten uns über die Aufregung. Ich schob mir eine weitere Gabel voll Makkaroni in den Mund.

* * *

Als ich eben die Lampe zur Nacht löschen wollte, hörten wir den Schmerzensschrei einer Frau. Ich nahm eine Taschenlampe und suchte mir meinen Weg zwischen den Sümpfen und Wurzeln bis zu Kamurs rauchumwölkten Langhäusern.

»Warum schreit die Frau?« rief ich vom Dorfrand aus.

Ein Mann namens Asyman schaute aus seinem Hauseingang und versuchte mich wegzuwinken. Aber ich wich nicht und wiederholte: »Warum schreit die Frau?«

Asyman antwortete, aber ich verstand nur das letzte Wort: *»Amynahai!* Geh fort!«

Jetzt waren auch andere in ihre Hauseingänge getreten und winkten mir fortzugehen. Die Frau hatte aufgehört zu schreien.

Unsicher und befangen durch meine offensichtlich unwillkommene Einmischung und meine Unfähigkeit, ihre Erklärung zu verstehen, ging ich endlich nach Hause, um nichts klüger geworden. Vor dem Einschlafen hörten wir von Zeit zu Zeit die Frau wieder aufschreien. Eben vor Tagesanbruch erwachten wir durch lautes Jammern und Klagen von Kamur her.

Am Morgen erfuhren wir, daß die Frau, Maso, bei der Geburt von Zwillingen gestorben war. Die Zwillinge starben auch. Hätten sie gelebt, würde ihr eigener Vater eins von ihnen getötet haben, da die Sawi glauben, das zweite Kind sei ein böser Geist, der in die Dorfgemeinschaft eindringen wolle, indem er in den Körper eines ungeborenen Kindes fahre und mit ihm zusammen geboren werde. In der dämonenverseuchten Welt der Sawi war nicht einmal der Mutterleib sicher vor satanischer Gewalt.

Wir trauerten mit den Sawi über Masos Tod und seufzten voll Verlangen nach dem Tag, an dem die Sawi Vertrauen fassen und erkennen würden, daß wir ihnen sogar in solch intimen Angelegenheiten wie einer Geburt helfen könnten.

* * *

Carol versuchte, Haimai als Hausjungen heranzuziehen. Nachdem er folgsam unsere gasolinbetriebene Waschmaschine mit dampfendheißem Wasser gefüllt hatte, zeigte sie ihm, wie man Seifenpulver einschüttete. Als sie die Kleidung für die Wäsche zusammensuchte, sah sie zufällig einen gebrauchten Teebeutel auf dem Spültisch liegen. Sie gab ihn Haimai und sagte ihm in gebrochenem Sawi, er solle ihn hinaustragen und in den Abfalleimer werfen. Haimai sah verwirrt aus und trug den Teebeutel hinaus.

Ein paar Minuten später rief mir Carol zu, ich solle den Motor der Waschmaschine anwerfen. Als er lief, drückte sie den Hebel herunter, um die Trommel in Gang zu setzen. Als sie eben die erste Wäscheladung in die schäumende Seifenlauge einwerfen wollte, keuchte sie verblüfft: »Don, wo kommen all die schwarzen Tupfen auf meinem schönen, klaren Waschwasser her!«

Ich schöpfte eine Handvoll heraus und untersuchte die schwarzen Tupfen. Teeblätter!

*  *  *

Früher am gleichen Tag hatte der hochgewachsene Atohwaem namens Yakub seinen Entschluß angekündigt, die Witwe Fasaha als dritte Frau zu nehmen. Das eine Dorfende von Haenam war damit einverstanden, aber Nair am andern Ende protestierte und verlangte, die Witwe müsse ihm gegeben werden.

Als mittags Fasahas Verwandte sich gegen ihn entschieden hatten, stürmte Nair, unterstützt von seinem Bruder Paha, aus seinem Haus und brüllte Yakub Verwünschungen zu. Zwei von Yakubs Freunden, Mavu und Sinar, traten den beiden wütenden Männern entgegen. Die vier waren rasch in Kampf verwickelt, zugleich erhob sich das Gekreisch ihrer Frauen wie eine Warnsirene über dem Dorf.

Der Kampf dauerte nur ein paar Sekunden. Mavu schlug als erster zu. Er stieß mit seinem *kafam* zu, einem Speer, der als Besonderheit eine vielfache Spitze aufwies aus Widerhaken, die mit Lianen zusammengebunden waren, und bohrte ihn Paha in die Hüfte. Nair sah, wie seinem Bruder das Blut aus den Wunden schoß und stach mit einem Wildschweinpfeil mit Bambusspitze auf Sinar ein. Der Schaft riß den Oberarmmuskel Sinars auf und drang sogar noch etwas in die Rippen ein. Mavu rächte sich seinerseits, indem er die Spitze eines Schweinepfeils tief in Nairs Oberschenkel hineintrieb.

Als ich auf dem Kampfplatz erschien, tobte Mavu immer noch, aber es war niemand mehr da auf der blutbefleckten Dorflichtung, um seine Herausforderung anzunehmen. Als ich den Umfang der Wunden sah, rief ich Carol zu, Binden und Penicillin zu bringen, während ich dablieb und aufpaßte, daß Mavu seinen beiden Gegnern in ihrer geschwächten Verfassung nicht noch weiter zusetzte. Als wir die Wunden gereinigt und verbunden und ihnen die Penicillinspritzen verabreicht hatten, waren unsere Hände ganz blutig.

Ehe wir gingen, schaute ich Mavu gerade in die Augen. In mir brannte das Verlangen, ihm etwas zu sagen. Aber was? Wenn ich ihm Vorhaltungen machte, weil er beinahe zwei Männer getötet hatte, hätte er nur mit den Schultern gezuckt, als wollte er sagen: »Na und?« Also sagte ich statt dessen den geheimnisvoll klingenden Satz: »Du hast die Hände meiner Frau blutig gemacht.«

Die Bemerkung verblüffte ihn. Er sah rasch auf Carols Hände, und plötzlich schien ihm die Ungehörigkeit seiner Handlungsweise zu Bewußtsein zu kommen. Er fuhr zusammen, weil er fürchtete, er habe irgendeine Ungehörigkeit von finsterer kosmischer Tragweite begangen, ohne es zu ahnen.

Ich sehnte mich danach, ihm von dem Einen zu erzählen, dessen Hände geblutet hatten, um ihn zu erlösen, und welch wahrhaft weltumfassende Bedeutung dies hatte, aber mir fehlten einfach die Worte. So mußte ich ihn stehenlassen. Er bekannte später, er habe innerlich gezittert.

\* \* \*

Nach wiederholten Penicillin-Injektionen zur Vermeidung einer Infektion erholten sich die drei Patienten schnell von den Wunden, die sonst wohl tödlich gewesen wären. Dadurch, daß wir den Tod in Schach gehalten hatten, war aufs neue eine Blutfehde verhindert worden, die sich sonst über Jahre hingezogen hätte. Diesmal hatte die Gefahr von gegnerischen Sippen innerhalb des Dorfes Haenam selbst gedroht. Es war uns eine noch größere Sorge, den Ausbruch einer blutigen Fehde zwischen Haenam und Kamur zu verhindern.

Das Bewußtsein der auf Tod und Leben gehenden Dringlichkeit unserer Aufgabe lag schwer auf uns. Deshalb beschlossen wir, den Bau eines festen Wohnhauses um ein Jahr hinauszuschieben, um statt dessen einen umfassenden Kampf mit der Sawisprache aufzunehmen und so schnell wie irgend möglich ihren Geheimnissen auf den Grund zu kommen. Mit ein paar Ausbesserungen hier und da und bei sorgfältiger Ausnutzung des vorhandenen Raumes konnte man in der kleinen, etwa sieben mal sieben Meter messenden »Strohschachtel« ganz gut leben, Voraussetzung war, daß wir die Armeen von Insekten und andere Formen des Dschungeltierlebens überstanden, die manchmal ihren Weg über Wandplatten und durch Risse in Sagowedelwänden zu uns fanden.

Wir besprühten die Pfosten, die unser Haus trugen, mit einem Mittel, das Überfälle von Termiten und anderen Kriechtieren, die den Kontakt mit der Bodenfeuchtigkeit zum Überleben brauchen, abwehren sollte. Aber fliegende Insekten wie Küchenschaben, Grillen, Fliegen und Moskitos führten einen ständigen Krieg mit uns und unseren Vorräten.

Gewisse Tierarten schienen miteinander verbündet zu sein. Beispielsweise fraßen die Grillen im Schutz der Dunkelheit Löcher in unsere Moskitonetze, was den Moskitos Gelegenheit gab, mit ihren entkräftenden Ladungen von Malariaparasiten, Sumpffieberviren oder Fadenwurmlarven unsere Verteidigungslinien zu durchbrechen. Auch Ratten nagten Löcher in Plastik-Behälter und ermöglichten dadurch Scharen von Ameisen und Schaben, den Inhalt zu verderben.

Immerhin, wir waren nicht ohne Verbündete. Winzige springende Spinnen und schillernde Eidechsen suchten unsere Wände und Fenstergitter heim. Sie fingen tagsüber Fliegen, nachts Moskitos und Motten. Außerdem flitzten Unmengen von Nachtvögeln und Fledermäusen jeden Abend um unser Haus, von unserem Licht angezogen, und verzehrten Moskitos und Motten.

Zu bestimmten Zeiten im Jahr schlüpften Tausende fliegender Ameisen im Dschungel aus, und sowie die Lampe bei Anbruch der Dunkelheit entzündet wurde, versammelten sie sich um unser Haus und schwärmten in unser hell erleuchtetes Zimmer. Als erstes sausten sie gegen den Lampenzylinder und fielen wie ein Regen betäubt oder sterbend etwa auf die Seiten eines Buches, das wir lasen, oder in die Schreibmaschine, wo sie die Typen verstopften. Sie gerieten uns auch ins Haar oder kitzelten sich ihren Weg unsere Hemdsärmel hinauf. Sie verhalfen uns zu der Gewohnheit, früh schlafen zu gehen.

\* \* \*

Ich hatte mir vorgenommen, mich täglich zehn Stunden lang der Sawisprache auszuliefern. Dies bedeutete drei bis vier Stunden Arbeit mit meinen Sprachhelfern, bei der es darum ging, neue Wörter, Redewendungen und grammatische Konstruktionen aufzuspüren. Die übrige Zeit verbrachte ich mit Besuchen in den Sawi-Wohnstätten oder Männerhäusern, ging mit ihnen in den Dschungel oder in andere Dörfer, lauschte ihren Abendunterhaltungen am Fluß und versuchte auch, mich mit Fragen und Antworten zu beteiligen.

Da wir keine Übersetzer hatten, mußten wir oft die Bedeutung der Worte erraten. Ich trete auf einen Pfosten, und er zerbricht. Ein Sawi ruft aus: »*Getar haser!*« Ich weiß schon, daß *haser* »nicht« bedeutet, also vermute ich, daß *getar* »stark« heißt und daß der Mann sagt, der Pfosten, auf den ich getreten bin, sei »nicht stark«. Um dies nachzuprüfen, deute ich auf irgend etwas anderes, das nicht stark ist und beschreibe als es *getar haser*. Und vielleicht stimmt mein Informant zu, indem er antwortet: »*Esawab! O tai getar haser-inapi!*«

Auf gut Glück nehme ich an, daß *esawab* »wahr« bedeutet, *o tai* heißt »das auch« und *inapi* heißt »schwach«. Die ganze Aussage bedeutet nach dieser Theorie: »Wahr! Das ist auch nicht stark – es ist schwach!«

Diese Methode war bestenfalls dürftig, besonders anfangs, als wir so wenige Schlüsselworte kannten, mit denen wir uns in die Sprache hineintasten konnten. Oft zeigte uns ein verwirrter Blick oder ungläubiges Auflachen, daß wir auf falscher Fährte waren und versuchen mußten, die Sache anders anzugehen.

Einmal war ich dabei zu lernen, wie man in einem schmalen Sawi-Einbaum aufrecht stehend paddelt. Ich verlor das Gleichgewicht und fiel ins Wasser. Mein Sawi-Begleiter schüttelte traurig den Kopf und sagte: »*Tuan, go nigi kabi mar jah!*« Ich nahm an, er hätte gesagt: »Du hättest dich nach der andern Seite lehnen sollen« oder:

»Paß auf! Krokodile!« Aber als ich nach Monaten meine Notizen wieder durchsah, begriff ich, daß er gesagt hatte: »Tuan, du hast ein schlechtes Verhältnis zu unseren Kanus!«

Tag für Tag, Wort für Wort bauten wir unseren sprachlichen Brückenkopf aus. Nach und nach entdeckten wir die Sawi-Worte für »froh«, »traurig«, »dickköpfig«, »töricht« und »wütend«. Jetzt konnten wir Gefühle ausdrücken!

Später gelang es uns anhand anderer Sawi-Worte, die »denken«, »bereuen«, »vergeben«, »beurteilen«, »lieben« bedeuteten, in den innersten Bereich abstrakter Begriffe einzudringen. Wir konnten uns nun freier ausdrücken, gewannen mehr Selbstvertrauen, – kurz, wir waren bereit zur Arbeit. Das ersehnte »Land, wo man sich ganz versteht« schien ein wenig näher gerückt zu sein.

Oder war es am Ende noch genau so weit entfernt wie vorher?

# Versammlung im Männerhaus

Die restlichen Wolkenfetzen eines Regensturms, der die ganze Nacht getobt hatte, zerflatterten über den Eisenbaumwipfeln, als ich langsam auf das Haenam-Yohwi-Männerhaus zuging. Ich hielt meine Notizen in der Hand und ging durch eine Morgenwelt voller Pfützen, Regentropfen und lichtem Nebel.

Das Männerhaus stand für sich allein am Fluß, ein unbeugsamer Wächter für die Doppelreihen der erst kürzlich errichteten Wohnstätten von Haenam und Yohwi. Einem Außenstehenden erscheint ein Männerhaus kaum anders als die übrige Sawibehausung, einfach als ein außer der geraden Reihe stehendes Langhaus, das vielleicht mit ein paar Menschen- und Tierschädeln als Türpfostenschmuck auf die verwegene Tüchtigkeit seiner Bewohner hinweist.

Aber in den Augen der Sawi ist ein Männerhaus keine bloße Behausung. Es ist das Heiligtum der Sawikultur. Es ist der Festsaal für die Ehrung hoher Gäste. Der Ort zum Aushecken neuer Kriegspläne. Die Plattform für Rednerkünste, saftige Späße oder gewaltige Prahlereien. Das geheime Versteck für gelegentliche homosexuelle Verhältnisse. Das Schlachthaus bei kannibalistischen Festen.

Ich wollte das Haus zu einem Verkündigungsort für die Botschaft von dem Sohn des lebendigen Gottes machen. Zu einer Pforte, durch die das Evangelium allmählich jede rauchige Feuerstätte in den Langhäusern Haenams und Yohwis erreichen sollte. Aber ohne Kampf war das nicht möglich.

Das erste Hindernis war die Sprache. Sie erwies sich als weit vielschichtiger als gedacht. Man konnte nicht bloß einige einfache Begriffe aneinanderreihen. Oft entpuppte sich ein einziges Wort nur als Stamm, an den eine scheinbar unbeschränkte Anzahl von Nachsilben oder Nachsilbenketten angehängt werden konnte.

Beispielsweise hat jedes Tätigkeitswort allein in der Wirklichkeitsform (Indikativ) neunzehn Zeitformen. Bis jetzt hatte ich nur ein Drittel von ihnen herausgefunden. Jede dieser Zeiten erschien auch in einer Form für die erste Person und in einer für die übrigen Personen. Das ergab 38 Verb-Endungen, aus denen ich zu wählen hatte, wenn ich irgendeine einfache Aussage in der Wirklichkeitsform machen wollte.

Andere Verb-Endungen entpuppten sich nach und nach als die Möglichkeitsform (Konjunktiv) der Sprache, ein System von Ausdrücken für »falls«, »könnte«, »würde« und »sollte«. Ich bekam auch schon einen Schimmer von der Befehlsform (Imperativ) einer Reihe von Nachsilben, die »laß mich«, »laßt uns«, »laßt ihn« und außerdem Befehle in der zweiten Person ausdrükken.

Offensichtlich veränderten sich konkrete Verbstämme wie Schatten zu Wortableitungen, die irgendeine von fünfzehn verschiedenen Formen annehmen konnten, ganz abgesehen von der Möglichkeit, sie durch Nachsilben zu erweitern. Eine Stammform bezeichnete den Satzgegenstand als Einzahl, eine andere als Mehrzahl. Andere Formen bezeichneten eine Handlung, die sich entweder auf in der Einzahl oder in der Mehrzahl stehende Satzergänzungen bezog. Dann gab es Formen für Tätigkeiten, die üblich, fortschreitend, wiederholt, gegenseitig, versuchsweise, schlußfolgernd, teilweise, übertrieben oder verzögert waren.

In der Sawi-Sprache muß jeder Satz in richtiger Zeitfolge ohne Weglassen einer Stufe gebracht werden. Infolgedessen ist die Grammatik so aufgebaut, daß sie lange Handlungsabläufe weich und glatt fließend ausdrückt.

Jede Feststellung muß als Information aus erster oder aus zweiter Hand ausgewiesen werden. In der Sawi-Sprache kann man sich nicht die Gedanken eines anderen als Verdienst anrechnen. Ebenso erlaubt sie nicht, sich der Verantwortung für eigene Aussagen zu entziehen. Sie verabscheut Unbestimmtheit. Sie duldet keinen Unsinn. Sie würde einer Übersetzung von »Alice im Wunderland« genauso Widerstand leisten wie Öl dem Wasser widersteht. Sie ist von chirurgischer Genauigkeit und zielt auf scharfe und klare Beschreibung.

Manchmal hatte ich das Gefühl, ich würde es nie schaffen, die Sprache zu meistern. Und doch war das Lernen ein großes Abenteuer.

Oft kam ich mir vor wie ein Mathematiker, der Probleme angeht und zu neuen Formeln kommt, die wie Zauberei wirken.

Sawi ist so hinreißend bestimmt und genau in seinem Wortschatz. Im Englischen öffnet man seine Augen, sein Herz, eine Tür, eine Blechdose oder den Verstand, alles geschieht mit dem einen faden Verb »öffnen«. Aber in Sawi *fagadon* man die Augen, *anahagkon* sein Herz, *tagavon* eine Tür, *tarifan* eine Blechdose und *dargamon* den Verstand eines Zuhörers.

Wenn jemand mir eine Darstellung der Sawi-Grammatik gezeigt und mich ersucht hätte, den Personenkreis zu bestimmen, der diese Sprache entwickelt habe, hätte ich angenommen, es sei ein Volk von Philosophen, deren größte Sorge die peinlich genaue Bestimmung von Einzelheiten sei.

Blickte ich jedoch tiefer, schien es mir auch, daß sie Dichter waren. Eine ganze Unterabteilung von Sawi-Verben ist dazu bestimmt, leblose Gegenstände sprechen zu lassen! Wenn eine Blume einen angenehmen Geruch hat, sagt sie *fok! fok!* zu deiner Nase. Ist sie auch schön? Dann sagt sie *ga! ga!* zu deinen Augen. Wenn ein Stern funkelt, flüstert er *sevair! sevair!* Wenn deine Augen zwinkern, rufen sie *si! si!* Wenn der Schlamm unter deinen Füßen klatscht, murmelt er *sos! sos!* In der Sawi-Welt haben nicht nur Menschen die Fähigkeit, sich mitzuteilen, sondern auch alle Dinge.

Ich kletterte einen eingekerbten Pfahl hinauf und betrat das Männerhaus von Haenam und Yohwi. Auf einer Grasmatte ließ ich mich unter den Männern nieder. Sie sahen nicht aus wie Dichterphilosophen, als die ihre Sprache sie scheinbar auswies. Ich hatte das Gefühl, vor einem rätselhaften Geheimnis zu sitzen. Wie konnte eine Kultur, die der Grausamkeit so verfallen war, solch eine vornehme, logische und ausdrucksvolle Sprache entwickeln? Aber vielleicht bewirkte das rasche Denk- und Reaktionsvermögen, das man in einer so gewalttätigen Umgebung brauchte, andererseits auch große sprachliche Leistungsfähigkeit.

Oder war diese Sprache ein Kunsterzeugnis, das zurückwies auf ein früheres Zeitalter komplizierteren Strebens und Trachtens? Ich hatte schon bemerkt, daß die Sawi eine tiefe, fast zwanghafte Verehrung für ihre Ahnen hegten. Vielleicht gab es mehr als bloß gefühlsmäßige Ursachen dafür.

Ein paar Minuten lang saß ich still unter ihnen, um mich neu auf die Fremdartigkeit der Männer, mit denen ich mich verständigen mußte, und auf die lastende Atmosphäre des Männerhauses selbst einzustellen. Überall sah man düster bleckende Schädel, Waffen, Grasmatten, flackernde Feuer und rauchgeschwärzte Spinnweben.

Trotz ihrer Lebensweise, die einen schaudern ließ, war es mir unmöglich, die Männer um mich herum nicht zu achten. Jeder von ihnen war ein ausgezeichneter Naturkundiger, von Jugend auf vertraut mit den Namen und Verhaltensweisen unzähliger Pflanzen und Tiere. Jeder von ihnen konnte irgendwo in einer Wildnis überleben, in der ich ohne fremde Hilfe umkäme.

Sie besaßen ganz offensichtlich großen Mut und starke Willenskraft. Sie konnten sich mit Leichtigkeit durch einen Regen von Pfeilen bewegen oder es riskieren, sich von den furchtbaren Wildschweinhauern den Leib aufschlitzen und das Gedärm herausreißen zu lassen. Mehr noch, sie konnten eine scheinbar feindliche Wildnis in einen wohlversehenen Supermarkt verwandeln, wo man frei und umsonst Waren mitnehmen konnte, ohne die Natur in ihrem Wachstum zu stören.

Die Sawi und ich hatten zwei Grundvoraussetzungen gemeinsam: den Glauben an eine übernatürliche Welt und den Glauben an die Wichtigkeit einer Wechselbeziehung zwischen der übernatürlichen Welt und den Menschen. Die Sawi glaubten, es gebe eine Hierarchie gleichgültiger, wenn nicht sogar bösartiger Dämonen und Geister von Abgeschiedenen. Ich vertraute einem unendlichen und dennoch persönlichen Gott, der Gerechtigkeit und Barmherzigkeit liebt.

Die Sawi waren überzeugt, daß kein Unglück zufällig geschah, sondern immer von Dämonen verursacht wurde, die durch Zauberei entweder dazu veranlaßt oder auch davon abgehalten werden konnten. Ich dagegen war überzeugt, daß alles von Gott selbst entweder angeordnet oder zugelassen wird, und daß diese göttliche Kraft durch Gebet beeinflußt werden kann.

Außer diesen Grundansichten gab es zwischen unseren Weltanschauungen nur wenig Gemeinsames. Das Hindernis war hier sogar noch größer als bei der Sprache. Ich mußte die Kluft auf sinn- und bedeutungsvolle Weise überbrücken.

*\*  \*  \**

Ich legte ein paar Merkblätter auf der Grasmatte vor mich hin und begann zu reden. Als erstes bildete ich ein Wort für »Gott« in ihrer Sprache – *Myao Kodon,* der größte Geist. Dann versuchte ich, ihn zu beschreiben. Ich erklärte, er lebe nicht bloß in einem unter Wasser liegenden Holzklotz oder in einer Sagopalme, wie die Sawi *hamars,* sondern er erfülle den ganzen Himmel und die ganze Erde.

»Es ist tatsächlich so«, fügte ich hinzu, »daß wir hier mitten in ihm drin sitzen!«

Unwillkürlich sahen sie sich um, der Gedanke überraschte sie. »Bei *hamars«,* fuhr ich fort, »verwendet ihr Zauberei, um sie davon abzuhalten, in eure Dörfer, in eure Häuser, ja sogar in eure Körper einzudringen. Aber es gibt keinen Zauber, keinen Fetisch, der *Myao Kodon* fernhalten kann. Er beachtet keine Zauberkraft. Er ist überall, und niemand kann jemals vor ihm entfliehen.«

Das Gefühl der Wehrlosigkeit glitt über mehrere Gesichter.

»Und weil alles – die Sonne, der Mond, das Wetter, die Flüsse, der Dschungel, die Tiere und die Menschen – in ihm selbst ist, deshalb weiß er auch über alles Bescheid. Er weiß, was jeder sagt, tut und denkt. Wir können ihn nicht sehen, aber er sieht uns!

Er beherrscht auch alles, mit der gleichen Leichtigkeit, mit der ihr eure Muskelbewegungen beherrscht. Ohne ihn kann der Wind nicht blasen, der Regen nicht fallen, die Sonne nicht scheinen, der Mond nicht aufgehen. Ohne seine Kraft und Vorsorge können keine Pflanzen wachsen und keine Kinder gezeugt werden.«

Kani und andere mit ihm beugten sich lauschend vor. Bisher hatten sie nur Waren aus der Außenwelt erhalten. Jetzt wurden ihnen Gedanken übermittelt. Es schien sie zu erregen.

Als ich weitersprach, kam ein Mann namens Gar nach vorn und setzte sich vor mich. Wenn er einen Satz in sich aufgenommen hatte, drehte er sich um zu seinen Genossen und wiederholte sorgfältig, was ich gesagt hatte. Oft formte er meine Worte in deutlicheres Sawi um, wobei er eigene erklärende Bemerkungen einstreute, die manchmal geradezu spaßig in die Irre führten.

Es war ein Zeichen der Höflichkeit, das mir zuerst peinlich war, aber später war ich höchst dankbar für diese Sitte. Beim Hören darauf, wie Gar meine Gedanken wiedergab, bekam ich unbezahlbare Einblicke in das Denken der Sawi. Ich konnte mir auch in der Zwischenzeit immer die Form des nächsten Satzes überlegen. Aber das Wichtigste war, daß Gar mit jeder Wiederholung der Botschaft in einer Weise Nachdruck verlieh, die keine Langeweile aufkommen ließ.

Stück für Stück entfaltete ich den Gegensatz zwischen den kleinlichen, boshaften Geistern, deren gefürchteter Schatten über dem ganzen Leben der Sawi lag, und dem unendlichen, gerechten Schöpfer-Gott, den Liebe und Barmherzigkeit getrieben hat, verlorenen Menschen das größte Opfer zu bringen. Ich wollte ihnen eine breite, klare Grundlage schaffen, damit sie von da aus eine freie Wahl treffen konnten zwischen diesen Dämonen und Gott. Einige der Männer schienen gleichgültig. Andere hörten mit staunend geöffnetem Mund zu, als seien sie überrascht, daß ihre Sprache Gedanken ausdrückte, von denen sie, die Besitzer dieser Sprache, nie eine Ahnung gehabt hatten.

Ich sprach von der Erschaffung des Menschen durch Gott mitten in einer reichen und schönen Welt, vom Einbruch des Bösen in die menschliche Gemeinschaft. Ich sprach von der uralten Verheißung eines Erlösers und schließlich von seinem wunderbaren Kommen. Kurz vor dem Höhepunkt meiner Erzählung, als ich Jesu Wirken unter den Juden beschrieb, gähnte Maum plötzlich laut und herzhaft. Dann griff er nach seinem Messer und einem Stück gespaltener Schlingpflanze, das neben ihm lag.

Er faßte ein Faserende mit seinen Zehen, zog die Liane stramm und begann, sie mit seinem Messer zu bearbeiten. Er bastelte eine neue Bogensehne. Sein Interesse schien vollständig erloschen.

Auch andere fingen an, sich zu unterhalten. Ich erkannte, daß sie weiter zugehört hätten, wenn ich über die Asmat, die Kayagar oder Auyu gesprochen hätte, statt über die Juden. Auf jeden Fall hatte ich den Spannungsbogen überdehnt. Die Juden, wer immer sie auch sein mochten, waren viel zu weit weg.

Bei späteren Besuchen sprach ich weiter über das Leben und Wirken Jesu und versuchte ihnen seine Wirklichkeit und Bedeutung für ihr Leben nahezubringen. Doch ohne sichtbaren Erfolg. Die Sawi waren nicht daran gewöhnt, ihre Sinne und Gedanken auf Kulturen und Lebensumstände zu richten, die so gefährlich anders waren als ihre eigenen.

Nur einmal erntete meine Darstellung wirklichen Beifall. Ich erzählte ihnen vom Verrat des Judas, den er an dem Sohn Gottes beging. Mittendrin merkte ich, daß sie alle mit größter Aufmerksamkeit zuhörten. Sie achteten auf alle Einzelheiten: drei Jahre lang hatte Judas sich nahe zu Jesus gehalten, hatte mit ihm die Mahlzeiten geteilt, war die gleichen Wege mit ihm gegangen.

Daß irgend jemand, der mit Jesus so nah und eng verbunden war, daran denken konnte, solch eine eindrucksvolle Gestalt zu verraten, schien höchst unwahrscheinlich. Und hätte jemand den Gedanken wirklich gehabt, dann doch kaum einer aus dem inneren Kreis vertrauenswürdiger Jünger. Dennoch hatte Judas, einer der Jünger Jesu, sich entschlossen ihn zu verraten. Und er hatte die furchtbare Tat allein ausgeführt, ohne daß einer der anderen Jünger Verdacht schöpfte.

Als ich zum Höhepunkt dieser Geschichte kam, pfiff Maum wie ein Vogel vor Bewunderung. Kani und mehrere andere berührten voller Ehrfurcht ihre Brust mit den Fingerspitzen. Andere lachten in sich hinein.

Zuerst war ich verwirrt. Dann begriff ich. *Sie bewunderten Judas als den wahren Helden der Geschichte!* Ja, Judas, den ich dargestellt hatte als den vom Satan beeinflußten Feind der Wahrheit und Güte!

Ein kalter Schauder lief mir über den Rücken. Ich versuchte ihnen klarzumachen, daß Jesus gut war. Er war der Sohn Gottes, der Erlöser. Es war bösartig, ihn zu verraten. Aber was ich auch vorbrachte, nichts konnte den Schimmer grausamen Entzückens in ihren Augen löschen.

Kani beugte sich vor und rief: »Das war wirklich *tuwi asonai man!*« Was immer das auch bedeuten mochte.

Ich stand auf und verließ das Männerhaus, vom Gefühl der Hoffnungslosigkeit tief bedrückt. Ich schaute über den Sumpf hinüber auf das Häuschen, das wir uns gebaut hatten. Es sah aus wie ein Denkmal der Sinnlosigkeit. Carol verteilte gerade Arznei vom Hauseingang aus, Stephen spielte auf einer Matte hinter ihr. War das denn alles, was wir für die Sawi tun konnten? War es nur möglich ihren Leibern zu helfen, während der innerste Kern ihres Wesens uns unerreichbar fern blieb?

Die Männer diskutierten immer noch und lachten über die Geschichte, als ich mich heimwärts wandte. Allein in meinem Arbeitszimmer, begann ich zu beten. Aber auch während des Gebets ging mir Kanis unverständliche Redewendung nicht aus dem Sinn. Nach einer Weile nahm ich eine Feder und schrieb diesen merkwürdigen Ausdruck auf eine Karte.

*Tuwi asonai man!* Die Sprachwurzel war einfach. Tuwi bedeutet »Schwein«. *Ason* heißt »fangen«, mit der angefügten Endung *ai* hieß das »gefangen habend«. *Man* hieß einfach »tun«.

»Wenn man ein Schwein gefangen hat, um zu tun...« W a s zu tun?

Ich ging zur Tür und rief einen meiner Sprachhelfer, Narai. Als er kam, bat ich ihn, mir den Satz zu erklären. Narai blickte zum Fenster hinaus und deutete mit dem Kinn auf ein junges Schwein, das Hato im Dschungel gefangen hatte. Es war jetzt zahm und lief frei auf dem Dorfplatz herum.

»Tuan, als Hato das Schwein fing, behielt er es erst einmal in seinem eigenen Haus, fütterte es mit der Hand und schützte es vor den Dorfhunden. Jetzt, wo es frei umherläuft, wirft er ihm immer noch jeden Tag Speisereste hinunter. Das Schwein fühlt sich sicher, beschützt, wohlversorgt. Es kann kommen und gehen wie es will. Aber eines Tages, wenn es ausgewachsen ist, was wird ihm da passieren?«

»Hato und seine Familie werden es schlachten und essen«, antwortete ich. »Hat das Schwein auch nur die geringste Ahnung von diesem Schicksal?« – »Nein.« – »Richtig!« sagte Narai. »*Tuwi asonai man* bedeutet, einen Menschen so zu behandeln wie Hato sein Schwein behandelt – ihn mit Freundschaft zu mästen bis zur unerwarteten Schlachtung!«

Narai saß da und beobachtete meinen Gesichtsausdruck. »Passiert das tatsächlich?« fragte ich naiv. »Ja, sicher!« erwiderte er sofort. Er erzählte mir die Geschichte eines Mannes, der oft nach Haenam kam.

Bei seinem ersten Besuch war er königlich bewirtet worden, man umschmeichelte und lobte ihn und lud ihn ein, wiederzukommen. Das geschah wieder und wieder. Das Ende: die Gönner des Mannes verwandelten sich in seine Schlächter, der Gespeiste wurde selbst zur Speise.

Narai erzählte mir auch die Geschichte von Kanis und Mahaens Tücke gegen Mahaens Verwandte in Wasohwi. Als er geendet hatte, saß ich verblüfft und schweigend da.

»Aber wenn Mahaen ein solches Verbrechen begangen hat«, wagte ich zu bemerken, »wieso ist er denn dann so beliebt? Warum haben ihm so viele Männer ihre Töchter zur Heirat versprochen?«

Ich sah an Narais Augen, daß er meine Frage nicht begriff. Und das war Antwort genug.

Während Narai weitere Beispiele klassischer Sawi-Hinterhältigkeit und Tücke erzählte, dachte ich gründlich nach. Ich sah jetzt, daß die Sawi nicht nur grausam waren, sondern Grausamkeit als ehrenvoll bewunderten. Ihr höchstes Vergnügen lag in der Verzweiflung und dem Elend anderer Menschen. Über die nach ihrer Ansicht laienhafte Auffassung von Mord waren sie längst hinweg und huldigten einem Lebensstil, der Verrat idealisierte als Tugend, als Lebensziel.

Offenes Töten bedeutete ihnen kein Vergnügen mehr. Sie brachten es sogar fertig, ein vorgesehenes Opfer zunächst entkommen zu lassen, um das raffiniertere Ideal *tuwi asonai man* zu erreichen. Das war's, weshalb die Geschichte von Judas Ischariot sie so aufgerüttelt hatte. Sie hatte den Kern ihres Wesens angesprochen und unterschwellig eine tiefgehende Reaktion ausgelöst.

*Judas war ein Super-Sawi!* Christus als Opfer des Verrats bedeutete den Männern im Versammlungshaus nichts.

Meine Aufgabe war es, hier eine völlige Umwandlung herbeizuführen. Von der Heiligen Schrift her gab es da keinen Kompromiß, kein leichtes Abzählen von Bekehrten, die dieser unheilvollen Denkweise heimlich innerlich immer noch anhingen. Aber wie konnten ein Mann und seine Frau allein die Weltanschauung eines ganzen Volkes umwandeln? Es war ja eine Weltanschauung, die sich in der Seele dieses Volkes vielleicht schon seit Tausenden von Jahren festgesetzt hatte!

Ich erkannte, daß es mit dem einfachen Erzählen des Evangeliums nicht getan war. Ich verwarf auch die »Schulungsmethode«, die von manchen angewendet wird. Dabei wird die Erwachsenengeneration der Gegenwart einfach als unbelehrbar abgeschrieben. Statt dessen konzentriert man sich darauf, Hunderte von Kindern in Schulen zu sammeln, wo sie ständigem christlichem Einfluß ausgesetzt sind. Dadurch erhofft man sich einen Sieg in der zweiten oder dritten Generation.

Ich aber wollte diese gegenwärtige Generation der Sawi gewinnen. Und ich wollte sie auf ihrem eigenen Grund und Boden und an ihren eigenen Feuerstellen gewinnen. Wenn das Evangelium mit Männern wie Mahaen, Kani, Hato und Kigo nicht fertigwerden konnte, dann war es eben nicht die einzig richtige Botschaft.

Ich war bereit zur Arbeit, aber ich war lahmgelegt. Ich wußte nicht, wie ich einem solchen Kulturrätsel beikommen konnte. Ich ging zum Mittagessen und stöhnte dabei innerlich: »Herr, ist deine Botschaft jemals und an irgendeinem Ort einer feindlicheren Lebensanschauung begegnet? War jemals das Problem der Verständigung schwerer zu lösen als hier, wo du mich hingestellt hast?«

Denken wir an Johannes den Täufer. Sein Verständigungsproblem war höchst einfach, verglichen mit meinem. Er predigte eine Taufe der Buße zur Vergebung der Sünden. Aber er sprach zu einem Volk, dem Taufen schon bekannt waren und die Begriffe Buße und Sündenvergebung ebenfalls.

Er verkündigte das Kommen des Messias einem Volk, das schon jahrtausendelang auf dessen Kommen gewartet hatte. Und als der Messias erschien, brauchte Johannes nur einen Satz zu rufen, und jeder Hebräer in Hörweite erfuhr Sinn und Zweck des messianischen Kommens: »Siehe, das ist Gottes Lamm, das die Sünde der Welt hinwegträgt!«

Johannes rief das einmal, wartete dann einen Tag und wiederholte den Satz ein zweites Mal: »Siehe, das ist Gottes Lamm!« Er machte sich damit so genau verständlich, daß ihn zwei seiner eigenen Jünger sofort verließen und Jesus nachfolgten!

Seit grauer Vorzeit war das Opfer eines Lammes in die hebräische Kultur eingebaut und völlig in das Denken und Fühlen des Volkes eingewurzelt. Aber die Sawi hatten, soweit ich wußte, nie von einem Lamm gehört, noch hatten sie jemals daran gedacht, daß ein unschuldiger Stellvertreter für die Sünden Schuldiger sterben könnte.

Denken wir einmal an Jesus selbst. Oberflächlich besehen sollte man meinen, jemand, der einen solch einzigartigen Auftrag ausführte, müßte größter Verständnislosigkeit begegnen. Tatsächlich aber hatte er die gleichen Verständigungsmöglichkeiten wie Johannes der Täufer vor ihm.

Nikodemus gegenüber verglich Jesus sich selbst mit der ehernen Schlange, die Mose einst an einem Pfahl aufgerichtet hatte, so daß die von Schlangen gebissenen Israeliten sie anschauen und geheilt werden konnten. Nikodemus konnte diesen Vergleich kaum mißverstehen: Jesus ist der Gegenstand des Glaubens, auf den wir alle schauen müssen, um dem Verderben zu entgehen.

Nathanael gegenüber sprach Jesus von der Leiter, die der Patriarch Jakob im Traum sah, die Leiter, auf der die Engel Gottes hinauf- und herabstiegen. Nathanael konnte dies kaum mißverstehen: Jesus ist die Verbindungsmöglichkeit zwischen Gott und Mensch.

Für eine jüdische Menschenmenge, die Speisungswunder suchte, bezeichnete Jesus sich als das wahre Manna, das vom Himmel kommt. Er sagte: »Mose hat euch nicht das Brot vom Himmel gegeben... Das Brot Gottes ist er, der aus dem Himmel herabkommt und der Welt das Leben gibt.«

Es war ganz deutlich: viel grundlegende Arbeit war bereits getan worden, damit die Juden ihren Messias erkennen konnten. Der allmächtige Gott hatte vor Jahrtausenden schon den Grundstock gelegt, indem er in die hebräische Kultur zahllose auf ihn hinweisende Ähnlichkeiten zum Erlösungsgeschehen einfügte. Johannes der Täufer und Jesus hatten beide die Menschen beeindruckt, als sie darauf hinwiesen, wer die vollkommene, persongewordene Erfüllung all jener Erlösungsvorbilder sei. Immerhin waren diese schon seit Jahrtausenden in die Kultur eingeführt worden, um zum richtigen Zeitpunkt und auf die rechte Weise ausgewertet zu werden!

Das Evangelium, das als Botschaft aus einer anderen Welt kam, errang seinen ersten Sieg über heidnische Völker, als es ihnen nicht nur Wunder vorführte, sondern die viel bedeutsamere, krafterfüllte hebräische Erlösungsauffassung in ihr Denken einführte. Dies war die von Gott gewählte Weise gewesen, ihnen Jesus Christus bekanntzumachen.

Auf diese Art war das Verständigungsproblem bei Johannes dem Täufer, bei Jesus und bei seinen Jüngern verschwindend gering gewesen. Dann kam der Schreiber des neutestamentlichen Briefes an die Hebräer, der dieses göttliche Vorgehen noch tiefer ausdeutete.

Selbst als das Evangelium zu den Griechen gelangte, konnte der Apostel Johannes ihnen Christus als den Logos, das Wort, vorstellen. Damit nahm er einen Begriff aus ihrer eigenen hellenistischen Philosophie: »Im Anfang war das Wort (Logos), und das Wort war bei Gott, und Gott war das Wort! ... Das Wort ward Fleisch und wohnte unter uns.«

Aber mir schien es, während ich voller Wehmut über den Sumpf zum Haenam-Männerhaus hinschaute, als habe Gott sich nicht die Mühe gemacht, die Sawi auf ähnliche Weise auf den Einzug des Evangeliums vorzubereiten. Die Hebräer... ja! Die Griechen... ja! Sogar bei meinen eigenen angelsächsischen Vorfahren fand sich der Begriff »Gott«, den jemand freundlicherweise als passend verwendete, um uns etwas Besseres zu lehren als die Anbetung von Holz und Stein.

Aber die Sawi hatten keinen Namen für Gott. Sie hatten überhaupt keine Vorstellung von ihm. Kein Lammesopfer konnte sie die Notwendigkeit der Sühne lehren. Es gab keinen Erlösungsgedanken, den ich verwenden konnte.

Es schien, als habe Gott mich bis ans Ende der Welt geführt und mich dort allein gelassen, damit ich mich mit einem Verständigungsproblem herumschlagen solle, das größer schien als jedes, das je einen Apostel oder Propheten beschäftigt hatte. Oder verstand ich die Lage falsch?

Gewiß würde doch seine Gnade und Barmherzigkeit einen Weg finden, auch zu den Sawi durchzubrechen. Es mußte einfach eine Möglichkeit geben, – aber welche? »Herr«, betete ich laut beim Gehen, »ich brauche deine Hilfe!«

Carol hörte besorgt zu, als ich beim Mittagessen unser Problem erörterte. »Glaubst du, sie könnten am Ende...«

»... uns mit Freundschaft zum Schlachten mästen?« sagte ich. »Es ist durchaus möglich, daß ihnen dieser Gedanke schon gekommen ist. Aber die Tatsache, daß wir ihre einzigen Lieferanten für Stahläxte sind, spricht wahrscheinlich stark zu unseren Gunsten, wenigstens zur Zeit. Meine Hauptsorge ist: wie sprengen wir diese Idealisierung des Verrats auseinander, ehe sie uns zersprengt?«

»Gott hat immer einen Weg«, sagte Carol bedeutungsvoll. »Es muß einfach einen Weg geben.«

Ich gab zu, Jesus ließe sich, wenn er leiblich in dem Haenam-Männerhaus zugegen wäre, nicht lahmlegen. Gäbe es auch nur eine einzige Lösungsmöglichkeit, er würde sie mit Sicherheit finden. Aber Jesus war eben nicht leiblich sichtbar dort.

Hier waren nur ein Mann und eine Frau, die hofften, sich als seine Sendboten bewähren zu können, und die darauf vertrauten, daß der Geist Jesu in ihnen lebte und wirkte. Also mußte dieser Geist ihnen den gleichen Schlüssel offenbaren, den ihr Herr verwendet hätte. Sonst war die Sache hoffnungslos.

Wir waren allein und völlig von Gott abhängig und wir waren fest entschlossen, auf diesen Schlüssel zu warten. Wie er aussehen würde, konnten wir nicht einmal ahnen. Wir wußten nur das eine: er würde von Gott gesegnet sein.

Am nächsten Tag brach ein wirklich schwerer Kampf aus zwischen Haenam und Kamur.

# Die Krisis am Kronkel

In den meisten Kulturkreisen beginnt die Kampfausbildung, wenn sie notwendig ist, nicht vor den Entwicklungsjahren. Aber bei den Sawi fängt diese Schulung schon in früher Kindheit an.

Ich habe oft gesehen, daß ein Vater bei seinem drei- oder vierjährigen Sohn dauernd einen Befehl wiederholt. Das Kind nimmt indes nicht die geringste Notiz davon, der Vater kann reden und drohen wie er will. Dann wendet sich der Vater an einen Freund und prahlt, sein Sohn sei wirklich *kwai*, er habe einen »starken Willen«. Und der Sohn hört seines Vaters Prahlerei.

Jedes Sawi-Kind weiß, wenn es heftig genug tobt, bekommt es seinen Willen. Ich habe bei kleinen Kindern gesehen, die noch nicht schwimmen konnten, daß sie sich in den Fluß warfen, nur um Eltern oder Verwandte zu zwingen, herbeizurennen und sie herauszuholen.

Bei den seltenen Gelegenheiten, an denen ein Elternteil das Kind schlägt, weil es wirklich bestraft werden soll, schlägt das Kind oft zurück oder steigert sich in einen Wutanfall mit Krämpfen, um den Willen der Eltern zu beugen. Diese Reaktion wird von den Eltern geduldet, worauf natürlich beim nächsten Mal das gleiche geschieht. Gewöhnlich wird körperliche Züchtigung eines Kindes mißbilligt. »*Mesu furamake gani,* man könnte dadurch seine Energie lähmen.« Man könnte dies Disziplin unter umgekehrtem Vorzeichen nennen.

Das Sawi-Kind wird dazu erzogen, seinen Willen durchzusetzen, einfach durch Gewalt und gereizte Laune. Es wird ständig angestachelt, *otaham,* Rache zu nehmen, wenn es beleidigt oder verletzt wird. Es hat ja auch das offen gezeigte Beispiel seiner Eltern vor Augen, wie sie bei allem, was sie beleidigt, bittere Vergeltung üben. Außerdem gibt es ständig die Beeinflussung durch die Legenden und Geschichten der Sawi-Überlieferung, in denen Gewalt und Verrat als traditionelle Verpflichtung verherrlicht werden.

Wenn ein junger Mann sechzehn bis achtzehn Jahre auf diese Weise vorprogrammiert worden ist, hat sich ihm der Kampfinstinkt so tief eingegraben, daß manchmal nicht einmal der Selbsterhaltungstrieb stärker ist. Und im Urwald des südwestlichen Neuguinea wäre jedes anders erzogene Kind bald die rechtmäßige Beute irgendeines Feindes geworden.

Es ist also kein Wunder, daß die männlichen Bewohner ganzer Dörfer schon beim geringsten Anlaß zu Speeren und Pfeilen greifen. Es war auch nicht zu verwundern, daß wir, die wir mitten unter drei solchen Dörfern wohnten, während der ersten zwei Monate unseres Dortseins nicht weniger als vierzehn Kämpfe erlebten, die alle in Sichtweite unseres Hauses ausgefochten wurden. Danach gaben wir das Zählen auf!

Nicht mitgerechnet waren dabei Familienstreitigkeiten, wenn ein Mann, zum Beispiel, seine Frau dadurch züchtigte, daß er ihr einen Pfeil durch den Arm oder Fuß schoß, oder ihr mit einem brennenden Reisigbündel über den Rücken schlug. Oder sie zwang, tagelang in einer Ecke zu sitzen und die Wand anzustarren, wobei er sie jedesmal heftig schlug, wenn sie es wagte, sich nach ihren Kindern oder andern Verwandten umzusehen. Diese Strafe wurde *yukop hauhuyap* genannt und gewöhnlich bei jungen Frauen angewandt, deren Augen zu oft zu fremden Männern abirrten.

Wir gewöhnten uns an den fast täglichen Anblick von Blut. An das Trappeln der Füße, die zum Kampf eilten. An das Gebrüll wütender Männer. An das Klirren der Bogensehnen und das Klatschen der Keulen auf lebendiges Fleisch. An das schrille Gekreisch der Frauen, wenn sie gegen die Sagoblattwände ihrer Langhäuser mit ihren schweren Grabstöcken schlugen in donnerndem Protest gegen irgendein Unrecht.

Hätten die Sawi und andere ähnliche Stämme außer ihrer eingefleischten Mordgesinnung noch Kriegstechniken des 20. Jahrhunderts entwickelt, wären sie wohl die Geißel der halben Erde geworden. Eine solche Kultur wie die ihre von Gewalttätigkeit zurückzuhalten, war so unmöglich, als wolle man Hunderte von Computern dazu zwingen, Auskünfte zu geben, die den Programmen, mit denen sie gefüttert wurden, genau entgegengesetzt sind.

Ab und zu hatte ich einen gewissen Erfolg. Einmal kündigte Atae an, er verlange Samanis einzige Ehefrau als dritte Frau. Wenn das

Samani nicht passe, brauche er sich nur zu wehren und sich töten zu lassen. Ich kletterte hinauf in Ataes Wohnung, setzte mich zu ihm an seine Feuerstelle und suchte ihn zu überzeugen, daß Gottes Gericht ihn erwartete, wenn er Samani auf diese Weise Unrecht zufügte. Atae saß da und blinzelte erstaunt über meine Worte. Er hatte Bogen und Pfeile quer über seinen Schoß gelegt und wartete nur darauf, daß Samani zum Kampf antrat.

»Wenn ich, ein Tuan, mit nur einer Frau glücklich bin, warum brauchst du dann drei?« fragte ich bei dem Versuch, irgendwie Einfluß zu gewinnen. »Jetzt, nachdem die Jesusworte zu euch gekommen sind, habt ihr eine größere Verantwortung als früher. Wenn du so etwas tust, wirst du *Myao Kodon* furchtbar beleidigen.«

Das half. Der immer noch schwelende Verdacht, der Tuan stehe vielleicht doch mit übernatürlichen Mächten in Verbindung, die sie, die Sawi, nur noch nicht entdeckt hätten, zusammen mit dem starken Eindruck, daß der Tuan nicht bloß auf Samanis Seite stand, sondern sich tatsächlich um Samanis Wohl sorgte, siegte diesmal.

Es war Mittag geworden, Samani erschien, außer sich vor Zorn. Er war ein dünner, kränklicher Mann, der für Atae kein Gegner gewesen wäre. Zur Verblüffung des ganzen Dorfes hielt Atae eine öffentliche Rede, in der er seine frühere Ankündigung zurückzog. Um sein Gesicht zu wahren, erklärte er, er habe seine Meinung geändert »aus Respekt vor Tuan Don«. Zu meiner Verwunderung wurden Atae und Samani bald dicke Freunde. Atae und ich ebenfalls.

Aber es war nicht immer so einfach. Es kam der Tag, an dem unser lächelnder Freund Er beinahe getötet wurde. Er hatte einem Mädchen nachgestellt, als plötzlich ihr Vater, ihre Brüder und Onkel sich gegen ihn wandten. Bevor ich ihn vor ihnen retten konnte, hatte er drei Pfeile im Körper.

Das MAF-Wasserflugzeug war in der Nähe. So rief ich den Piloten George Boggs über Funk und bat um einen Flug, um Er in ein Missionshospital etwa 160 Kilometer weiter nördlich zu bringen. Dort war es möglich, die tiefsitzenden Widerhaken operativ zu entfernen. Innerhalb zehn Minuten wasserte das Flugzeug auf dem Kronkel, und bis dahin hatte ich alle Angehörigen Ers überredet, ihn ins Krankenhaus fliegen zu lassen.

Jedenfalls bildete ich mir das ein. Aber als George die *kidari* entlang vom Wasser abhob und Er ins Unbekannte entführte, hörte ich einen zornigen Ausruf hinter mir. Ers älterer Bruder Ama hatte seinen Bogen gespannt und einen Pfeil auf mich angelegt.

»Du hast meinen Bruder weggeschickt!« kreischte er. »Ich werde ihn nie wiedersehen!« Aber ehe er den Pfeil abschießen konnte, hatten ihn mehrere Sawi überwältigt und entwaffnet.

Etwa eine Woche später kam die MAF-Maschine und brachte Er zurück, gesund und munter. Voller Stolz zeigte er die drei Pfeilspitzen vor, die ihm aus dem Körper entfernt worden waren »während er schlief«. Er berichtete auch unglaubliche Dinge über hochragende Berggipfel, über den Erdboden, der mit Steinen bedeckt sei – eine Seltenheit im Sumpfgebiet – und über freundliche Leute vom Stamm der Dani (es waren Christen), die ihn aufgenommen hätten, als sei er ihr Bruder.

Später hörte ich zufällig, wie Ama, der mich bedroht hatte, versuchte, mit einem andern Sawi einen Handel abzuschließen. Er sagte: »Komm, wir wollen uns gegenseitig verwunden, damit wir beide dorthin kommen, wo Er gewesen ist!«

\* \* \*

Ama war es auch, der den schwersten Kampf auslöste, den wir in den fünf Monaten unseres Aufenthalts bei den Sawi erlebt hatten. Weil er sich von einem Haenam-Jungen beleidigt fühlte, der ihn »Eidechshaut« genannt hatte, trommelte Ama die jungen Männer von Kamur zusammen und griff Haenam an. Später wurden die führenden Männer beider Dörfer auch mit in den Kampf verwickelt. Diesmal war es von vornherein deutlich, daß keine Seite sich davon abbringen lassen würde, der anderen schwere Verluste zuzufügen.

Fünf Monate lang hatten wir alle Anstrengungen gemacht, um Tod durch Gewalteinwirkung zu verhindern, nicht nur um das Leben von Einzelpersonen zu schützen, sondern auch, um die Gemeinschaft unserer drei Dörfer zu erhalten. Wir hatten Dutzende blutender Wunden verbunden, Hunderte von Penicillinspritzen verabfolgt, laut gerufen, bis wir heiser waren, gebetet, bis uns die Augen vor Müdigkeit zufielen, zugeredet, geschmeichelt, ärztliche Notflüge finanziert und sogar uns selbst bei Vermittlungsversuchen der Gefahr für Leib und Leben ausgesetzt, um Abbruch der Feindseligkeiten zu erreichen. Aber der Haß zwischen Haenam und Kamur schwoll immer noch an wie eine unaufhaltsame Flut.

Es schien unvermeidlich, daß mindestens ein Mensch getötet wurde und danach die drei Dörfer sich zerstreuten und eine lange blutige Fehde folgte. Jeden Tag flehte ich die führenden Männer Haenams und Kamurs an, Frieden zu schließen, aber sie wollten nicht hören. Glücklicherweise hielt sich Hadis Dorf Yohwi größtenteils aus der ganzen Sache heraus.

Eines Tages durchfuhr mich ein neuer Gedanke. Ich sagte mir, du drängst sie dauernd, Frieden zu schließen, unter der Voraussetzung, daß Frieden für diese Leute möglich ist. Aber dazu ist ja aufrichtiger Friedenswille auf beiden Seiten unerläßlich.

Kann es jedoch unter den Sawi, wo das Prinzip des *tuwi asonai man* eine ständige Möglichkeit bildet, jemals wirklichen Friedenswillen geben? Jede Seite weiß genau um die Fähigkeit der andern Seite, Freundschaft als Mittel zum Verrat zu mißbrauchen. Jede Seite weiß auch, daß jederzeit eine *waness*-Bindung benutzt werden kann, um selbst denen den Mund zu schließen, die sich sonst einem Friedensabkommen nicht entziehen würden.

Ich glaubte zu verstehen, weshalb sie jedesmal, wenn ich sie drängte Frieden zu schließen, erwiderten: »Tuan, das verstehst du einfach nicht!« Ich begriff, daß wahrer Friede unmöglich ist, wenn Verrat philosophisch gerechtfertigt wird. Vor langer, langer Zeit schon hatten die Ahnen der Sawi die gesamte Kultur in die endlose Tretmühle des Krieges eingesperrt.

Was mich am meisten wunderte, war, daß es überhaupt noch Sawi gab. Mit einer Säuglingssterblichkeit von mehr als fünfzig Prozent und einer durchschnittlichen Lebenserwartung von unter fünfundzwanzig Jahren konnten sie es sich doch kaum leisten, sich auch untereinander totzuschlagen, denn es kamen ja noch die Verluste durch die Asmat und die Kayagar dazu. Und Krankheiten gab es auch. Dennoch schien es, als wäre das gegenseitige Töten genau ihre Absicht!

Ich schloß daraus, daß sie wahrscheinlich nur deshalb noch existierten, weil sie sich angewöhnt hatten, in kleinen, isolierten Gruppen zu leben. Wenn mögliche Feinde außer Sichtweite wohnten, gab es weniger Gelegenheiten zum Blutvergießen. Ansteckende Krankheiten verbreiteten sich langsamer in einer weit zerstreut lebenden Bevölkerung. In kleinen Gemeinschaften waren die Leute stärker aufeinander angewiesen, und das Leben des einzelnen wurde deshalb höher geachtet. Für kleine Gruppen war es auch leichter, sich vor äußeren Feinden zu verbergen.

Ich erkannte ferner, daß Carol und ich unabsichtlich Haenam, Kamur und Yohwi ihres Isolierungsschutzes beraubt hatten, den sie brauchten, um verhältnismäßig friedlich zu überleben. Wir dagegen hatten sie veranlaßt, zusammenzuziehen. Daraus folgte, daß wir sie zu ihrem eigenen Besten verlassen mußten. Es war eine bittere Pille, die wir da schlucken mußten, aber ohne uns konnten sie sich wieder in ihre entlegenen Wohnungen im tiefen Dschungel zurückziehen und in Frieden leben. Wir dagegen konnten versuchen, andere Sawi-Gemeinschaften im Norden zu erreichen und dann von dort aus Haenam, Kamur und Yohwi einzeln zu bereisen.

Carol und ich beteten über die Angelegenheit, und dann ging ich hinaus, um mit den Männern in den Versammlungshäusern von Haenam und Kamur zu sprechen. »Da ihr nicht Frieden miteinander halten könnt«, sagte ich, »ist es klar, daß wir euch verlassen müssen. Wenn wir hierbleiben, ist es nur noch eine Frage der Zeit, bis jemand getötet wird, und dann seid ihr durch Blutrache so miteinander verfeindet, daß ihr noch mehr Leute umbringen werdet.

Es gibt andere Sawi-Dörfer weiter weg am Au-Fluß – Tamor, Sato, Ero und Hahami. Wir wollen hingehen und sehen, ob sie friedlich zusammenleben und versuchen, sie zu unterrichten.«

Meine Worte lösten einen Tumult in beiden Männerhäusern aus. Ich kehrte zu Carol zurück und überlegte, ob Haenam und Kamur sich gegenseitig zornig die Schuld an unserm Entschluß zuschieben und neue Angriffe auslösen würden. Oder würden beide Dörfer beschließen, wenn wir sie nicht mehr mit Medizin und Stahläxten beliefern könnten, müßten sie eine andere Verwendung für uns finden? Als die Dunkelheit hereinbrach, konnten wir immer noch hören, wie die Diskussion in beiden Männerhäusern stürmisch weiterging.

Ich kämpfte gegen dunkle Verweiflung. Carol erwartete jetzt unser zweites Kind, und ein Umzug in ein anderes Dschungelhaus würde ihr schwerfallen. Stephen hatte Malaria und wurde immer blasser und matter.

Ich hatte die Lampe eben gelöscht, als ich vor unserer Hintertür einen Ruf hörte. Ich nahm die Taschenlampe und trat zum Hintereingang hinaus. Das Licht fiel auf die harten Gesichter einer großen Anzahl Krieger beider verfeindeten Parteien – Kani, Mahaen, Maum, Hato, Kaiyo, Kigo und viele andere.

»Tuan«, bat einer von ihnen inständig und tiefernst, »verlaß uns nicht!« – »Ich will aber nicht, daß ihr euch gegenseitig totschlagt«, erwiderte ich. »Tuan, wir werden uns nicht totschlagen.« Der Sprecher machte eine Pause, atmete tief auf und fuhr fest fort: »Tuan, morgen schließen wir Frieden!«

# Morgen gibt es kühles Wasser

»Frieden schließen?« wiederholte ich ungläubig. Was der Sprecher wörtlich gesagt hatte, war: »Morgen wollen wir einander mit kühlem Wasser besprengen!«

»Kühles Wasser« ist der Sawi-Ausdruck für Frieden. Sich mit kühlem Wasser zu besprengen, konnte nur bedeuten, Frieden zu schließen. Aber meinten sie das ehrlich?

Nach meiner Kenntnis ihres kulturellen Hintergrundes war es ihnen nicht möglich, mehr zustandezubringen, als voneinander räumlich Abstand zu halten; es sei denn, eine Seite wäre einfältig genug, der andern völlig zu vertrauen, was im Blick auf die Sawi-Geschichte höchst unwahrscheinlich war. Also täuschten sie mir entweder etwas vor, oder meine Analyse erwies sich als falsch. Ich hoffte auf das letztere. Aber ich konnte mir beim besten Willen nicht vorstellen, welchen Beweis ihrer Aufrichtigkeit sie geben konnten, der die Möglichkeit von *tuwi asonai man* ausschloß.

In dieser Nacht schliefen wir kaum vor Spannung, was der nächste Morgen bringen würde. Von den Sawi schliefen auch nur wenige. Fast die ganze Nacht über hörten wir das Gemurmel, trotz des schrillen Konzerts unzähliger Zikaden.

Als die Morgendämmerung den düsteren Langhäusern, dem Dschungel und dem schimmernden Fluß wieder Farbe und Licht verlieh, bezogen Carol und ich unsern Beobachtungsposten am Fenster. Rauchspiralen der Küchenfeuer stiegen aus den Strohdächern auf, Hähne krähten, Hunde bellten, Schweine schnüffelten nach Sagobrocken unter den Langhäusern. Aber Menschen waren kaum zu sehen. Außer den Tiergeräuschen herrschte eine tödliche Stille wie schon oft vor einem Kampf.

Dann sahen wir Mahaen und seine älteste Frau aus ihrem Langhaus in Haenam heruntersteigen und auf das Kamur-Dorf zugehen. Nun stiegen auch andere Haenamleute, Männer, Frauen, Kinder, herunter und sahen schweigend zu, wie Mahaen und seine Frau sich von ihnen entfernten. Mahaen trug einen seiner eigenen Söhne auf dem Rücken. Seine Frau Syado schluchzte herzbrechend.

In nervöser Spannung traten Carol und ich auf unsere Eingangsveranda hinaus.

Jetzt stiegen auch die Kamurleute in großer Anzahl aus ihren Langhäusern herunter. Die Spannung stieg, während Hunderte von Augen den Weg verfolgten, den Mahaen und seine weinende Frau nahmen. Die drei näherten sich uns, und Carol berührte ängstlich meinen Arm, als wir die grimmige Entschlossenheit in Mahaens Miene und die Tränen sahen, die Syados Gesicht überströmten. Das Kind klammerte sich an Mahaens Nacken, schien aber ohne Angst zu sein und nicht zu merken, daß irgend etwas Besonderes vor sich ging.

Syado blickte über Mahaens Schulter hinweg und sah die Kamurleute zusammenstehen und ihnen erwartungsvoll entgegenstarren. Krampfhafte Zuckungen durchliefen ihren Körper, ob vor Furcht oder vor tiefer Qual, war nicht auszumachen. Plötzlich wischte sie sich die Tränen aus den Augen, riß den kleinen Jungen von ihres Mannes Schultern und rannte laut schreiend mit ihm zurück auf Haenam zu.

Mahaen raste hinter ihr her und versuchte, ihr das Kind zu entreißen, aber Syado umklammerte es mit der Kraft der Verzweiflung. Mahaens ältester Sohn Giriman lief ihnen entgegen und setzte sich für seine Mutter ein. Mit einem wilden Schrei der Enttäuschung wandte Mahaen beiden den Rücken zu und stelzte vor der Front Haenams auf und ab, wobei er etwas rief, was ich nicht verstehen konnte.

Syado und Giriman hatten, soviel war klar, seine Absicht, was immer sie sein mochte, vereitelt. Plötzlich preßten auch andere Haenamfrauen ihre Babies angstvoll schreiend an sich. Männer rannten hin und her, gestikulierten und brüllten. Das Dorf war in heller Aufregung.

Ein lauter Schrei aus Kamur zog unsere Aufmerksamkeit auf sich. Irgend etwas ging in der Mitte des Dorfes vor. Ich ließ Carol am Eingang zurück und rannte zu einem besseren Aussichtspunkt. Von dort aus sah ich, wie ein Mann namens Sinau einen kleinen Jungen hoch über seinen Kopf hob, so daß alle ihn sehen konnten. Dann verzerrten sich seine Gesichtszüge in unaussprechlicher Qual. Er übergab das Kind an seinen Bruder Atae. »Ich bring's nicht fertig, ihn selber zu übergeben!« rief er. »Atae, tu du es für mich!«

Atae nahm das Kind in Empfang und schritt entschlossen auf Haenam zu. Aber Sinau, der Vater, konnte seine Augen nicht abwenden von der hilflosen Gestalt seines kleinen Sohnes. Es war, als zöge ihn ein kräftiger Magnet.

Tränen in den Augen, die Finger in Verzweiflung verkrampft, stürzte Sinau plötzlich auf das Kind zu und schrie: »Ich hab mich anders besonnen! Ich kann ihn nicht hergeben!« Sinau riß seinen Sohn aus Ataes Armen. Niemand schien ihn zu tadeln. Aber die Aufregung legte sich trotzdem nicht.

Seltsame Kraft und Gegenkraft von Anziehung und Abwehr baute eine unglaublich heftige Spannung zwischen Haenam und Kamur auf. Von meinem Aussichtspunkt aus spürte ich diese Kräfte fast körperlich. Meine Nackenhaare sträubten sich, während ich den Tumult in beiden Dörfern beobachtete. Es war, als sollte ein Plan von großer Tragweite unter schweren Wehen geboren werden, aber die Geburt wollte nicht gelingen.

Dann sah ich plötzlich, wie ein stämmiger Mann aus Kamur namens Kaiyo sich von der Menge absonderte und schnell hinaufkletterte in sein Langhaus.

Kaiyos Herz klopfte ungestüm, als er von seiner Frau Wumi wegschlüpfte und die Stufenpfosten an seinem Haus hinaufstieg. Mahaen hatte versagt! Sinau hatte versagt! Beide hatten viele Kinder, dennoch konnte keiner von beiden es übers Herz bringen, sich auch nur von einem zu trennen.

Kaiyo hatte nur ein Kind, den sechs Monate alten Biakadon, der dort auf der Grasmatte lag. Kaiyo näherte sich dem Kind voller Erregung. Beim Gedanken an sein Vorhaben drehte sich ihm das Herz im Leib herum. Biakadon schaute auf zu seinem Vater und lächelte erkennend. Er ballte seine winzigen braunen Fäuste und zappelte vor Freude, aufgenommen zu werden.

»Es ist notwendig!« sagte sich Kaiyo. »Es gibt keinen andern Weg, die Streitereien zu beenden. Und wenn sie nicht aufhören, geht der Tuan weg.«

Kaiyo bückte sich und hob Biakadon auf. Nun stand er allein in dem leeren Langhaus und drückte ein letztes Mal den warmen, zufrieden gurgelnden Körper seines Söhnchens fest an seine Brust. Er dachte an den Schmerz, den seine Tat Wumi bereiten würde – aber es gab keinen andern Weg. Kaiyo wandte sich zur Tür am andern Ende des Hauses und setzte sich in Bewegung. Seine Glieder zitterten, sein Gesicht verzerrte sich im Widerstreit seiner Gefühle.

Biakadons Mutter Wumi stand mitten in der wogenden, brüllenden Menge, wie alle andern voller Spannung, ob es Frieden geben werde oder nicht. Wenn irgend jemand es über sich bringen könnte, ein Kind herzugeben, müßte es natürlich einer sein, der viele Kinder hatte und daher eins nicht so sehr vermissen würde. Deshalb war es Wumi und Kaiyo gar nicht in den Sinn gekommen, Biakadon herzugeben.

»Aber«, dachte sie plötzlich, »wo ist Kaiyo?« Er hatte neben ihr gestanden, und das war erst wenige Minuten her. Beunruhigt ging ihr Blick zu ihrem Langhaus zurück, und da sah sie gerade, wie ihr Mann am hinteren Ende des Hauses auf die Erde sprang und auf Haenam zurannte mit Biakadon in seinen Armen!

Einen Augenblick war Wumi vor Entsetzen wie gelähmt. Sie konnte nicht glauben, was sie sah und versuchte sich einzureden, es sei nur ein Zufall, daß Kaiyo mit Biakadon in jene Richtung lief. Dann stürzte die Erkenntnis plötzlich mit erdrückender Macht über sie herein. Wumi schrie auf und raste hinter Kaiyo her, bat und flehte mit aller Kraft ihrer Seele.

Aber Kaiyo blickte kein einziges Mal zurück. Sein breiter Rücken schrumpfte mit der wachsenden Entfernung zusammen, während er vor ihr herrannte. Wumi fühlte, wie ihre Füße in einer morastigen Pfütze einsanken. In ihrer Angst und Not hatte sie den Pfad verfehlt.

Es gab keine Hoffnung mehr. Er war zu weit voraus. Fast hatte er schon die wartende Menge zwischen Haenams Langhäusern erreicht. Auch die Hoffnung, er werde sich noch im letzten Augenblick anders besinnen, war dahin. Mit einem herzzerreißenden Schrei ließ sich Wumi in den Schlamm fallen. Sie wand sich in krampfhaften Zuckungen und jammerte unausgesetzt: »Biakadon! Biakadon, mein Sohn!«

Niemals habe ich mehr Mitleid für einen Mitmenschen empfunden als bei Wumi. Ich blickte rasch zu unserem Haus hin und sah Carol, die Stephen ganz fest in den Armen hielt. Ich wußte, ihr ging es genauso wie mir, wir empfanden Wumis Schmerz zutiefst, weil wir wußten, was uns unser eigener Sohn bedeutete. Stephen sah ganz verblüfft die Tränen über Carols Gesicht laufen.

Gleichzeitig aber übertrafen noch zwei weitere Empfindungen unser Mitleid. Eine war unsere Sorge für Biakadon. Was für ein Schicksal erwartete ihn?

Ich riß mich von dem herzzerreißenden Bild los und folgte Kaiyo nach Haenam. Gedanken an kanaanitische Kinderopfer schossen mir durch den Kopf, und ich beschloß, wenn Biakadons Leben gefährdet sei, wollte ich alle Kraft einsetzen, ihn zu retten und seiner Mutter gesund und sicher wiederzugeben.

Das zweite Gefühl war größte Neugier. Was taten sie nur? Warum war dies notwendig?

Wumis bitterer Schmerz zerstörte meine leise Hoffnung auf baldige Rückgabe des Kindes an seine Mutter. Es schien, als sei Kaiyos Handlung, was immer sein Beweggrund war, unwiderruflich.

Als Kaiyo den Dorfrand von Haenam erreichte, hob und senkte sich seine Brust ungestüm. Die führenden Männer des Dorfes standen jetzt alle vor ihm. Sie schauten erwartungsvoll auf das Kind, das Kaiyo in den Armen hielt. Kaiyo überflog mit raschem Blick die Reihe feindlicher Gesichter vor ihm: Maum, Kani, Mahaen, Nair – sie waren alle da.

Dann entdeckte er den Mann, den er ausgewählt hatte. »Mahor!« schrie er.

Mahor sprang vor, seine Augen glühten vor innerer Bewegung. Kaiyo und Mahor traten ganz nahe zusammen. Alle Männer, Frauen und Kinder Haenams drängten auch herbei, ihre Gesichter glänzten erwartungsvoll. Hinter sich konnte Kaiyo das erregte Brüllen seiner eigenen Dorfleute hören, die aus der Ferne zusahen.

Kaiyo und Mahor standen sich gegenüber.

»Mahor!« forderte Kaiyo. »Willst du die Worte Kamurs unter deinem Volk vertreten?« – »Ja!« erwiderte Mahor. »Ich werde die Worte Kamurs unter meinem Volk vertreten!« – »Dann übergebe ich dir meinen Sohn und mit ihm auch meinen Namen!« Kaiyo streckte ihm den kleinen Biakadon entgegen, und Mahor nahm ihn sanft in die Arme. Mahor rief: »*Eehaa!* Es ist genug! Ich werde mich ganz bestimmt für den Frieden zwischen uns einsetzen!«

Beide Dörfer donnerten los in einer Reihe von *hahap kamans*-Rufen, bis die Erde selbst erregt zu zittern schien. Jetzt begannen die Leute Mahor mit Kaiyos Namen anzureden.

Plötzlich erschien Mahaen wieder in der ersten Reihe der Menge. Er stellte sich vor Kaiyo, hielt einen andern seiner kleinen Söhne hoch und rief: »Kaiyo! Willst du die Worte Haenams unter deinem Volk vertreten?« – »Ja!« schrie Kaiyo und breitete seine Arme gegen Mahaen aus. »Dann übergebe ich dir meinen Sohn und damit meinen Namen!«

Als Kaiyo den kleinen Mani übernahm, erhob sich plötzlich ein Verzweiflungsschrei in der Menge. Nahe Verwandte des Kindes hatten eben erst erkannt, was vorne geschah. Kaiyo wollte gerade auf Mahaens Geschenk antworten, als dieser ihn drängte: »Lauf! Schnell!« Kaiyo fuhr herum und rannte auf Kamur zu mit seinem neu adoptierten Sohn Mani. Die Verwandten des Kindes versuchten vergeblich, ihn zu überholen.

Während Kaiyo davoneilte, rief Mahor der Gesamtbevölkerung Haenams eine Einladung zu: »*Ini tim ke kanenai arkivi demake, ysyny asimdien.* Alle, die dieses Kind als Friedensgrundlage anerkennen, mögen kommen und ihre Hände auf es legen!«

Alt und jung, Mann und Frau, alles drängte eilfertig herzu und ging einzeln an Mahor vorbei, wobei sie die Hand auf Biakadon legten und damit die Annahme des Friedens mit Kamur besiegelten. Die gleiche Feierlichkeit fand in Kamur statt, sobald Kaiyo mit Mahaens Kind in seinen Armen zurückkam. Kaiyo wurde jetzt mit Mahaens Namen genannt.

Wumi wälzte sich inzwischen aus dem Morast und schleppte sich weinend nach Hause. Aus einer schönen Frau war ein einsames, trauerndes Gespenst geworden, von Kopf bis Fuß von trocknendem Schlamm überzogen. Ihre Schreie mischten sich mit den Jammerlauten derer, denen es in Haenam ebenso ergangen war. Ältere Frauen aus Wumis Verwandtschaft kamen und weinten mit ihr, in dem vergeblichen Versuch, sie damit zu trösten.

Biakadon und Mani wurden in die Männerhäuser ihrer Adoptivdörfer getragen und für eine Friedensfeier geschmückt. Es war das erste Mal, daß ich so viele Sawi zusammen sah, ohne daß auch nur einer eine Waffe trug.

Während die Kinder geschmückt wurden, steckten junge Männer sich Federn ins Haar, holten ihre Trommeln hervor und begannen zu tanzen. Es gelang mir, einen von ihnen beiseite zu nehmen. Ich hatte einige Fragen zu stellen.

Der junge Mann hieß Ari. Er beschrieb mir begeistert, was passiert war. »Kaiyo hat Haenam seinen Sohn übergeben als *tarop tim*, als Friedens-Kind. Und Mahaen hat seinerseits uns ein *tarop tim* übergeben!« »Warum ist das notwendig?« fragte ich. »Tuan, du hast uns gedrängt, Frieden zu schließen – weißt du nicht, daß es unmöglich ist, Frieden zu halten ohne ein Friedens-Kind?«

Ich muß ihm sehr unwissend vorgekommen sein, als ich den Kopf schüttelte. Ari war höchst erstaunt. »Heißt das«, erkundigte er sich, »daß ihr Tuans Frieden schließen könnt ohne...?« Er stutzte, besann sich, und plötzlich erhellte sich sein Gesicht. »Oh«, rief er aus, »jetzt verstehe ich! Ihr Tuans kämpft natürlich nie gegeneinander, und dann braucht ihr auch kein Friedens-Kind!«

Als Ari das sagte, fing eine kleine Glocke irgendwo in meinem Innern an zu läuten. Aber ihr Klang war sehr leise, und ich achtete kaum darauf.

Ich war immer noch bis ins Innerste erschüttert von allem, was ich mit angesehen hatte. Noch erfüllte mich das Erbarmen mit Kaiyo, Wumi, Biakadon und den andern. Immer noch war ich überwältigt von der wilden und gesammelten Entschlossenheit, die zwei solche Männer dazu bewegen konnte, mit übermenschlicher Anstrengung die Elternliebe zu unterdrücken. Ich war zutiefst erregt, daß plötzlich die ganze Atmosphäre des Kampfes sich in Nichts verflüchtigt hatte und wagte es kaum zu glauben, daß jetzt etwas Neues beginnen sollte.

Die Stimmen der jungen Tänzer übertönten scharf und klar und fröhlich das abgehackte Trommeln. Es wurde mir bewußt, daß ich nach sechs Monaten ständiger Schrecken, Schocks und Spannungen tatsächlich vergessen hatte, wie es war, wenn man sich leicht und heiter fühlte. Aber – war es recht, sich so zu fühlen auf Wumis und Kaiyos und Mahaens Kosten? – »Tuan, du verstehst das einfach nicht!« hatten sie gewarnt.

Wenn ich gewußt hätte, daß mein Friedensappell Väter veranlassen würde, ihre Söhne herzugeben, Mütter in tiefstes Leid zu stürzen und Säuglinge einem unbekannten Schicksal auszuliefern – wie hätte ich mich dann entschieden? Daß Frauen weiter ihre eigenen Kinder säugten, oder daß Männer sich weiter gegenseitig umbrachten? Ich fand keine Antwort.

Aber dreihundert Sawi hatten die Hände auf ein Friedens-Kind gelegt. Und jetzt sangen sie. Und lachten. Und das Glöckchen in mir begann ein wenig heller zu klingen.

»Was geschieht mit Biakadon und Mani?« fragte ich. »Wird man ihnen ein Leid antun?« Ich war immer noch mißtrauisch, daß die Freude dieses unberechenbaren Volkes nur das Vorspiel sein könnte zu Menschenopfern. Oder vielleicht würden später, wenn irgend jemand den Friedenspakt brach, Biakadon und Mani als Geiseln abgeschlachtet?

Ari beeilte sich, mich zu beruhigen. »Nein, Tuan, ihnen geschieht nichts«, sagte er. »Es ist sogar so, daß unsere beiden Dörfer das Leben dieser beiden *tarop*-Kinder noch besser schützen werden als das ihrer eigenen. Denn wenn Biakadon stirbt, ist Kamur nicht mehr an ein Friedensabkommen mit Haenam gebunden. Und wenn Mani stirbt, hält sich Haenam nicht mehr an das Friedensabkommen mit uns.«

Ich war erleichtert und besorgt zugleich. Erleichtert, daß die beiden Kleinen nicht Gefahr liefen, schlecht behandelt zu werden. Besorgt, weil bei der hohen Säuglingssterblichkeit der eben erst so teuer erkaufte Friede zerstört werden konnte, ehe er recht begonnen hatte. Ein zufälliger Sturz in den Fluß, eine unerwartete Begegnung mit einer Giftnatter oder ein plötzlicher Anfall von Gehirnmalaria – und das furchtbare Opfer, das bittere Leid der Eltern wären umsonst gewesen.

Ich dachte nach. Also beruhte der Friede ganz allein darauf, daß das Friedens-Kind am Leben blieb. In meinem Unterbewußtsein erklang das Glöckchen auf einmal so laut, daß ich es nicht mehr überhören konnte.

* * *

Die beiden Kinder waren inzwischen fertig geschmückt mit winzigen Arm- und Knöchelreifen aus geflochtenen Lianen, an denen goldfarbene Quasten aus gedrehten Palmfasern befestigt waren. Watiro, eine der tonangebenden Frauen Kamurs, kam aus ihrem Dorf und trug den kleinen Mani auf ihren Armen. Sie stand hochaufgerichtet auf einem kleinen Hügel und hatte ihr Gesicht Haenam zugewandt. Eine der führenden Frauen Haenams trat gleichfalls mit dem kleinen Biakadon vor und wandte ihr Gesicht Watiro zu. Beide standen etwa fünfzig Meter voneinander entfernt.

Plötzlich strömten die Männer und Jungen aus Kamur an Watiro vorbei, trommelnd und singend. Aus Haenam kam eine gleiche Gruppe und zog an ihrem neu adoptierten Friedens-Kind vorbei, bis beide Haufen gewesener Feinde sich auf halbem Wege zwischen beiden Dörfern trafen. Sie lächelten sich alle an. Selbst der unnachgiebige Ama lächelte jetzt Huyaham zu, der ihn beleidigt hatte. Kaiyos Opfer war stärker als Amas Stolz.

Während die Trommeln ihren ständigen Rhythmus beibehielten, wanderten viele Leute aus beiden Gruppen aufeinander zu und tauschten Geschenke aus, wie Äxte, Busch- und Jagdmesser, Muscheln oder Halsketten aus Tierzähnen. Ich erfuhr, daß Leute, die sich beschenkt hatten, auch ihre Namen austauschten. Jeder Mann aus Kamur erhielt einen Haenam-Namen zusätzlich zu seinem eigenen. Wenn von nun an jemand aus Haenam ihn ansprach, würde er seinen *Haenam*-Namen nennen. Das bedeutete, daß sie ihn nicht länger als Fremden ansahen, sondern ihn genauso willig aufnahmen, als sei er der eigene Stammesangehörige, dessen Namen er führte.

Das Gleiche geschah in Kamur. Hier nannten die Männer Kamurs die Männer Haenams mit ihren entsprechenden *Kamur*-Namen, wodurch sie sie aufnahmen, als gehörten sie zu Kamur wie die Leute, deren Namen sie trugen. Um die Namensgebung gegenseitig zu erleichtern, wurden die Namen zwischen Leuten ausgetauscht, die ungefähr die gleiche Gestalt und den gleichen Ruf besaßen.

Nach dem Austausch von Geschenken und der Namensgebung folgte ein merkwürdiger Tanz. Erst versammelten sich die Kamur-Männer in einem dichten Haufen, während die Haenam-Männer sie in festgeschlossenem Kreis umtanzten. Dann wirbelten die Haenam-Männer davon und sammelten sich auf einer Seite und die Kamur-Männer umkreisten sie. Schließlich löste sich der Tanz auf in einem Ausbruch wild ekstatischer Rufe.

Ich bezeichnete dies als den »Du-in-mir-ich-in-dir«-Tanz. Er versinnbildlichte die gegenseitige Friedens-Umarmung der beiden Dörfer. Die Glocke in meinem Unterbewußtsein erklang immer lauter und ungeduldiger, damit ich endlich ihre Botschaft verstünde.

Als Kamur und Haenam ihre denkwürdige Feier damit beendeten, daß sie ihre lebendigen, atmenden Friedensunterpfänder im Triumph nach Hause trugen, rief ich Narai und meine andern Sprachinformanten in meinen Arbeitsraum und setzte mich mit ihnen zusammen zu einer langen, tiefschürfenden Unterredung.

\* \* \*

Langsam schälte sich das richtige Bild heraus. Ich hatte geglaubt, die Sawi-Kultur stütze sich auf eine einzige Säule – die völlige Idealisierung der Gewalttätigkeit, ausgedrückt durch die furchtbaren Formen von Tücke und Verrat, Kopfjägerei und Menschenfresserei, wenn nötig unterstützt durch die undurchsichtige *waness*-Bindung. Von daher gesehen war Friede unmöglich, denn der gute Wille allein besaß keine Glaubwürdigkeit, wo *tuwi asonai man* und *waness*-Bann regierten. Der Selbstvernichtung solcher allein die Gewalt verehrenden Kultur wurde nur vorgebeugt durch die Aufsplitterung in kleine, in gegenseitigem Einverständnis sich isolierende Gemeinschaften.

Diese Theorie hatte lückenlos logisch ausgesehen. Trotzdem hatten die Ahnen der Sawi irgendwann in grauer Vorzeit etwas vollbracht, das es der Theorie nach nicht gab. Sie hatten eine Möglichkeit gefunden, selbst unter der Bedrohung von *tuwi asonai man* und der *waness*-Bindung Aufrichtigkeit zu beweisen und einen Friedensbund zu schließen! Unter den Sawi war jede Freundschaftsbezeigung verdächtig – bis auf eine einzige. *Wenn ein Mann wirklich seinen eigenen Sohn seinen Feinden übergab, dann konnte man diesem Mann trauen!* Dies und dies allein war der Beweis für Gutwilligkeit, den kein Schatten böser Gesinnung trüben konnte.

*Und jeder, der seine Hand auf das so übergebene Kind legte, war verpflichtet, gegen den Geber weder Gewalttätigkeit zu üben noch den waness-Bann anzuwenden!* Wieder erklang das Glöckchen in mir, und diesmal achtete ich darauf. Ich begriff die Botschaft und – staunte!

Dies war der Schlüssel, um den wir gebetet hatten!

# Teil III
# Eine verwandelte Welt

# Stille im Männerhaus

Auf meinem Weg zum Haenam-Yohwi-Männerhaus blieb ich stehen und sah einigen spielenden Kindern zu. Ein paar standen in ihren Einbäumen und bespritzten sich gegenseitig, indem sie ihre Paddel aufs Wasser schlugen. Andere sprangen von den Ästen einer *ahos*-Baumgruppe aus in den Tumdu und die Sonne glänzte auf den nassen, biegsamen Körpern. Ihr Gelächter plätscherte dahin wie die Wellen, die sie verursachten.

Seit zwei Monaten freuten wir uns an dem herrschenden Frieden – das *tarop* war wirksam!

Nur einmal fürchteten wir um den Frieden. Ein Schwein, das Kamur gehörte, war auf rätselhafte Weise in der Nähe des Dorfes getötet worden. Der Eigentümer argwöhnte, jemand aus Haenam könne daran beteiligt sein. Aufgebracht griffen er und seine Freunde zu ihren Waffen und wandten sich Haenam zu. Plötzlich griff Kaiyo ein.

Da Kaiyo das Friedens-Kind aus Haenam empfangen hatte, besaß er das anerkannte Recht, alle Streitfragen zwischen Haenam und Kamur zu schlichten. Kaiyo trat zu den Männern, die beabsichtigten, den Frieden zu brechen, streckte die Hände aus und packte den Anführer an seinen Ohrläppchen! Ich erwartete heftige Abwehr des in seiner Würde Gekränkten, aber stattdessen nahm er die Zurechtweisung an! Er blieb tatsächlich sofort stehen, senkte seinen Bogen und hörte auf Kaiyos Vorhaltungen.

Inzwischen kam jemand mit Mani, dem aus Haenam adoptierten Friedens-Kind, dahergerannt und hob es Kaiyo entgegen. Dieser ließ die Ohrläppchen los, legte seine Hände auf den kleinen Mani und sagte: »*Tarop tim titindakeden!* Ich vertrete das Friedenskind!« Dann fuhr er fort: »Wenn dieses Kind gestorben wäre, könntest du tun, was du willst. Aber es ist nicht tot. Es lebt noch, und ich bin hier als Haenams *raendep hobhan* = Stellvertreter. Du darfst nicht gegen Haenam kämpfen! Meine Hand ist stark!«

Und dann griff Kaiyo wieder nach den Ohrläppchen des Mannes und zog daran. Der Mann drehte sich um und ging fügsam zurück in sein Haus, gefolgt von seinen Freunden. Wenn die gekränkten Männer bei ihrer Feindseligkeit geblieben wären, hätte Kaiyo ihre Bogensehnen durchgeschnitten, alle Speerspitzen, die sie mitführten, abgehauen und alle weiteren Waffen in den Fluß geworfen.

Nachdem die Beleidigten in ihre Wohnungen zurückgekehrt waren, hatte Kaiyo eine gründliche Untersuchung durchgeführt, ob jemand aus Haenam schuld war am Tod des Schweines. Schließlich waren beide Dörfer zu der Überzeugung gekommen, ein Spion eines Kamur feindlich gesonnenen Dorfes habe das Schwein getötet.

Die Krise war abgewendet. Die Einrichtung des *tarop* hatte sich bewährt. Das lebendige Friedens-Kind war tatsächlich ein in die Sawi-Kultur eingebautes Gegenmittel gegen die Verherrlichung der Brutalität. Die bitteren Schmerzen Kaiyos, Mahaens und der beiden Mütter hatten alle Kriegsgelüste aus den beiden Gemeinschaften ausgeschwemmt.

* * *

»Ihr habt gesehen, wie entsetzt ich war, als Kaiyo euch Biakadon übergab«, sagte ich und schnippte mit den Fingern, wie das die Sawi machen, wenn es spannend wird. »Als ich sah, wie Wumi sich vor Schmerz im Schlamm krümmte, war ich beinahe entschlossen, mich unter euch zu stürzen, Biakadon zu packen und ihn seiner Mutter zurückzugeben.«

Mahaen, Mahor und andere saßen schweigend da und versuchten, meinem Gedankengang zu folgen.

»Ich habe mir immerzu gesagt, wenn sie doch nur Frieden schließen könnten, ohne diese peinigende Übergabe eines Sohnes! Aber ihr sagtet ja dauernd, es gäbe keinen andern Weg!«

Ich beugte mich vor und legte die Handinnenfläche auf den Sagowedelboden. »Ihr hattet recht!«

Alle Augen im Männerhaus waren auf mich gerichtet.

»Als ich genauer darüber nachdachte, erkannte ich, daß ihr und eure Ahnen nicht die einzigen sind, die herausgefunden haben, daß für den Frieden ein Friedens-Kind nötig ist. *Myao Kodon,* der Geist,

*Oben: Anerkennung des Friedenskindes.*

*Unten: Frieden durch das Symbol einer »Wiedergeburt« bei den Asmat (s. S. 238)*

*Im Männerhaus.*

dessen Botschaft ich euch bringe, hat das gleiche gesagt – wirklicher Friede kann niemals ohne Friedens-Kind zustandekommen! Niemals!«

Irgendwie hatten die Sawi vergessen, jedesmal alles zu wiederholen, was ich sagte. Es war anscheinend unnötig geworden. Sie sahen in mir nicht mehr nur einen Gast in ihrem Männerhaus.

»Weil *Myao Kodon* will, daß die Menschen Frieden bekommen mit ihm und untereinander, hat er beschlossen, ein *tarop*-Kind auszusuchen, das gut und stark genug wäre, den Frieden ein für allemal fest zu begründen, nicht bloß für eine Weile, sondern für immer! Das Problem war nur – wen sollte er dazu bestimmen? Denn unter allen Kindern der Menschen war kein Sohn gut oder stark genug, um ein ewiges *tarop* zu sein.«

Ich hielt inne und versuchte ihre Mienen zu ergründen. Ihre Neugier war geweckt. »Wen hat er denn erwählt?« fragte Mahaen, der eben Käferlarven an einem Stock über dem Feuer röstete.

Ich antwortete mit einer Gegenfrage: »Hat Kaiyo das Kind eines andern Mannes hergegeben oder sein eigenes?« – »Er hat sein eigenes gegeben«, war die Antwort. »Und, Mahaen, hast du einen fremden Jungen hergegeben oder deinen eigenen?« – »Ich habe meinen eigenen gegeben«, erwiderte er und dachte an sein Leid.

»Genauso hat Gott es gemacht« rief ich, wobei ich rasch Mahaen ansah und dann den Kopf zur Wand drehte. Das ist eine Geste, die bedeutet: Denk darüber nach!

Ich fuhr fort: »Wie Kaiyo, so hatte auch Gott nur einen einzigen Sohn zu geben. Und geradeso wie Kaiyo gab er ihn trotzdem! Das Kind, Mahaen, das du hergegeben hast, war nichts, was du loswerden wolltest – es war dein *geliebter* Sohn. Biakadon war auch ein *geliebter* Sohn. Aber der Sohn, den Gott hergab, wurde noch viel stärker geliebt!« Mahaen drehte an seiner Nase, das hieß: Ich verstehe.

»Ich habe gemerkt, daß ihr die Worte eurer Ahnen hochachtet. Hört jetzt, was die Vorfahren der Tuans sagen über das *tarop*-Kind Gottes.«

Ich schlug eine englische Bibel auf und übersetzte einen Teil der Jesaja-Prophezeiung in die Sawisprache: »Uns ist ein Kind geboren, ein Sohn ist uns gegeben; und die Herrschaft wird auf seiner Schulter sein; und sein Name soll genannt werden: Wunderbarer Berater, allmächtiger Gott, ewiger Vater, Friedens-Fürst = *Tarop*. Seine Herrschaft und sein Friede werden kein Ende haben.« Und aus dem Johannesevangelium: »Gott liebte die Welt so, daß er seinen einziggezeugten Sohn gab, damit jeder, der an ihn glaubt, nicht verlorengehe, sondern ewiges Leben habe.« (Rückübersetzung aus der späteren Übersetzung D. Richardsons in die Sawi-Sprache.)

Die Männer beugten sich vor. Sie sahen auf das merkwürdige kleine »Blätterbüschel« in meiner Hand und waren verblüfft über die Botschaft, die darin eingeschlossen war und darüber, daß ich imstande war, diese Botschaft für sie herauszuholen. Mahaen sah mich an und fragte: »Ist er der Mann, von dem du uns schon erzählt hast? Der Jesus?« – »Ja, der ist es!« sagte ich.

»Aber du hast doch erzählt, ein Freund hätte ihn verraten. Wenn Jesus ein *Tarop* war, dann war es sehr unrecht, ihn zu verraten. Wir haben einen Ausdruck dafür. Wir nennen das *tarop gaman*. Es ist das Schlimmste, was jemand überhaupt tun kann!« – »Da hast du wieder recht!« sagte ich und schaute Mahaen in die Augen. »Das *Tarop*-Kind Gottes zu verachten ist das Schlimmste, was ein Mensch tun kann!«

Bisher, so dachte ich, war Judas ein »Super-Sawi« gewesen. Jetzt plötzlich war er ein Bösewicht.

»Erzähle uns mehr darüber!« sagte Mahaen und legte seinen Stock mit gerösteten Käferlarven beiseite.

※ ※ ※

Einige Stunden später wiederholte ich das Ganze im Männerhaus von Kamur. »Als du, Kaiyo, Biakadon hergabst, sollte damit nur kühles Wasser auf ein einziges Dorf – Haenam – gesprengt werden. Mahaen gab dir Mani, um nur mit einem einzigen Dorf Frieden zu schließen, dem deinen. Aber Jesus ist nicht ein *Tarop* für ein Dorf allein, sondern für die *ganze* Menschheit – nicht nur für Tuans, sondern auch für Asmat, Kayagar, Auya, Atohwaem und natürlich auch für euch!«

»Als du, Kaiyo, Biakadon hergabst, suchtest du dir genau den Mann aus, dem du das Leben deines Sohnes anvertrauen wolltest. Du wähltest Mahor, weil du ihn als den besten Mann dafür ansahst. Aber als *Myao Kodon* nach einem Mann suchte, der würdig wäre, seinen *Tarop* aufzunehmen, fand er niemanden! Wir waren alle miteinander für Gottes Friedens-Kind nicht würdig genug. Aber meint ihr, *Myao Kodon* hätte gesagt: ›Ich kann meinen Sohn nicht hergeben, weil sie alle unwürdig sind‹?«

Ernste Gesichter sahen mich durch die Rauchwolken an. Sie warteten auf die Antwort zu dieser rhetorischen Frage.

»Nein, das tat er nicht. Er sagte tatsächlich: ›*Kwai fidaemakon!* Ich will ihn trotzdem hergeben!‹«

Wieder wandte ich mich an Kaiyo. »Höre, Kaiyo, wenn jemand dich gewarnt hätte, die Leute von Haenam würden, wenn du Biakadon hergibst, ihn verachten und sogar erschlagen – hättest du ihn trotzdem hergegeben?« – »Nein, natürlich nicht!« sagte er.

»Aber bei Jesus«, fuhr ich fort, »wußte *Myao Kodon* schon im voraus, daß die Menschen ihn verachten und das ihnen gesandte Friedens-Kind eines Tages erschlagen würden.«

Über Kaiyos Gesicht glitt ein Ausdruck tiefster Ehrfurcht, während er auf meine nächste Feststellung wartete:

»Aber *Myao Kodon* liebt uns so sehr, daß...«

Im Männerhaus herrschte lautlose Stille.

»...er seinen Sohn freiwillig hergab, obwohl er wußte, sie würden ihn verachten und umbringen. Tatsächlich ist es so, daß durch die Weisheit *Myao Kodons* die Menschen, die das Blut Jesu vergossen, dadurch ein *raendep*, ein Sühneopfer beschafften, das Gottes Zorn gegen die Menschen löschte.

Sie erschlugen ihn auf bösartige Weise; aber *Myao Kodon* war so *maraviap*, so erfinderisch, daß auch das Schrecklichste, das Menschen taten, nur seine Pläne fördern könnte. Wäre er das nicht gewesen, bestünde keine Hoffnung für irgendeinen von uns.«

Ich wollte gerade von der sieghaften Auferstehung des Friedens-Kindes berichten, als mich ein Laut scharfer Pein unterbrach. Er kam von Hato. Ich erschrak über den Blick voll dunkler Qual des einäugigen Patriarchen.

Hatos Sohn Amio erklärte: »Nicht lange vor deinem Kommen gab mein Vater ein Friedens-Kind an die Kayagar ab. Sie nahmen das Baby, übergaben ihrerseits aber keins.« Er krümmte sich, als er fortfuhr: »Später hörten wir, sie hätten das Baby getötet und gegessen.«

Ich zog den Atem scharf ein vor Entsetzen. Dann streckte ich die Hand aus, berührte Hatos Hand und fühlte mich eins mit ihm in stummer Pein.

Amio erklärte weiter: »Wir erfuhren dann, daß die Kayagar den Frieden nicht damit besiegeln, daß sie die Hände auf den lebendigen *tarop* legen, sondern indem sie sich das Fleisch des *tarop*-Kindes buchstäblich einverleiben. Auf diese Weise beendet ein zufälliger Tod des Kindes nicht den Frieden, weil es immer noch in jedem *drin* lebt!

Die Leute von Haenam und Yohwi schalten uns und sagten: ›Ihr Kamurleute versteht die Kayagar nicht. Ihr versteht bloß die Auya. Wenn wir gewußt hätten, daß ihr den Kayagar ein Friedens-Kind geben wolltet, hätten wir euch gewarnt!‹«

Ein anderer sagte: »Das war der Grund, weshalb wir beinahe mit den Kayagar in Streit gerieten an dem Tag, als du anfingst zu bauen.«

Betäubt von diesen komplizierten Zusammenhängen saß ich da und dachte nach. Plötzlich hörte ich Hato leise sagen: »*Myao Kodon nohop kahane savos kysir nide!*«

Seine Worte trieben mir die Tränen in die Augen. Er hatte gesagt: »Myao Kodon muß geradeso betrübt gewesen sein wie ich.«

* * *

Am nächsten Tag beugten sich wieder rauchumwölkte Gestalten vor und hörten zu, als ich im düsteren Männerhaus des Dorfes Seremeet, mehrere Kilometer flußabwärts, meine Botschaft wiederholte.

»Bei einem Sawi-*tarop*«, erklärte ich ihnen, »nehmt ihr es ganz leiblich in euer Haus auf, und es ist auf eure Fürsorge und euren Schutz angewiesen. Aber bei Gottes *Tarop* ist das anders. Niemand kann es leiblich aufnehmen.«

»Wie können wir es denn sonst aufnehmen?« fragte ein aufmerksamer Zuhörer namens Morkay.

»Ihr nehmt *Myao Kodons* Friedens-Kind auf, indem ihr seinen Geist in euer Herz aufnehmt«, erwiderte ich. »Dann wird er euer Beschützer und Erhalter. Und wenn der Geist Jesu in euren Herzen wohnt, dann gibt *Myao Kodon* euch seinen Namen. Ihr tretet dann wirklich in ein *hauwat* ein, in ein Namenstausch-Verhältnis mit dem Gott des Himmels und der Erde.

Er wird eure Namen mit dem Namen seines Sohnes verbinden und euch um seinetwillen annehmen. Er wird dann in euch sein und ihr seid in ihm, genauso wie Kamur in Haenam und Haenam in Kamur war bei ihrem Schlußtanz!«

Ein Murmeln erhob sich und lief beide Seiten des langen Mittelgangs entlang. Als es verklang, erhob ich mich, um ihnen die Ähnlichkeit des göttlichen Geschehens eindringlich klarzumachen, wie ich es in den Männerhäusern Haenams und Kamurs gemacht hatte. Alles schaute mich erwartungsvoll an, als ich hochaufgerichtet neben einem hohen Stoß Feuerholz stand.

»Eure Vorväter haben ungezählte Monde lang ihre Kinder hergegeben, um Frieden zu schaffen – ohne zu wissen, daß *Myao Kodon* schon längst ein vollkommenes Friedens-Kind für alle Menschen vorgesehen hatte: seinen eigenen Sohn! Und weil eure Kinder nicht stark und kräftig genug waren, konnte der Friede nie dauern. Die Kinder starben, und ihr gerietet wieder in Krieg miteinander.

Das ist der Grund, weshalb *Myao Kodon* mich geschickt hat. Ich soll euch über das Friedens-Kind berichten, das stark ist – das *Tarop* für alle Zeiten – Jesus! Von jetzt an können Sawi-Mütter ihre Kinder ruhig an ihrer Brust behalten – Gott hat seinen Sohn für euch gegeben! Legt eure Hände auf ihn im Glauben, dann wird sein Geist in euren Herzen wohnen und euch auf dem Weg des Friedens festhalten!«

Ich schwieg einen Augenblick, um mir meiner Abhängigkeit vom

Geist Gottes erneut bewußt zu werden. Dann rief ich: »Wenn eure *tarop*-Kinder, die schwach waren, euch Frieden bringen konnten, wieviel größer muß dann der Friede sein, den Gottes vollkommenes *Tarop* euch bringt!«

Und da hörte ich es wieder – den weichen nasalen Laut, den ich tags zuvor bei den Sitzungen mit Haenam und Kamur entdeckt hatte. Die Sawi nennen ihn *yukop kekedon yah motaken*. Er drückt tiefe Sorge aus. Ich hörte die winzigen Explosivgeräusche um mich herum.

Ein Mann namens Sieri sprach aus, was alle dachten:

»*Sin bohos!* Es ist wahr, unsere tarop-Kinder sind nicht kräftig! Ich kannte einmal einen Mann, der seinen Sohn als *tarop* seinen Feinden übergab. Er wartete ein paar Tage, dann wagte er einen freundschaftlichen Besuch in jenem Dorf, dem er das Kind übergeben hatte. Aber als er sich dem Männerhaus näherte, stürzten Männer heraus und bedrohten ihn mit ihren Speeren. Er rief: ›Warum bedroht ihr mich? Ich habe euch doch meinen Sohn gegeben!‹ Sie antworteten: ›Ja, du hast uns deinen Sohn gegeben; aber er ist letzte Nacht gestorben – also, was willst du hier?‹ Und dann töteten sie ihn!«

Diese Erinnerung löste weitere *yukop kekedon yah motaken* aus. Die Männer rieben sich die Ellbogen; das bedeutete: »Was hätten wir tun sollen?«

Ihre Blicke verrieten mir, daß ich nicht nur eine Parallele zwischen ihrer Kultur und dem Evangelium entdeckt, sondern auch einen wunden Nerv berührt hatte – die offenbare Unzulänglichkeit des Sawi-Friedens-Kindes! Alle miteinander zuckten sie zusammen, als ich unbarmherzig in dieser Wunde bohrte.

Sie wußten, der Plan mit ihrem Friedens-Kind war das Beste, was sie tun konnten. Nun entdeckten sie – was ich schon vor neun Jahren herausgefunden hatte –, daß das Beste des Menschen einfach nicht gut genug ist! Sie fingen an zu erkennen, daß in dem Sohn Gottes das wahre Sein jedes Menschen verborgen liegt und zu finden ist.

Und wenn du dieses dein wahres Selbst nicht in ihm findest, *verlierst du es! Für immer!*

Ich setzte mich wieder und fing an, mit ihnen über die Veränderung im Betragen zu sprechen, die der Annahme eines Friedens-Kindes folgt. Ich verfolgte eine weitere Parallele zwischen ihrer Kultur und dem Evangelium – den Glauben an die Buße.

Wieder herrschte lautlose Stille im Männerhaus.

# Unter Krokodilen gekentert

Während der Monate März, April und Mai des Jahres 1963 fuhr ich damit fort, in den Männerhäusern einer Reihe von Sawi-Dörfern die Geschichte vom Friedens-Kind Gottes zu berichten. Dabei lud ich jeden ein, der nach Gottes Friedensgrundsätzen leben wollte, ihn aufzunehmen. Ich tat das behutsam, nicht drängerisch. Kani, Mahaen, Hato und andere hörten gespannt, ja verlangend zu. Aber jedesmal, wenn sie vor der Schwelle zur Entscheidung standen, schreckten sie noch zurück.

Ihre Hauptsorge war die Furcht vor der Reaktion der Dämonenwelt. Wie würden die Geister diese radikale Abkehr von der überkommenen Ahnentradition, wie der Tuan sie vorschlug, aufnehmen? Wenn die Geister ungnädig reagierten – und die Sawi glaubten das ganz fest –, konnte dann der Tuan und sein Gott die Abgefallenen mit ihren Frauen und Kindern vor Unglück bewahren und beschützen? Sicherlich, die Gründe, die dafür sprachen, Gottes Friedens-Kind anzunehmen, waren vernünftig und überzeugend – fast jedermann verstand jetzt, weshalb der Tuan und seine Frau gekommen waren –, aber wie würden die praktischen Auswirkungen sein?

Ich meinerseits fragte mich, wieviel es noch brauchte, um diese Männer mit ihren Familien zu Jesus zu ziehen.

Ich hatte ihnen den Herrn Jesus auf eine Weise nahegebracht, die ihre eigenen Vorstellungen von Frieden und Erlösung aufgriff. Ich hatte den Schlüssel verwendet, den Gott vorgesehen hatte, und ihnen so dazu verholfen, das Evangelium wirklich zu verstehen. Die Glaubensgrundlagen waren ihnen deutlich gemacht worden. Aber immer noch fehlte etwas, das ihrer Übergabe an Gott den letzten Anstoß gab!

Wodurch nur konnte ich sie noch besser überzeugen und gewinnen? Ich hatte keine Ahnung von den Möglichkeiten, die Gott immer noch für die Sawi bereithielt. Ebenso ahnte ich nicht, was es uns persönlich kosten würde, Werkzeuge dieser göttlichen Überzeugungskunst zu sein.

\* \* \*

Im Mai 1963 überließ die holländische Regierung den bisher von ihr verwalteten Teil Neuguineas den Vereinten Nationen zur Übertragung der Regierungsbefugnisse an Indonesien, was acht Monate danach geschehen sollte. Die Sawi und ähnliche Urwaldstämme merkten erst einige Jahre später, welch einschneidende Veränderungen dieses politische Ereignis für ihre Zukunft mit sich brachte.

Das Grundkonzept der holländischen Verwaltung war es gewesen, hier und da einige weit verstreute Außenposten einzurichten, wobei dazwischen liegende Wildnisgebiete praktisch unberührt und unbeaufsichtigt blieben. Dieses Verfahren, nur die allergeringste Entwicklung durchzuführen, hatte bewirkt, daß Stämme wie die Sawi noch bis in die frühen sechziger Jahre unseres Jahrhunderts hinein unbelästigt blieben. Nur selten drang eine Regierungspatrouille, ein Forscher, Naturwissenschaftler, Goldgräber oder Jäger in diese riesigen unkontrollierten Gebiete ein, wenn aber doch, dann wurde nur wenig mitgenommen und auch nur wenig verändert.

Die indonesische Herrschaft sollte jedoch aufsehenerregende Änderungen bringen. In jedem nur irgend erreichbaren Dorf wurden Volkszählungen durchgeführt. Polizeistreifen sorgten zwangsweise für Einhaltung der bürgerlichen Gesetze. Staatlich besoldete Lehrkräfte richteten behördlich anerkannte Schulen ein, in denen der Unterricht auf Indonesisch erteilt wurde. Das Schlagen der Eisenholzbäume und anderer wertvoller Nutzhölzer wurde im großen Umfang aufgenommen. In manchen Gegenden wurden Krokodile um ihrer wertvollen Haut willen fast völlig ausgerottet.

Westliche Öl- und Kupferminen-Gesellschaften errichteten in der Urwildnis plötzlich massiv gebaute Stützpunkte. Bald sollte das Schnattern und Miauen der Zikaden und Paradiesvögel vom Dröhnen der Dieselgeneratoren, dem Knattern der Hubschrauber und dem Donnern der Gesteinssprengungen übertönt werden.

Eine noch größere Umwälzung sollte dadurch erfolgen, daß die Schleusen sich öffneten zu einer hohen Einwanderungswelle aus so übervölkerten Inseln wie Java, Sumatra und Celebes. Innerhalb einer Generation sollten die Sawi und die übrigen achthunderttausend Neuguinesen zu einer Minderheit in ihrem eigenen Land werden.

Dies waren nur einige der riesigen Veränderungen, die sich 1963 am Horizont abzuzeichnen begannen. Aber sie mußten die Sawi und andere unvorbereitete Stämme fast zwangsläufig in schwere kulturelle Richtungslosigkeit, sich daraus ergebende Teilnahmslosigkeit und sogar in den Untergang stürzen, wenn nicht...

Wenn nicht wir, als die ersten Vertreter dieser Umwandlung, die unter ihnen lebten, sie erfolgreich auf ihr Überleben in der modernen Welt vorbereiten konnten. Aus diesem Grund mußten wir ihnen nicht nur die Hoffnung des Christen auf ewiges Leben weitergeben, sondern auch eine Sittenlehre, die stark und widerstandsfähig genug wäre, daß diese Menschen die Zerreißprobe des Übergangs vom Steinzeitalter in das zwanzigste Jahrhundert durchstehen könnten.

Wohlverstanden, diese neue Moral mußte irgendwie mit ihrer alten Kultur verbunden werden. Um ihres eigenen Wohlergehens willen mußten sie dadurch in den Stand gesetzt werden, Gut und Böse in neuen und fremden Zusammenhängen zu unterscheiden und sich dann auch dazu bewogen fühlen, das Gute zu wählen! Um wirklich von Dauer zu sein, mußte diese Sittenlehre aus dem Vertrauen auf die unwandelbare Liebe und Gerechtigkeit Gottes entspringen.

Ich war restlos davon überzeugt, daß die Bibel in meiner Hand die gottgesandte Vermittlerin einer derartigen Ethik sei. Als solche war sie der Schlüssel zum Wohlergehen des Sawivolkes sowohl in dieser als auch in der zukünftigen Welt. Aber um ihre volle Wirkung entfalten zu können, war etwas lebenswichtig, was bis dahin all unser Gebet, unsere Überredungskunst und Mühe nicht hatten schaffen können – die Menschen mußten auf das Wort reagieren!

Dabei näherte sich die Zeit zur kulturellen Vorbereitung der Sawi rasch ihrem Ende.

In der Zwischenzeit, während die Diplomaten in New York, Den Haag und Djakarta ihre Vertragsdokumente unterzeichneten, gingen Kopfjägerei und Kannibalismus am Kronkel weiter. Wenige Monate zuvor hatten Asmat vom Unterlauf des Kronkel sieben Sawi-Jugendliche aus dem Dorf Mauro geköpft und gegessen. Später dann, im Mai 1963, versuchten die Asmat den Vergeltungsmaßnahmen der Sawi zuvorzukommen, indem sie Geschenke als Friedenszahlung nach Mauro sandten. Mauro nahm die Gaben an und versprach Frieden; in Wirklichkeit sahen die Bewohner aber diese Bezahlung als in keiner Weise bindend an. Ein paar Messer, Halsketten aus Hundezähnen und anderer Kram konnten doch ein Friedens-Kind nicht aufwiegen und waren durchaus kein Ersatz für den Verlust von sieben jungen Männern.

Da die Asmat glaubten, die Sache sei erledigt, ließen sie in ihrer Vorsicht nach.

Am 20. Mai sammelte eine Gruppe Männer, Frauen und Kinder aus Asmat an einer schlammigen Uferstelle des Kronkel Garnelen ein. Plötzlich war das Gebüsch über ihnen voller bewaffneter Sawi. Nur ein Mann entkam, indem er mit der Kraft der Verzweiflung den Kronkel abwärts paddelte, obwohl ein abgebrochener Speerschaft aus seinem Rücken ragte. Die Köpfe der übrigen wurden bald auf Bogenspitzen gespießt und an den Wänden des Mauro-Männerhauses aufgereiht. Von dort aus starrten sie herab auf ihr eigenes Fleisch, das über den Feuerplätzen brutzelte.

Da die Mauro schwerste Wiedervergeltung der Asmat fürchteten, zogen sie tiefer hinein in die Sagosümpfe. Das Dorf Seremeet tat dasselbe, da die Leute Angst hatten, wenn die Asmat das Dorf Mauro nicht fänden, würden sie weiter flußaufwärts gehen und sich stattdessen auf Seremeet stürzen.

Auch Haenam, Kamur und Yohwi überlegten sich aus Furcht vor den Asmat, ob sie unseren Standort am Fluß aufgeben sollten. Aber dann beschlossen sie, dazubleiben, um uns zu beschützen! »Unsere drei Dörfer zusammen haben Männer genug, auch einer großen Streitmacht der Asmat zu widerstehen«, sagten Hato und Kigo.

Dann setzte Hato ernsthaft hinzu: »Tuan und Nyonya, wir hier haben die Kopfjägerei und den Kannibalismus aufgegeben um euretwillen, aber alle um uns herum...« Er beschrieb mit seinem Bogen einen Kreis gegen den Horizont.

»Ich weiß«, erwiderte ich. »Ich weiß auch, wenn Carol und ich euch verließen, würdet ihr bald in Kopfjägerei und Menschenfresserei zurückfallen. Denn ihr habt das *Tarop* Gottes nicht gebetet, euch neue Herzen zu geben.«

Hato überlegte sich das einen Augenblick. »*Sin bohos komai,* ich denke, du hast recht!« erwiderte er schließlich.

Im Juni dieses Jahres kehrten Carol, Stephen und ich in das kühle Karubaga im Zentralen Hochland zurück, um die Geburt unseres zweiten Kindes abzuwarten. Am 21. Juni verhalf Dr. Jack Leng von der RBMU unserem Sohn Shannon Douglas ans Licht der Welt.

\* \* \*

Am 1. Juli 1963 kamen wir mit unsern beiden Kindern zu den Sawi zurück. Wir hatten aber auch einen Gast mitgebracht, Winifred Frost aus Kanada, eine Kollegin von uns. Sie hatte beschlossen, ein paar Urlaubstage bei uns zu verbringen, um die Anfänge einer Pionierarbeit unter einem neuen Stamm mitzuerleben. Wir besaßen jetzt einen 18 PS-Außenbordmotor und ein etwa sieben Meter langes Einbaumkanu, das von Hato, Maum und Kani unter meiner genauen Überwachung mit zwei den Sawi völlig neuen Gegenständen ausgestattet worden war: einem Kiel zur Verstärkung der Gleichgewichtslage und einer Halterung für den Außenbordmotor.

Am späten Nachmittag des 4. Juli packten wir Essensvorräte ein und gingen mit Winifred und unseren zwei Kleinkindern auf Fahrt. Wir wollten von Kamur aus flußaufwärts eine geruhsame Bootsreise unternehmen. Unseren Hausjungen Mavo hatten wir als Helfer und Führer dabei. Als wir vom Ufer ablegten, wies ich Mavo an, sich ganz weit vorn in den Bug des etwa einen Meter breiten Kanus zu setzen und auf etwaige unter Wasser treibende Baumstämme achtzugeben.

»Mavo«, sagte ich, »wenn du einen Stamm siehst, dann winke mir.« Dann erhöhte ich die Fahrgeschwindigkeit auf etwa zwölf Knoten. Mavo hatte zwar zustimmend genickt, aber als der Motor aufheulte und das Boot davonschoß, sah ich, wie seine Augen sich vor Angst weiteten, denn für ihn war die Geschwindigkeit – das dreifache der gewohnten – einfach halsbrecherisch. Ängstlich hielt er sich an den Kanuwänden fest. Aber ich war überzeugt, er werde sich nach ein paar Minuten an die Geschwindigkeit gewöhnen und sich ebenso entspannen wie Hadi und Er auf der *Ebenezer.*

Zehn Minuten später umrundeten wir eine von dichtem Dschungel eingefaßte Flußbiegung, fast zwei Meilen von Kamur entfernt. Plötzlich drehte Mavo sich um und winkte mir aufgeregt zu, seitwärts auszuweichen. Ich dachte, vor uns müsse ein untergetauchter Stamm liegen, und zog das Fahrzeug eine Kleinigkeit zu scharf nach links. Trotz des eingebauten Kiels begann der Einbaum umzuschlagen.

Ich versuchte, das Gleichgewicht des Bootes wieder herzustellen und drückte nach rechts hinüber.

Aber es war schon zu spät. Eine schreckliche Sekunde lang, die mir wie eine Ewigkeit vorkam, sah ich, wie Carol, die den dreizehn Tage alten Shannon fest an sich preßte, unter der Wasseroberfläche verschwand, wie Stephen in der schwarzen Tiefe versank, wie Winifred und Mavo sich vergeblich gegen die Wand des Kanus stemmten, um das Umschlagen zu verhindern...

Dann prallte ich selbst auf dem Wasser auf, noch den Steuerhebel des Außenbordmotors in der Hand. Schwach hörte ich, wie der Motor unter Wasser weiterbrummte und wie der Propeller gefährlich dicht an meiner Schulter sich weiterdrehte. Dann starb das Geräusch ab, und wir trieben still mitten auf dem krokodilverseuchten Kronkel dahin.

Winifred und Mavo tauchten fast sofort wieder auf und erreichten das kieloben treibende Boot. Mavo zog sich aus Furcht vor den Krokodilen gleich hoch und saß wie betäubt auf dem Kiel. Carol, Stephen und Shannon waren nirgends zu sehen. In tiefer Verzweiflung betete ich: »Gott, hilf mir! Ich muß sie finden, ehe die Strömung uns voneinander trennt.« Und dann brach ein zweiter Gedanke wie eine Explosion in mein Gehirn ein: »...und ehe ein Krokodil sie findet!«

Ich wußte, es hatte wenig Zweck, sie mit den Augen zu suchen, denn der von Algen durchzogene Kronkel war dunkel wie Teebrühe. Statt dessen schwamm ich dorthin, wo Carol verschwunden war und angelte mit Armen und Beinen nach allen Richtungen umher, in der Hoffnung, sie irgendwo zu fassen zu bekommen.

Plötzlich tauchte Shannons Gesichtchen genau vor mir aus dem Wasser auf. Carol mußte ihn wohl nach oben gestemmt haben, dachte ich und griff schleunigst nach dem Kind. Ich drückte ihn samt den ihn umhüllenden nassen Decken in Mavos Arme. Shannon brach sofort in erschrecktes Brüllen aus. »Gut«, dachte ich, »das zeigt, daß er kein Wasser in die Lungen bekommen hat.«

Als ich mich herumwarf, um weiter nach Carol und Stephen zu suchen, tauchte Carol auf. Ich ergriff ihr Handgelenk und zog sie nahe zum Einbaum, wobei ich sie anwies, sich am Kiel festzuhalten.

Jetzt ging es um Stephen. Rasch überschaute ich das Wasser, ob sich nicht wenigstens eine kleine Hand zeigte. Aber ich sah nur die sonnenglitzernden Wellen und unter der Oberfläche – Dunkelheit...

Irgendwo in dieser Finsternis kämpfte mein neunzehn Monate alter Sohn mit dem Tod und war vielleicht schon in den unergründlichen Schlick des hier etwa sieben Meter tiefen Kronkel hinabgesunken. Wieder angelte ich mit Armen und Beinen umher, voller Verzweiflung streckte ich mich aus, so weit ich konnte – nichts! »Vielleicht ist er unter den Einbaum geraten. Vater im Himmel, halt die Krokodile fern!«

Plötzlich schoß mir der Gedanke durch den Sinn, Mavo könne vom Kiel des Kanus aus besser unter die Oberfläche schauen als ich, allerdings nur, wenn Stephen noch nicht zu tief hinuntergesunken war.

»Mavo, kannst du Stephen sehen?« schrie ich in steigender Angst. Die Frage riß ihn aus seiner Betäubung. Er schaute genau umher. Dann deutete er. In neu aufkeimender Hoffnung schwamm ich in die angegebene Richtung und sah, was Mavo entdeckt hatte – das im trüben Wasser verzerrte, schwach sichtbare Blond der Haare. Im nächsten Augenblick hatte ich Stephen in den Armen.

Ich glaubte, er müsse ganz sicher Wasser eingeatmet haben. Aber ich irrte mich. Gott hatte in seiner Barmherzigkeit ihm den Verstand gegeben, unter Wasser nicht zu atmen. Als ich ihn an die Oberfläche riß, tat er einen tiefen Atemzug und begann zu schreien. Gleich darauf hatte Mavo ihn unter dem andern Arm!

Nun ging es darum, alle an Land zu bringen. Sollten wir das Kanu im Stich lassen und mit den zwei Kindern zum Ufer schwimmen? Ich entdeckte unsern Essenbehälter aus Plastik in der Nähe. Wir konnten ihn benutzen, um das Kanu auszuschöpfen, aber das würde mindestens zehn Minuten dauern. So lange würden die Krokodile ganz gewiß nicht warten und die fast fünf Meter langen Pythonschlangen, von denen der Kronkel wimmelt, auch nicht.

Die Schwierigkeit lag darin: wenn ein Krokodil einem von uns den

Weg zum Ufer abschnitt, hatte man nirgends einen Halt, um sich gegen das Hinuntergezogenwerden zu wehren. Aber natürlich – bei einem wirklich großen Krokodil würde auch das Festhalten am Kanu nichts nützen.

Wenn doch nur jemand mit einem Kanu in der Nähe wäre! Aber es bestand wenig Hoffnung zu dieser Tageszeit, es war ja nur noch etwa eine Stunde vor Einbruch der Dunkelheit. Da würde kaum noch jemand unterwegs sein.

»O Gott, hilf uns!« flehte ich wieder aus der Tiefe meines Herzens. Da hörten wir es! Aufgeregtes Paddeln – und in etwa 200 Meter Entfernung schoß ein schwarzes Sawi-Kanu aus der Mündung eines kleinen Nebenflusses hervor. Nach und nach erkannten unsere ungläubigen Augen zwei Gestalten im Boot – Mavos eigenen Vater Taeri und seine jüngere Schwester Aray.

»Schnell, Taeri!« übertönte Mavo das Geschrei unserer Kinder. Dabei paddelte Taeri sowieso schon so schnell, daß sein Paddel fast zerbrach!

Eine Minute später waren sie neben uns und stoppten ihr Kanu mit langen Paddeln aus Eisenholz ab. Sie halfen Carol in das schlanke Fahrzeug, dann reichte Mavo ihr Stephen und Shannon hinüber. Weil Taeris Einbaum so klein war, entschloß sich Winifred, lieber ans Ufer zu schwimmen, um ein nochmaliges Umschlagen zu vermeiden. Taeri paddelte neben ihr her, bereit, die scharfe Paddelspitze als Waffe zu gebrauchen, falls ein Krokodil angreifen sollte.

Noch während sie auf dem Weg waren, drehten Mavo und ich unsern Einbaum schon um und begannen mit dem Ausschöpfen, wobei wir den Plastikbehälter und unsere gewölbten Hände zu Hilfe nahmen. Ich merkte, daß Mavo mich fortwährend furchtsam anschaute.

Gegen die Strömung paddelnd, erreichten wir das Ufer eben vor Anbruch der Dunkelheit. Wir zitterten in unserer nassen Kleidung und beim Gedanken an die kaum überstandene Gefahr. Sawi-Dorfbewohner standen am Ufer und fragten angstvoll, was passiert sei. Als wir an Land kletterten, berichtete ich ihnen von dem Unfall, wobei ich sehr betonte, daß alles meine eigene Schuld war.

Aber niemand hörte mir zu. Statt dessen fielen sie über den armen

Mavo her, schmähten und bedrohten ihn, weil er so unvorsichtig mit dem Tuan und seiner Familie gewesen sei. Jetzt begriff ich, warum Mavo nach dem ganzen Unglück so voll Furcht gewesen war. Da das Umschlagen eines Kanus gewöhnlich den Verlust wertvoller Äxte, Macheten und Messer, womöglich auch den Tod von Menschen bedeutete, wurde dies unter den Sawi als schweres »Verbrechen« angesehen und die Schuldigen mit bitteren Beschuldigungen überhäuft, manchmal gab es sogar Blutvergießen.

Mavo saß in der Patsche, und er wußte es. Jammervoll und angsterfüllt kauerte er vor Hato und den andern, die ihn mit ihrem Grimm überschütteten.

Plötzlich wandte Hato sich zu mir. Er hatte ein kräftiges Schlingpflanzenstück in der Hand. »Tuan«, sagte er zornig, »du brauchst es bloß zu sagen, dann verprügle ich ihn mit diesem Ding!«

Ich sah, daß er meine Einwilligung ohne weiteres erwartete. Aber während Carol und Winifred die Kinder in unser Haus brachten, ging ich an Hato vorbei und legte Mavo den Arm um die zitternden Schultern. Dann sah ich dem alten Häuptling in die Augen und sagte ruhig: »Keiner von euch hebt die Hand gegen meinen Freund Mavo. Ohne seine Hilfe hätte ich leicht eins meiner Kinder im Wasser verlieren können. Solange ich lebe, bleibt Mavo für mich ein geliebter Sohn!«

Hatos Gesichtsausdruck veränderte sich jäh. Die andern Sawi hörten in verblüfftem Schweigen zu, als ich fortfuhr: »Statt Mavo zu schmähen, solltet ihr lieber mit mir *Myao Kodon* danken, daß er uns vor Unheil bewahrt hat!«

Hato ließ langsam seine Schlingpflanzenpeitsche sinken, dann senkte er den Kopf. Die andern folgten seinem Beispiel und lauschten stumm, während ich in ihrer Sprache Gott aus tiefster Seele dankte. Als ich die Augen öffnete, begegnete ich Mavos Blick, seine Augen schwammen in Tränen.

Wir hoben zusammen den überschwemmten Außenbordmotor aus dem Kanu und trugen ihn ins Haus. Es würde einige Arbeit kosten, ihn wieder in Gang zu bringen.

*  *  *

Am folgenden Sonntag sprach ich zu einer großen Versammlung von Sawi- und Atohwaem-Leuten über »Christus, der Träger unserer Sünden«. Nach der Zusammenkunft kam ein hochgewachsener junger Atohwaem namens Yodai zu mir. Da er auch die Sawisprache beherrschte, hatte Yodai schon mehrere Monate lang der Evangeliumsverkündigung aufmerksam gelauscht.

Oft hatte er an unserem vorderen Hauseingang gestanden und still beobachtet, wie wir aßen, arbeiteten, beteten, miteinander sprachen und mit unseren Kindern spielten. Gelegentlich hatte er uns geholfen, Stephen zu beschäftigen oder mit ihm spazieren zu gehen. Der fast tragische Ausgang des Unfalls auf dem Fluß hatte ihn tief erschüttert.

Jetzt sah er mich an und sagte in seiner ruhigen, sachlichen Art: »Ich bin bereit, an Jesus zu glauben, der von Gott kam.«

Ich nahm ihn beiseite und lehrte ihn zu beten. Ich freute mich, als er anfing, in der Sawisprache zu beten, weil ich zuhören wollte. Aber nach ein paar Sätzen hielt er inne und bat mich, in seiner eigenen Muttersprache weiterbeten zu dürfen, damit er Gott seine Gefühle besser ausdrücken könne. – »Ja natürlich, Yodai«, sagte ich.

Sofort brach er in einen Strom von Atohwaem-Worten aus. Für mich war alles völlig unverständlich, aber als er innehielt, zeigte mir das Leuchten seiner Augen, daß Gott ihn verstanden und alles Gesagte angenommen hatte. Gemeinsam freuten wir uns in dem Herrn und gingen dann heim.

Mavo stand in einiger Entfernung, beobachtete alles und drehte dabei immerzu einen Stock in seinen Händen.

Die Freude auf Yodais Gesicht erregte in ihm ein seltsames Neidgefühl. Irgendwie wußte er innerlich, daß diese Freude auch für ihn da sei. Er hatte sogar schon davon geträumt. Jetzt wollte er sie auch haben, ohne Rücksicht auf irgendwelche Folgen.

Am gleichen Abend, nachdem er den letzten Teller nach unserem Abendbrot aufgeräumt hatte, stand Mavo da und wartete schweigend, bis ich das Verlangen in seinen Augen sah. Ein paar Minuten später war er auf dem Heimweg und die neue Freude durchströmte ihn ganz.

In der ersten Säule der Sawi-Überlieferung hatte sich ein kleiner Riß gezeigt. Der Einfluß der zweiten Säule hatte begonnen.

# Meine Leber zittert

Yodai und Mavo waren indessen nur zwei sehr junge Männer und keinesfalls führend in ihren Stämmen. Wenn die Stammeskultur als Ganzes umgewandelt werden sollte, war die Reaktion der Ältesten grundlegend wichtig. Das geschah einige Wochen später im Kamur-Männerhaus.

Ich hatte gerade meine Ansprache zum erneuten Ruhm des Friedens-Kindes Gottes abgeschlossen und war dabei, eine Einladung auszugeben an alle, die Gottes Friedensangebot annehmen wollten, da...

»Tuan Don!«

Ich wandte mich um. Hato hatte sich erhoben und stand breitbeinig und fest auf dem Sagowedel-Boden. Seine muskulären Arme waren hochverschränkt nach der Weise eines Obmannes. Seine Brust hob sich ungestüm, winzige Muskeln am Kiefer zuckten. Mit seinem einzigen Auge, das wie eine heiße Kohle glühte, sah er mich durch Rauch und Schatten des Männerhauses an.

Seit frühester Kindheit war ihm durch Verwandte und Freunde die Furcht der Sawi eingeflößt worden, irgend etwas zu sagen, zu denken, zu tun, zu essen, zu trinken, das von den Ahnen nicht genehmigt worden war. Wenn man dagegenhandelte, wurde einem das Beiwort *baidam* = tollkühn beigelegt. Einige Leute hatten Hato so genannt, als er zusammen mit Kigo und Numu es gewagt hatte, vor drei Jahren das holländische Flußboot zu erwarten.

Aber die Entscheidung, die er jetzt treffen wollte, erschien ihm noch weitaus gewagter. Wenn sie ihn schon als tollkühn bezeichnet hatten bei einer rein körperlichen Begegnung mit dem Unbekannten, wieviel mehr jetzt...

Hato sprach leise und entschlossen: »Deine Worte lassen meine Leber erzittern (du hast ein Verlangen in mir erweckt).«

Seine Stimme bebte vor Furcht und Entschlossenheit zugleich, als er fortfuhr: »*Myao Kodon fidasir Tarop Tim fasi fofadivi!*«

Ich war sehr gespannt gewesen, wie ein Sawi-Obmann sich ausdrücken und was für ein Gefühl das Gehörte bei mir auslösen würde. Jetzt wußte ich es. Denn Hato hatte gesagt: »Ich möchte das Friedens-Kind Gottes aufnehmen.« Und der Klang seiner Worte »sagte *ga! ga!* zu meinen Ohren« = erfüllte mich mit Glück!

Ich trat zu ihm und legte meine Hand auf seine Schulter. Seine Arme waren am Körper herabgeglitten, und er schien mich und die verwundert starrenden Männer um ihn herum vergessen zu haben. Sein Auge sah an mir vorbei und leuchtete in einem überraschend neuen Glanz. Es war kein Zweifel möglich – das war Freude des Geistes Gottes. »Ist ER hereingekommen?« flüsterte ich.

»*Ota, es!* Er ist hereingekommen!« bestätigte er und setzte hinzu: »*Jesus av!* Es ist Jesus!«

Ich wandte mich von Hato ab und sah die Augen jedes einzelnen im Männerhaus auf ihn gerichtet. Ich spürte, daß es gar nicht mehr notwendig war, das Geschehene zu erklären. Sie konnten die segnende Gegenwart dessen fühlen, der ihren Obmann heimgesucht hatte. Einige begannen, ihre Ellbogen zu reiben. Andere wanden sich unbehaglich. Von jetzt an konnte alles nur noch besser oder schlimmer werden. Aber nichts würde so bleiben wie es bisher war.

\* \* \*

Für die Juden war Jesus das *Lamm Gottes,* für die Griechen der *Logos,* das Wort. Aber für die Sawi war er *Tarop Tim Kodon,* das vollkommene Friedens-Kind – die ideale Erfüllung ihrer eigenen Erlösungserwartung. Über die Zeitalter hinweg hatte diese Erwartung wie eine Zeitbombe getickt, bis sie jetzt in der Evangeliumsverkündigung explodiert war. Von jetzt an würde jeder Sawi, der Christus ablehnte, nicht eine stammesfremde Idee abweisen, sondern den Vollender des Besten seiner eigenen Kultur!

Ich rannte nach Haus und fand Carol strahlend. Ich erzählte ihr von Hato, und sie sagte: »Hatos Tochter Kimi hat heute morgen mit mir zusammen gebetet. Sie sagte, ihr Vater wolle Gottes Friedens-Kind haben, und sie habe sich zum gleichen entschlossen!«

Ich nahm Carol in die Arme, und zusammen dankten wir Gott. Wir wurden unterbrochen, weil jemand mich an der Hose zupfte und leise auf Sawi rief: »*Navo!* Vati!« Stephen wollte mit dabei sein bei unserer Freude. Ich hob ihn hoch, und wir hielten ihn zwischen uns. Er war längst wieder gesund und sah blühend aus.

»Liebling«, flüsterte ich Carol zu, »dieser Ort hat...« – wie sollte ich es nur richtig ausdrücken – »man hat hier das Gefühl, mitten im Willen Gottes zu stehen.« – »Ich weiß«, gab sie zurück, »mir geht es genauso!«

Innerhalb von zwei Wochen hatte sich fast jeder aus Hatos Haushalt der Entscheidung des Partriarchen angeschlossen. Carol und ich begannen damit, sie fast täglich, wann immer sie im Dorf waren, zu unterrichten.

Eines Tages fragte ich Hato: »Was hat dich dazu gebracht, dich für das *Tarop* Gottes zu entscheiden?«

Er antwortete: »Als ich sah, daß Gottes *Tarop* dir sogar Frieden schenken konnte, als deine beiden Söhne fast ertrunken wären. Ich erkannte, daß alles, was du über ihn sagtest, wahr sein müsse. Da entschied ich, ihn auch für uns sorgen zu lassen.«

Hatos, Yodais und Mavos Obleute in allen umliegenden Dörfern beobachteten nun genau und voller Spannung, ob die Geister schärfer reagieren würden, als die drei geistlichen Wagehälse erwarteten. Für all diese andern Sawi würde man eine Überzeugungskraft auf noch höherer Ebene brauchen. Und wenn ich daran dachte, womit diese Überzeugungskraft vielleicht erreicht werden müsse, zitterte ich.

Meine Furcht war berechtigt.

# Lebendige Tote

»Warahai ist tot!«

Der Schrei hallte wie Donner wider zwischen den Langhäusern Haenams an jenem schrecklichen Tag im Januar 1964. Aufgeschreckt rannten Männer, Frauen und Kinder zu ihren Hauseingängen, als der Überbringer der tragischen Nachricht seinen Einbaum im seichten Wasser vor dem Dorf festmachte. Mit seinem langen Paddel deutete er auf die *kidari,* die lange, gerade Flußstrecke des Kronkel.

Drei überfüllte Kanus kamen rasch näher. Ein unheimlicher, bebender Klang begleitete sie – die Totenklage der Sawi. Unter den Zuschauern im Dorf brach Schluchzen aus. Als sich die drei Einbäume näherten, rasten einige der Wartenden aus ihren Häusern hinunter zum Fluß und warfen sich wild jammernd in die Wellen.

Wir sahen von unserem Haus aus zu, wie die drei Boote anlegten und Warahais schlaffer Körper auf den Schultern seiner Freunde in eins der Langhäuser getragen wurde. »Ein Jammer, daß sie ihn in den Dschungel mitnahmen, gerade als unsere Behandlung anzuschlagen begann«, sagte ich zu Carol und machte mich auf den Weg zu dem Haus, wo Warahai lag.

Wenn ich an jenem Tag daheimgeblieben wäre, hätte ich es leichter gehabt in der nächsten Zeit. Ich hätte an ihrem Kummer teilnehmen können, ohne jemals die Wahrheit zu erfahren. Aber etwas zog mich den wackligen Treppenpfosten hinauf in jenes verhängnisvolle Langhaus und unter die zuckenden, nackten, trauernden Männer. Dieses Etwas hieß mich auch dableiben, obwohl die Luft vom Schrecken des Todes so erfüllt war, daß man kaum atmen konnte, jedes Gesicht vor Schmerz um eine Menschenseele verzerrt war und die Klage mir in die Ohren donnerte wie eine Dauerexplosion.

Ich sah zwischen den Armen und Beinen hinunter auf den nackten Leichnam, der auf einer Grasmatte ausgestreckt lag. Augum, die Mutter des Toten, kauerte über den Körper ihres Sohnes gebeugt und bedeckte seine Lenden mit ihrem runzeligen Gesicht und ihren

Händen. Dies Tun beruhte auf dem Glauben der Sawi, wonach die Seele manchmal noch in den Zeugungsorganen zurückbleibt, selbst wenn andere Körperteile schon tot sind.

Andere nahe Verwandte lagen über den abgezehrten Beinen und der Brust des Toten und riefen seinen Namen. Dabei stachen sie ihn ins Fleisch und brannten ihn mit glühenden Kohlestückchen in dem vergeblichen Bemühen, irgendeine lebensähnliche Bewegung hervorzurufen.

Leben? Ich schaute noch einmal hin. Tatsächlich, der Tote atmete! Mir kroch es kalt über den Rücken. Die Trauernden täuschten das doch sicherlich nur vor, indem sie seinen Brustkorb eindrückten und losließen! Ich drängte mich näher heran, um ungehindert sehen zu können, aber die Trauernden gingen mit dem Körper jetzt so wild um, daß ich nicht mehr sicher sein konnte, ob er wirklich atmete.

Langsam griff ich nach Warahais Handgelenk. Mit furchtsamer Spannung tastete ich nach der Stelle, wo sonst der Puls schlug. Sofort fühlte ich ein schwaches Klopfen.

Erregt sprang ich auf. »Ich habe eine gute Nachricht für euch«, sagte ich und schwang die Arme, um ihre Aufmerksamkeit zu erlangen. »Ihr denkt, unser Freund sei tot. Wahrscheinlich hat er nur noch so schwach geatmet, daß ihr meintet, der Atem habe ausgesetzt. In der Qual eurer Trauer habt ihr nicht gemerkt, daß die Atmung sich wieder belebt hat.«

Ich brauchte mehrere Minuten, bis ich mit meiner Mitteilung durchdrang. Ich konnte es gar nicht erwarten, den Ausdruck der Trauer von ihren Gesichtern verschwinden und die Hoffnung aufleuchten zu sehen.

Schließlich griff Mavu ein und brüllte: »Seid ruhig! Der Tuan will was sagen!« Der Lärm ebbte ab bis auf ein leises Schluchzen und Stöhnen der nächsten Angehörigen. Endlich konnte ich sprechen.

»Warahai ist nicht tot!« rief ich. »Sein Puls schlägt noch. Wenn ihr genau hinschaut, könnt ihr sehen, daß er noch atmet!«

Ich glaubte, sie würden sich auf Warahai stürzen und selber Puls und Atmung prüfen. Nichts geschah! Niemand warf auch nur einen

Blick auf Warahais atmende Brust. Sie starrten mich nur stumpf an, als seien sie ungeduldig über die Unterbrechung ihrer Trauer.

Verstanden sie mich nicht? Ich wiederholte meine Mitteilung und fügte hinzu: »Ihr könnt aufhören zu klagen. Carol und ich werden Warahai die besten Mittel geben, die wir haben. Vielleicht wird er wieder gesund.«

Noch während ich sprach, sah Warahais eigene Frau Anai Mavu an und fragte erstaunt: »Wissen die Tuans nichts über den Tod?«

Mavus Antwort gab mir einen Schock: »Tuans sterben ja nicht, deshalb können wir natürlich nicht erwarten, daß er über den Tod Bescheid weiß. Wir müssen eben Geduld haben mit ihm!«

Die Sawi glaubten also, wir seien unsterblich!

»Du irrst dich, Mavu«, protestierte ich. »Wir Tuans sind dem Tod genauso ausgeliefert wie ihr. Mein Vater starb, als ich ein Junge war. Ich kenne den Tod.«

Mavu und die andern zeigten Erstaunen. Ich hatte gerade eine Legende zerstört. Dann meinte er: »Gut, du kennst den Tod, eben als Weißer. Aber« – Mavu sah trauervoll auf Warahais schwach atmende bewußtlose Gestalt, »– den Tod der Sawi verstehst du nicht, das ist ganz klar.«

»Warum sagst du das, Mavu?«

»Weil du meinst, Warahai lebt noch.«

»Aber du siehst doch selbst, daß er noch atmet!«

Mavu lächelte mich herablassend an. Dann fuhr er fort, als erkläre er einem Kind eine Lektion: »Warahai atmet noch, weil er im Zustand eines scheinbaren Lebens ist. Man nennt das *aumamay*. Manchmal funktioniert im Tod ein Körper noch eine Weile, nachdem seine Seele schon fortgegangen ist, aber das dauert nicht lange.«

»Wie könnt ihr *aumamay* von zeitweiser Bewußtlosigkeit unterscheiden?« fragte ich zurück.

Mavu lächelte erneut: »Die Geister teilen es uns mit!«

»Wie machen sie das?« drängte ich.

Einige der umstehenden Trauernden wurden ungeduldig. Die Sache war für sie so einfach und klar, daß eine Wiederholung unnötig schien. Ihre Totenklage durfte nicht länger unterbrochen werden. Erneutes Klagen setzte ein.

»Sie teilen es uns durch die Zauberin mit«, erklärte Mavu sachlich. Durch den sich wieder steigernden Lärm hindurch fragte ich: »Und wer ist die Zauberin, die sagt, Warahai liege im *aumamay?*«

Mavu deutete mit dem Kinn auf die Haenam-Zauberin Aham. Ich drehte mich um und schaute sie an. Sie starrte wild zurück, als erwarte sie einen Angriff.

»Aham hatte heute morgen eine Vision. Sie hat genau gesehen, wie Warahais Seele seinen Körper im *aumamay* zurückließ.«

»Das sagt sie!« gab ich zurück. Meine Gedanken überschlugen sich. Mavu schien den Sinn meiner Bemerkung nicht zu verstehen. Aham war die angesehenste Zauberin in unseren drei Dörfern. Den Sawi fiel es nicht ein, ihre Aussagen zu bezweifeln.

Wieder fingen die Trauernden an, Warahai grausam zu behandeln. Sie schrien ihm laut in die Ohren und brannten ihn mit glühender Kohle. Wenn das so weiterging, mußte er in seinem geschwächten Zustand bis Sonnenuntergang wirklich tot sein.

Damit würde der Glaube der Sawi an *aumamay* nur noch mehr bekräftigt. Und die Zauberin Aham hätte den Tod eines Kranken herbeigeführt, den wir vielleicht noch hätten retten können.

Vor Gottes Angesicht traf ich meine Entscheidung. Ich hob erneut die Arme und rief laut nach Ruhe. Aham beobachtete mich beunruhigt. Als der Krach abgeklungen war, warf ich ihnen den Fehdehandschuh hin. »Aham hat euch, im Namen der Dämonen, mitgeteilt, Warahai sei schon tot. Ich sage euch, im Namen Jesu, daß er noch lebt! Seine Seele ist immer noch in seinem Körper! Ich bitte euch jetzt, hört auf mit dem Klagen! Hört auf, ihn mit Kohlen zu brennen! Gebt uns Zeit, über ihm zu beten und ihn zu behandeln. Wenn er sich erholt...«

Mein Herz schlug heftig. Warahai sah nicht aus, als ob er sich noch erholen könne. Seine Bewußtlosigkeit schien dem Sawi-Begriff des *aumamay* nahezukommen, wahrscheinlich lag er im Koma. Ich war dabei, alles auf eine Karte zu setzen, wobei die Gewinnchancen alle auf seiten Ahams lagen.

»Wenn Warahai sich erholt, wenn er wirklich die Augen öffnet und zu euch redet und Nahrung zu sich nimmt – dann werdet ihr wissen, daß ich euch die Wahrheit im Namen Jesu gesagt habe. Aber wenn er« – ich wollte sagen »stirbt«, aber ich begriff, daß ihnen das Wort unverständlich sein mußte, weil sie ja glaubten, er sei schon tot, so fuhr ich fort: »Wenn sein Puls aufhört zu schlagen, dann dürft ihr Aham glauben, wenn ihr wollt.«

Mavu lachte laut auf. »Warahai kann sich unmöglich erholen!«

Jemand anders rief: »Spare deine Medizin für die Lebenden!«

Dann erhob sich der grauhaarige alte Boro. Er war Warahais ältester Bruder. Er erteilte einigen bei ihm sitzenden jungen Männern den schroffen Befehl: »Geht und baut ein Grabhaus!«

Die jungen Männer nahmen ihre Buschmesser und gingen gehorsam davon. Entsetzen schnürte mir die Kehle ab, als Boro mich ansah und sagte: »Wir begraben Warahai heute!«

# Die Macht des *Aumamay*

Die Sawi begraben ihre Toten, indem sie sie ganz fest in eine Grasmatte einwickeln und Hals, Körpermitte und Knöchel straff umschnüren. Dann wird die Leiche in einem kleinen Grabhaus, so groß wie ein Sarg, das in schräger Lage etwa anderthalb bis drei Meter über der Erde steht, beigesetzt. Da die Sawi ja völlig überzeugt waren, daß die Personen, die offiziell als in *aumamay* liegend erklärt wurden, bereits tot seien, hatten sie keinerlei Skrupel, diese ebenso zu bestatten.

Mich schauderte, wenn ich daran dachte, wie viele bewußtlose Menschen in vergangenen Zeiten in solchen Grabhäusern bestattet und verlassen worden waren. Wie oft waren sie wohl später wieder zu Bewußtsein gekommen, hatten ihre Lage erkannt und vergeblich um Hilfe geschrien in den jede Bewegung behindernden, schalldämpfenden Matten, die so fest ihre Gesichter umhüllten. Ein Vorübergehender würde bei einem Stöhnen nie anhalten, um nachzuschauen, – er mußte ja glauben, es sei bloß ein Fall von *aumamay*, der etwas länger dauerte als sonst.

Da der Boden des Häuschens zur Mitte hin schräg verläuft, damit die Leiche nicht herausgleitet, konnte eine geschwächte Person sich nicht einmal aus den Matten herauswinden und auf den Boden fallen lassen, um Aufmerksamkeit zu erregen. Sie konnte sich nur zurücksinken lassen in ein grauenvolles Delirium und mußte schließlich verhungern und verdursten, falls sie nicht doch noch an der eigentlichen Krankheit starb.

Armer Warahai, dachte ich und sah hinunter auf seine ausgemergelte Gestalt. Du bist unter die Räuber gefallen, die seelentötenden Überlieferungen deines eigenen Volkes. Und ich habe nicht die innere Freiheit, dich – wie der Priester und der Levit – einfach liegen zu lassen, nur weil deine Kultur anders ist als meine. Ich muß dich schützen, Warahai!

»Nein, es tut mir leid, Boro«, sagte ich laut. »Für mich ist es *apsar* = tabu, jemand bestatten zu lassen, während er noch atmet. Du willst doch nicht, daß ich ein Tabu verletze, oder?«

Boro blinzelte und dachte einige Augenblicke nach. Dann wandte er sich um und rief die jungen Grabhäuschenbauer zurück.

Ich sah die andern an und sagte: »Damit ich sicher bin, daß ihr Warahai nicht mehr mit heißen Kohlen versengt und ihm in die Ohren schreit, werde ich bis zum Abend hierbleiben.«

Ich ging zur Tür des Langhauses und rief Carol. Kurz darauf erschien sie und brachte Medikamente mit. Sie gab Warahai eine Injektion. Boro, Mavu, Augum und Aham sahen sich verdutzt an, und dann beschlossen sie augenscheinlich, einfach abzuwarten, anstatt einen Zusammenstoß der gegenseitigen Willenskräfte zu riskieren. Sie waren überzeugt, Warahai würde, ehe es dunkelte, aufhören zu atmen.

Vier Tage und drei Nächte später kämpften wir immer noch um Warahais Leben und widerstanden dem Ansturm der öffentlichen Meinung, die ihn weiterhin als Toten begraben wollte. Warahai hatte einige Zeichen von Besserung erkennen lassen, aber sie genügten nicht, um den Glauben der Sawi zu erschüttern, daß *aumamay* unabänderlich und Ahams angebliche Vision unfehlbar seien.

»Deine Medizin läßt nur sein *aumamay* länger dauern als gewöhnlich, aber sie kann seine Seele nicht zurückbringen«, das war ihre Meinung. Und jetzt, gerade bei Einbruch der Dunkelheit am vierten Tag, war jedes Zeichen einer Besserung bei Warahai verschwunden, und er verfiel sichtlich.

Unser Glaube war fast erschöpft. Unsere Augen waren gerötet nach drei fast schlaflosen Nächten, in denen wir den Kranken vor den Trauernden bewahrten und gleichzeitig versuchten, ihn vom Rande des Todes zurückzubeten. Hato und andere Sawi-Christen hatten Angst, ich würde die Geduld der Angehörigen Warahais zu stark ausnutzen.

Verwirrt und müde setzten Carol und ich uns zum Abendessen nieder. Plötzlich erscholl wilde Totenklage aus dem Langhaus, in dem Warahai lag. Wir hatten beide den gleichen Gedanken: Warahais Puls mußte ausgesetzt haben!

Ich nahm eine Kerosinlampe und stürzte durch die Nacht hinüber in das Langhaus. Es war gerammelt voll mit schreienden, stampfenden, heulenden Leuten. Ich drängte mich durch die Menge und entdeckte, daß sie Warahais kraftlosen Körper erneut versengten und mißhandelten. Vielleicht schadet es ihm nichts mehr, dachte ich und suchte den Puls am Handgelenk.

»O Herr, du hast uns in dieser Krise der Niederlage ausgeliefert!« schrie ich innerlich während meines Suchens. »Willst du wirklich diese Gelegenheit ungenützt lassen, bei der ein Glaube zerstört werden könnte, der Jahrhunderte lang Tausende hilfloser Leidender einem vorzeitigen Tod ausgeliefert hat?«

Ich konnte den Puls immer noch nicht finden.

»Wenn Warahai stirbt, wird sich der Glaube an *aumamay* nur noch tiefer in die Herzen eingraben, weil deine Diener ihn angegriffen und dabei versagt haben!«

Das ganze Langhaus schwankte. Ich konnte kaum mein Gleichgewicht halten.

»Du könntest ihn doch so leicht heilen! Herr, fragst du nichts nach der Ehre, die wir dir gewinnen möchten unter diesen Menschen?«

Verzweifelt preßte ich zum letztenmal Warahais Handgelenk. »Warum finde ich keine Gnade vor dir, o Herr?«

Schwach, aber stetig klopfte der Puls gegen meine Fingerspitzen. Der Kampf war immer noch im Gang.

»Warum habt ihr plötzlich wieder angefangen, um ihn zu klagen?« fragte ich. Irgend jemand schrie mit wilden Augen: »Aham hat wieder eine Vision gehabt! Diesmal hat sie gesehen, wie ein Geist aus dem Hinterhalt Warahais Seele überfallen und aufgegessen hat! Jetzt wissen wir es ganz gewiß, daß du unmöglich Warahais Seele dazu bringen kannst, wieder in ihren Körper zurückzukehren! Die Geister wollen, daß wir ihn gleich morgen früh begraben!«

Durch die Schatten sah ich Aham, die mich mit einem Blick des Triumphs auf ihrem düsteren Gesicht beobachtete. Sie war es leid geworden, ihre Unfehlbarkeit anzweifeln zu lassen. Sie hatte einen Weg entdeckt, der Sache sofort ein Ende zu bereiten.

Aufgebrachtes Gemurmel erhob sich in den Schattenbezirken um mich herum. Warahais greise Mutter stelzte hin und her und verhöhnte unsere Versuche, ihren Sohn ins Bewußtsein zurückzuholen. Überall um mich herum begann das Gerede: »Geh! Überlaß

Warahai uns!« Plötzlich kam eine ehrliche, verständnisvolle Stimme aus der Dunkelheit. Es war Narai, mein Sprachhelfer, einer der Christen. Er sagte: »Tuan, du verstehst den Tod der Sawi nicht. Du solltest wirklich gehen.«

Innerlich begann ich bereits ihm zuzustimmen. Ich mußte mir sagen: Du hast alles getan, was man erwarten konnte. Wenn Gott dir in dieser Angelegenheit hätte Sieg geben wollen, hätte er es schon getan. Überlaß den Angehörigen die Verantwortung für ihr Tun. Warahais Augen sind schon glasig. Aus der Kehle dringt schon das Todesröcheln. Er stirbt innerhalb vierundzwanzig Stunden. Es hat keinen Zweck, einen Aufruhr zu entfesseln. Du bist nur zu stolz, um deine Niederlage einzugestehen. Gib's auf!

Aber dann stand mir wieder vor Augen, wie es sein würde, wenn sie morgen früh mit meiner Einwilligung die gewebten Grastücher dicht um Warahais noch atmendes Gesicht wickelten und die Pflanzenstricke festzurrten. Ich versuchte mir vorzustellen, ob es später bei anderer Gelegenheit möglich wäre, ihren Glauben an *aumamay* zu bekämpfen, wenn ich diesmal versagte. Nein – es ging nicht.

Ich wollte allen Mut zusammennehmen, den Mut, den Gott mir in früheren Krisen geschenkt hatte. Aber er war weg, aufgelöst in Verzweiflung. Von allem entblößt konnte ich mich nur noch an Gott klammern und um neuen Mut flehen. Und er tat es! Aus der tödlichen Verzweiflung erwuchs neue Kraft.

»Herr, was soll ich tun?«

»Bring Warahai hier weg!«

»Aber, Herr, dafür brauche ich Hilfe. Wer soll mir helfen? Ich bin allein.«

»Schau dich um!«

Ich blickte umher, und im Licht meiner Lampe fiel mein Auge sofort auf Mahaens hageres, nüchternes Gesicht.

»Mahaen, komm her.«

Er kam, als hätte er keine andere Wahl.

Ich flüsterte ihm ins Ohr: »Wenn ich Warahai auf deinen Rücken hebe, dann trag ihn hier weg und bring ihn in mein Lagerhäuschen. Ich werde dir den Weg freihalten.«

Mahaen sah mich prüfend an. Wie konnte er meine Bitte erfüllen? Seit Monaten war er mir gegenüber immer freundlicher geworden, obwohl er bei dieser Gelegenheit kaum überzeugt sein konnte von der Weisheit meiner Entscheidungen. »Warahai lebt noch! Hilf mir, das zu beweisen!« drängte ich ihn. Mahaens Gesichtszüge strafften sich entschlossen. »*Fisahaemakon!* Ich trage ihn!« sagte er.

Ich setzte die Lampe ab und hob den bewußtlosen Kranken auf Mahaens Rücken. Unter diesem Gewicht kam er nur mühsam auf die Füße. Um uns herum wurden zornige Ausrufe laut, als wir zur Tür gingen.

Warahais jüngerer Bruder Kimi stand bereit, uns mit seinen Waffen entgegenzutreten.

Mahaen zögerte.

»Geh weiter!« drängte ich ihn.

»Tuan, Warahai ist tot!« rief Mahaen, unsicher geworden unter dem Druck der Menge.

»Er ist nicht tot! Geh weiter!«

Plötzlich trat ein anderer junger Mann aus der protestierenden Menge zu uns. Er hieß Aidon. »Ich helfe dir tragen!« sagte er fest und hob Warahais Beine auf seine Schultern.

Ermutigt schritt Mahaen zur Tür hinaus und den Stufenpfosten hinunter, Aidon folgte ihm.

Inzwischen achtete ich auf Kimi und die anderen. Diese Entwicklung kam ihnen unerwartet. Sie waren überrumpelt, folgten uns durch die Dunkelheit und schrien: »Bringt Warahai zurück! Bringt ihn zurück!«

Wir gingen weiter, bis wir in unserem Lagerhäuschen anlangten. Ich schloß die Tür vor der nachdrängenden Menge. Augum, Warahais Mutter, sprang vor der Tür hin und her und weinte laut. Kimi schrie: »Tuan, laß mich Warahai zurücktragen ins Langhaus!«

So fest und entschieden ich konnte, antwortete ich: »Nein!«

Bald zerstreute sich die Menge in ihre Heimstätten. Zwei Stunden lang wurde das Zorngeschrei immer lauter. Ich fragte mich, ob sie sich in Wut hineinsteigern wollten, um schließlich das Häuschen zu stürmen. Sie hätten leichtes Spiel gehabt.

Gegen Mitternacht wurde es still im Dorf. Aidon ging heim, während Mahaen bei mir blieb, um neben Warahais bewegungslosem Körper zu wachen. Um Mitternacht kam Carol auch zu mir. Mahaen saß da und hörte still zu, als wir wieder um Warahais Gesundung beteten und dann ein Loblied anstimmten.

Als der Morgen anbrach, erwachte ich an einem unheilverkündenden Röcheln in Warahais Brust. Die entzündeten Lungen füllten sich mit Flüssigkeit. Um das Ersticken zu verhüten, benutzte ich meinen Batterie-Hydrometer, um soviel Flüssigkeit als möglich durch seine Kehle abzusaugen.

Später am Tag zeigte Carol auf unsere Schachtel mit Penicillin-Ampullen und sagte: »Dieser eine Mann verbraucht fast unseren ganzen Vorrat, und es hilft ihm gar nichts. Soll ich wirklich weiterspritzen?«

»Nein«, sagte ich. »Wenn unsere Arzneimittel ihm helfen könnten, hätten wir inzwischen eine Besserung erkennen müssen. Die übrigen Mittel müssen wir für andere Patienten aufheben. Von jetzt an kann nur noch und ganz allein das Gebet helfen.«

Wir schauten auf Warahai hinunter. Seine Atmung wurde immer schwächer. Seine Haut hing wie loses Pergament um das fast fleischlose Skelett. Seine halbgeöffneten, keine Reaktion zeigenden Augen schienen schon in eine andere Welt zu blicken.

Carol suchte Erinnerungen zusammen. »In dem Krankenhaus, wo ich arbeitete, wurden solche Patienten wie Warahai ständig intravenös ernährt, und wir hatten elektrische Apparaturen, um die Flüssigkeit aus der Lunge abzusaugen. Trotzdem starben manche, dabei waren sie nicht einmal so entkräftet wie Warahai. Ich glaube, kein Arzt auf der Welt hätte noch Hoffnung für ihn, es sei denn...«

»...ein Wunder geschähe!« fiel ich ein. »Das ist das einzige, was wir jetzt noch erhoffen können.«

Später am Tag erschien Mavo plötzlich in der Tür. »Tuan«, flüsterte er, »Kimi und andere von Warahais Angehörigen kommen. Kimi hält einen Knochendolch hinter seinem Rücken. Sei vorsichtig!«

Ich dankte Mavo und sah durch unser Gitterfenster den Ankommenden entgegen. Ihre Augen sahen mich verletzt und anklagend an, als wollten sie sagen: »Warum ziehst du diese Sache so lange hinaus? Wenn du nicht wärst, hätte Warahei längst begraben sein können. Du machst es nur qualvoller für uns alle.«

»Kimi«, rief ich plötzlich, »du hältst einen Knochendolch hinter deinem Rücken – tu ihn sofort aus meinem Hof!« Erschrocken gab Kimi die Waffe einem Jungen, der in seiner Nähe stand. Dieser nahm den Dolch und brachte ihn prompt zurück ins Dorf.

\* \* \*

Bei Sonnenuntergang kehrten Kimi, Boro und andere Angehörige in viel versöhnlicherer Stimmung zurück. »Tuan, wir glauben immer noch, daß Warahai tot ist und bestattet werden sollte. Aber wir haben uns entschlossen, deinen Wünschen Folge zu leisten. Laß uns ihn zurückbringen ins Langhaus, und wir geben dir unser Wort, daß wir ihn nicht beklagen, nicht mit Kohlen brennen und nicht versuchen werden, ihn zu bestatten, solange sein Puls noch schlägt. Wenn der Puls nicht mehr schlägt, wollen wir dich rufen, damit du dich selbst überzeugen kannst. Erst dann wollen wir ihn begraben.«

Mir wurde das Herz warm. Wenigstens dieser kleine Sieg war errungen, obgleich ich mir immer noch mehr erhoffte. Ich gab ihnen die Erlaubnis, Warahai wieder ins Langhaus zurückzubringen. Das Koma hatte sich noch vertieft.

Die Dunkelheit brach herein, und Warahais Verwandte hielten sich an ihr Versprechen. Es gab kein Wehklagen und keinen Tumult aus dem Dorf Haenam. Fünf Tage Kampf – wie würde das Ende aussehen? Wie lange konnte Warahai noch weiteratmen, während Gott abwartete und zusah?

In dieser Seelenangst langte ich nach unserem Andachtbuch mit Schriftabschnitten, suchte die Lesung für den Abend des 30. Januar und begann laut vorzulesen:

»O du, Herr, der du Gebet erhörst... Die Augen des Herrn sehen auf die Gerechten, und seine Ohren sind offen für ihr Schreien... Wenn er mich anruft, will ich ihn erhören, denn ich bin gnädig... Er wird das Verlangen derer erfüllen, die ihn fürchten... O Herr, du bist unser Gott, laß uns nicht von Menschen überwältigt werden... Wenn zwei unter euch eins werden auf Erden, worum sie bitten wollen, soll es ihnen gegeben werden von meinem Vater, der im Himmel ist.«

Wir beide saßen da und sahen uns an im milden Lampenlicht. Schon eine Verheißung allein wäre tröstlich genug gewesen. Statt dessen häufte sich Verheißung auf Verheißung, und eine schien immer mehr Trost zu bergen als die andere...

Wir lächelten uns mit feuchten Augen und müde an, dennoch strömten unsere Herzen vor Freude über. Eine laute Stimme hätte es nicht deutlicher sagen können: Gott hatte unser Gebet erhört.

Am Morgen war Haenam merkwürdig ruhig. Ich ging langsam durchs Dorf. Yamasi, einer von Warahais Brüdern, stand wartend am Pfad. Er tat so, als bemerke er die Frage in meinen Augen nicht, während er an einem Stock herumschnitzelte. Also sprach ich die Frage aus: »Wie geht es ihm?«

Yamasi sah schüchtern zu mir her und sagte: »Er hat mit uns gesprochen.«

»Er hat gesprochen?«

»Ja.«

Mein Herz klopfte wie wild. »Was hat er gesagt?«

»Er hat zu seiner Mutter gesagt: Mutter, sei nicht traurig!«

Wie ein Schlafwandler ging ich an Yamasi vorbei und kletterte in das Langhaus hinauf. Warahai öffnete die Augen und sah mich an, als ich mich über ihn beugte. Seine Atmung war frei und normal.

»*Konahari*, Warahai!« sagte ich zu ihm.

»*Konahari!*« antwortete er lächelnd.

Er saß an seine Mutter zurückgelehnt. Seine Frau, seine Kinder und die andern Verwandten standen dicht um ihn herum. Ich nahm sein Handgelenk. Die Kälte des nahen Todes war fort. Sein Puls war kräftiger.

Das gewöhnlich so lärmerfüllte Langhaus war still wie eine Kirche.

Ich sah von einem Gesicht zum andern. Einer nach dem andern schlug die Augen nieder.

»Sagen Tote *konahari?*« fragte ich ruhig.

Nach einer verlegenen Stille sagte jemand: »Nein. Tote sagen nie *konahari.*«

»Und wenn Warahais Seele von einem Dämon zerrissen und verschlungen worden wäre, könnte er uns dann jetzt ansehen?« fuhr ich fort. »Wir haben einer Lüge Gehör gegeben«, sagte Mahaen tiefernst.

Ich schaute mich um nach Aham, aber sie war nirgends zu sehen. »Beinahe hätten wir einen Lebenden begraben!« sagte Boro und starrte die Wand an.

»Wie gut ist die Freundlichkeit Jesu!« sagte die alte Augum und streichelte Warahais Stirn.

Ich eilte heim, um Carol die Nachricht zu bringen. Zusammen kehrten wir mit Nahrung für Warahai zurück. Er hatte ja mehrere Tage ohne Nahrung gelegen. Als er gegessen hatte, dankten wir Gott öffentlich für Warahais Genesung. Dann eilten wir nach Kamur, um den dortigen Christen unsere Freude mitzuteilen.

Am folgenden Tag nahmen vier der Obleute Haenams Christus in ihr Leben auf. Einer der vier war Ahams Ehemann. Auch Mahaen gehörte zu ihnen und ebenso Kani, Haenams »Meister in Verrat und Tücke«.

Im Männerhaus zu Seremeet erhob sich Morkay. In seinem Gesicht glänzte ein neues Licht, als er sagte: »*Myao Kodon* hat uns gezeigt, daß seine Hand stark ist! Was mich betrifft – ich glaube!«

Sieri und sein Sohn Badan folgten Morkays Beispiel. Im Lauf von zwei Jahren schloß sich die Hälfte aller Dorfeinwohner ihnen an.

Als ich von Seremeet zurückkam, besuchte ich Warahai wieder in seinem Langhaus. Er saß ohne fremde Stütze am Feuerplatz und begrüßte mich fröhlich. Ich setzte mich, sprach mit ihm und betete, ehe ich das Haus verließ. Soweit ich es beurteilen konnte, hatte auch er sich wirklich für den Herrn entschieden.

Ich war enttäuscht, daß seine Sippe keine Anstalten machte, ihm aus dem Dschungel frische Nahrungsmittel zu besorgen. Den alten, trockenen Sago, den sie ihm anboten, fand er sehr wenig appetitanregend. Ich drängte sie, ihm bessere Vorräte zu besorgen, aber mit wenig Erfolg. Um ihnen ein Beispiel zu geben, sandten Carol und ich gelegentlich frische Nahrung für ihn.

Innerhalb weniger Tage machten Boro, Aham, Kimi, Yamasi und andere aus Warahais Verwandtschaft es ganz deutlich, daß sie beschlossen hatten, Jesus Christus abzulehnen trotz seiner Hilfe bei Warahais Heilung.

»Ihr habt wirklich die freie Wahl, Gottes Sohn abzuweisen, wenn ihr das wollt. Aber bedenkt«, sagte ich, »ihr habt jetzt eine Erkenntnis, die eure Vorväter nie gehabt haben, und Gott wird euch nach dieser eurer Erkenntnis beurteilen. Der gleiche Gott, der Barmherzigkeit erzeigt, kann auch strafen.«

Boro erwiderte: »Wer glauben will, soll glauben. Wir bleiben wie wir sind.«

Ohne ein weiteres Wort drehte ich mich um und verließ ihn. Vor Boros Langhaus stand eine Gruppe Gläubiger aus Haenam und wartete. Wir gingen zusammen zu einem kleinen Versammlungshaus, das jetzt auf einem etwas erhöhten Platz errichtet war.

Auch andere, die sich kürzlich für den Glauben entschieden hatten, kamen aus ihren Häusern und beteiligten sich an unserer fröhlichen Unterhaltung. Da waren mein Freund Mahaen und die hübsche Waiv, die bald Mahaen heiraten sollte. Sie war die Tochter der alten Wario. Mit ihnen kam der junge Amus und seine Verlobte Aiyau, dazu der nachdenkliche Kani, der bis dahin so viele düstere Erinnerungen bewahrt hatte. Yodai, Hadi und eine Handvoll anderer Atohwaem-Gläubigen von Yohwi folgten ihnen, dazu eine Gruppe fröhlicher Kinder, die noch nicht verstanden, um was es ging, sich unwillkürlich aber zu unserer Freude hingezogen fühlten.

Im Versammlungshaus warteten schon die Gläubigen aus Kamur. Hato, seine Frauen, seine Söhne und Töchter, Kaiyo, der das Friedens-Kind hergegeben und mir die Augen geöffnet hatte, Mavo, der ruhige Helfer, und Isai, der nette Junge, der auf den Baum geklettert war, um zu beobachten, wie die beiden Flußboote an seinem Dorf vorüberrauschten. Alle waren sie da.

Neben ihnen saßen Isais Vater Mairah, den Isai zu Jesus geführt hatte, und Seg, der mich heimlich beobachtet hatte, als ich unter den Bäumen stand, um den Platz für mein Haus auszusuchen. Der ehrliche Amhwi, der glauben gelernt hatte, indem er Mavo beobachtete, vervollständigte die Gruppe.

Carol reichte mir eine Pappschachtel. Es wurde still, als ich sie öffnete.

»Wir haben eine Überraschung für euch.«

Ich hob eine Handvoll neu beschriebener weißer Heftchen aus der Schachtel.

Dann nahm ich eine Miene tiefster Vertraulichkeit an und flüsterte hörbar: »Wir wollen euch allen das Lesen beibringen!«

Eifrig streckten sich uns die Hände entgegen, als ich die ersten Exemplare einer Sawi-Fibel austeilte. Die Einführungslektion war darüber, wie man die Fibel richtig herum hielt. Die zweite Lektion gab an, wie man ein Blatt nach dem andern umwenden konnte. Hato grinste begeistert. Er lernte rasch.

Es war ein freundliches Zwischenspiel vor unserem nächsten Schock.

# Augen, vom Wachen gerötet

Die schwachen Pfosten des Grabhäuschens zitterten unter dem wilden Ansturm der Trauernden. Einige lehnten sich gegen die Wände, streckten die Arme aufwärts zur Leiche und wehklagten in abgründiger Trauer, die Hände verkrampft, als müßten sie irgendwie einen nicht greifbaren Teil der abgeschiedenen Seele doch noch fassen können. Andere stiegen oben auf die Plattform, hockten wie die Geier über der Leiche und kreischten wie »Banshees« (irisch-schottische Geister, die in Gestalt alter Frauen einen Tod durch Totenklagen ankündigen).

Die Körper der Trauernden waren lehmüberkrustet – die Luft war dick vom Leichengestank, aber sie trugen es willig. Totenfliegen umschwärmten ihre Gesichter, aber sie achteten nicht darauf.

Neun feuchtheiße Tage und Nächte hatten sie bei dem immer stärker werdenden Leichengestank und den Fliegenschwärmen ausgeharrt. Sie hatten auf Matten im nahen, einsam gelegenen Dschungel-Langhaus gesessen und diese fürchterliche Luft eingeatmet.

Dies alles war aber erst der Beginn einer Totenehrung der Sawi, die *gefam ason* genannt wurde. Jetzt waren die Verwandten nervlich so angereizt, daß sie die übrigen Trauerbräuche von *gefam ason* in der althergebrachten Art und Weise vollziehen konnten.

Plötzlich kroch ein junger Verwandter des Toten unter die Stützpfosten des Grabhäuschens und vollführte dort einen hektischen Tanz, wobei er laut den Namen des Toten rief. Dabei rieselten ihm durch den Tumult über ihm losgelöste Maden und abgefaultes Fleisch über Schultern, Stirn und Haar. Der zweite Grad der Verzweiflung war erreicht.

Der Ton der Wehklagen schraubte sich immer höher, im gleichen Maß, wie des jungen Mannes Hingabe an den Schmerz zunahm. Schließlich kam der junge Mann unter dem Grabhäuschen hervor und taumelte auf eine ruhige Stelle in einem nahen Bach zu. Jetzt, nachdem er diese Nervenprobe bestanden hatte, wagte er es, sich zu entspannen, und nun überschwemmten ihn Wogen von Übelkeit. Stöhnend und würgend vor Schmerz und Ekel ließ er sich in das reinigende Wasser hinuntersinken.

Alle Blicke wandten sich jetzt den Männern oben auf der Plattform rings um die Leiche zu. Einer von ihnen war verpflichtet, den dritten Grad der Totenehrung durchzuführen. Ob sie wohl versagten?

Die Männer, die im dichten Kreis um die Leiche knieten, starrten sich in wachsendem Entsetzen an. Ihre Hände zitterten. Ihre Körper versteiften sich.

Plötzlich riß einer seinen Arm hoch, und mit einem schrillen, rätselhaften Schrei schlug er seine geballte Faust tief in die verweste Leibeshöhlung. Sekundenlang spiegelte sein Gesicht den Schock unaussprechlichen Grauens wider, und dieser Ausdruck grub sich dem Gedächtnis aller Zuschauer unauslöschlich ein. Infolge des ungeheuren Gefühlsüberschwangs ohnmächtig geworden, sackte er zusammen und fiel langsam mit seiner triefenden Hand über die Plattform hinunter.

Der dritte Grad war erreicht worden.

Die andern Trauernden fingen den Stürzenden auf und trugen ihn in das Langhaus hinauf. Sie setzten ihn auf eine Grasmatte, wo er wartete, bis man ihm frischgekochten Sago brachte. Dann griff er mit seiner leichengiftbesudelten Hand in den Sago, führte eine Handvoll zum Mund und aß, während die anderen um ihn herum in unglaublicher Inbrunst wehklagten.

Der vierte und letzte Verzweiflungsgrad war bekundet worden.

Der Höhepunkt der Gefühle war vorüber. Die meisten Trauernden strömten langsam zum Langhaus hin, während der goldene Abendhimmel friedvoll über den hohen, die Lichtung umsäumenden Sagopalmen leuchtete.

Eine Handvoll Leute blieb am Grabhäuschen zurück, um weiter zu wehklagen: Boro, Augum, Yamasi und Kimi. Sie weinten und riefen laut den Namen des aufs neue verletzten Toten über ihnen: Warahai!

\* \* \*

Rote Pfeile der untergehenden Sonne durchbohrten die Schatten um mich herum. Warum ließ Gott ihn sterben? Zehn Tage lang war er immer kräftiger geworden, hatte sich schon aus dem Haus gewagt, und abends konnte er sogar lange aufbleiben und sich mit seinen Freunden unterhalten. Ohne das geringste Warnzeichen fiel er am elften Tag in Bewußtlosigkeit. Am dreizehnten Tag starb er.

Hatte ihn nur der Mangel an Frischnahrung getötet? Wenn wir ihm doch nur mehr von unserem begrenzten Vorrat an Obst und Eiern geschickt hätten! Oder hatten die Sawi-Christen recht? Sie schlossen aus dem Geschehen, Gott habe es gefallen, meine Warnung Boro gegenüber auszuführen, und auf diese Weise werde den Ungläubigen ein noch höherer Grad göttlicher Überzeugungskraft vor Augen geführt.

Neun Tage lang hatte ich mir solche Fragen gestellt. Ich hatte gehofft, Warahai werde als Zeugnis von Gottes Barmherzigkeit und Macht am Leben bleiben. Aber Gott hatte sich den Beweis selbst vorbehalten.

Immerhin gab es auch Trost. Der Sawi-Glaube an *aumamay* war überall zerstört, wo man die Nachricht von Warahais Wiedergenesung gehört hatte. Der Glaube der Christen war gewachsen, und die Gemeinde hatte viel Zuwachs bekommen.

Ich tat einen tiefen Atemzug und machte mich auf den Heimweg, gerade als ein Mann seinen Einbaum vor unserem Haus aufs Ufer hinaufzog. Er begrüßte mich, als ich unsere Vordertreppe erreichte. »*Konahari!*« erwiderte ich. »Woher bist du gekommen?«

»Von Boros Langhaus am Nebenfluß Sagudar«, entgegnete er. »Sie haben heute eine Trauerzeremonie für Warahai vorgenommen. Warahai war ein entfernter Verwandter von mir. Deshalb dachte ich, ich sollte teilnehmen.«

»Was für eine Zeremonie?« fragte ich. »Ich dachte, Warahai sei schon vor neun Tagen begraben worden?«

»Das stimmt«, sagte der Mann. »Tuan, hast du noch nie von *gefam ason* gehört? Das bedeutet, ›den Gestank berühren‹.«

»Nein. Was ist das?« Der Mann stieß sein Paddel in den Boden und sah mich an, als sei er bereit zu reden. Dann besann er sich anders, gab vor, er müsse fort, ergriff sein Paddel und wollte an mir vorbei.

Ich legte ihm die Hand auf den Arm: »Sag's mir lieber!«

»Ich weiß nicht, ob du damit einverstanden wärst, Tuan.«

»Ich finde es später ja doch heraus.«

Er wußte, daß das stimmte. Er lehnte sich auf sein Paddel, und dann begann er das altüberlieferte Grauen zu enthüllen, dessen Zeuge er heute gewesen war.

\* \* \*

In jener Nacht lagen Carol und ich wach, gequält von dieser neuesten Enthüllung des Sawi-Geistes. Dies war also noch eins der Dinge, für die sich Boro entschieden hatte, statt Jesus Christus zu erwählen.

Wie konnte sich ein solches Brauchtum überhaupt durchsetzen? Welch eine Angst vor Unheil mußte ihm zugrunde liegen! Und wie stark und tief mußte dieser finstere Zwang sein, daß alle nachfolgenden Generationen sich willig einem sogar für sie so ekelerregenden Brauch unterwarfen!

Überwältigt von der scheinbaren Unmöglichkeit, dies rätselhafte Dunkel völlig zu durchdringen, stöhnte ich laut in mein Kissen. Was konnte ich nur tun? Wie konnte ich das bekämpfen, was ich einfach nicht begreifen konnte?

Ich wußte, es reichte nicht, ihnen einfach zu sagen: »Schaut her! Hört auf damit! Es ist nicht schön!« Das wußten sie ja schon selbst. Offensichtlich war es gerade das Abstoßende an dieser Sitte, das seinen besonderen Zweck erfüllte. So wie es die vorsätzliche und bewußte Widerlichkeit des Schuld verursachenden Vorgehens bei dem *waness*-Bann war.

Plötzlich stockte mir der Atem. Konnte das die Lösung sein? Ich setzte mich im Bett auf und dachte nach.

War es möglich, daß der Brauch *gefam ason* einfach der Versuch war, einen massiven *waness*-Bann über ... nun, nicht nur über eine Einzelperson, sondern über die ganze jenseitige Welt zu werfen?

Langsam nahm der Gedanke Form an.

Aber was konnte der Zweck eines *waness*-Bannes in solch großem Maßstab, ausgeführt von unzähligen Generationen der Sawi, bedeuten? Wollten sie damit schließlich die Abschaffung des Todes erzwingen? Ich war fest entschlossen, diesen Knoten zu entwirren. Kaum konnte ich den Morgen erwarten.

* * *

Langsam watete ich durch das überflutete Land zwischen den Langhäusern von Haenam und Yohwi. Der hohe Ton einer Sawi-Totenklage wurde lauter, je näher ich kam. In Rauch gehüllt saß eine alte, zahnlose Frau an ihrem Feuerplatz und wiegte sich vor- und rückwärts bei ihrem Klagegesang um Warahais Tod.

Ich verstand die Worte nicht, da sie von Schluchzen unterbrochen wurden.

Vergeblich versuchte ich, den Sinn zu erfassen. Dann sah ich Mahaen, der den Stufenpfosten seines Hauses heruntergekommen war, um mich zu begrüßen.

»Mahaen, sage mir, was sie singt.«

Er erwiderte: »Sie singt:

*Remon*-Worte! *Remon*-Worte! Warum säumt ihr solange? Wegen eures Zögerns hat der Tod meinen Sohn weggenommen!‹

*Remon*-Worte! *Remon*-Worte! Unsere Augen sind rot vom Wachen und Warten auf euer Kommen!

›Ihr *remon*-Worte! Ihr *remon*-Worte! Werdet ihr den Strom heraufkommen? Werdet ihr den Strom herabkommen?‹

›*Remon*-Worte! O ihr *remon*-Worte! Eilt, sonst wird der Tod uns alle wegnehmen, und niemand wird mehr da sein, euch willkommen zu heißen!‹«

Der bittere Schmerz in diesem Sawi-Gedicht, eingebettet in den Rahmen des trauernden Dorfes und begleitet von den Klagetönen der alten Frau, war überwältigend. Leise, aber voll Erregung fragte ich: »Mahaen, was bedeutet *remon*?«

Während wir zusammen auf mein strohgedecktes ›Büro‹ zuwateten, erklärte mir Mahaen: »*Remon* ist, was geschieht, wenn eine Schmetterlingsraupe dem Tod entflieht, indem sie sich in einen Schmetterling verwandelt und aus ihrem Kokon ausbricht, um in einem neuen Körper weiterzuleben. *Remon* beschreibt auch die

Art, wie eine Eidechse oder Schlange dem Tod entgeht, weil sie ihre alte Haut abwirft.«

»Und welches sind die *remon*-Worte?« fragte ich weiter.

»Es heißt, daß vor langer Zeit Menschen auch die Macht besaßen, ihre Leiber *remon* zu machen und ewig weiterzuleben. Dann hatten eine Eidechse und ein Karasu-Vogel einen Streit. Die Eidechse, als Symbol für *remon,* sagte, die Menschen sollten freibleiben von der Macht des Todes. Der Vogel, der sehr leicht stirbt, war das Symbol des Todes. Er bestand darauf, daß die Menschen dem Tod unterworfen würden wie er selbst, und er fing sogar an, die Pfosten für das erste Grabhäuschen zuzuschneiden!«

»Was geschah dann?«

»Die Schlange sagte immerzu: ›*rimi! rimi!* Erneuere dich! Erneuere dich!‹ Dies waren die *remon*-Worte. Aber der Vogel sagte immerzu: ›*sanay! sanay!* Verwese! Verwese!‹ Der Streit ging immer weiter, bis die Eidechse schließlich dem Vogel nachgab. Seitdem sterben die Menschen!«

»Warum hat die Eidechse nachgegeben?«

»Das wissen wir nicht. Irgendwas muß passiert sein. Aber wir haben vergessen, was es war.«

»Ist das das Ende?«

»Nein. Unsere Vorfahren haben gesagt, eines Tages werden die *remon*-Worte zu uns zurückkehren. Wenn das geschehen ist, werden die noch Lebenden ihre Leiber erneuern können wie die Eidechse und die Raupe. Es wird keinen Tod mehr geben.«

Als die Bedeutung von Mahaens Worten mir voll bewußt wurde, durchrann mich ein Schauer der Erregung. Eine Frage fiel mir noch ein: »Was hat die Sitte *gefam ason* mit dem Ganzen zu tun?«

Mahaens Schritt stockte plötzlich, und er sah mich schnell an. »Du weißt Bescheid mit *gefam ason*?«, fragte er.

»Ich weiß, was von den Menschen dabei verlangt wird. Aber ich weiß nicht, warum das sein muß.«

»Wir tun's, weil unsere Ahnen es getan haben«, erklärte er obenhin. Das war die Antwort der Sawi auf tausend schwierige Fragen. Aber ich schob die Erklärung beiseite. »So eine Antwort kannst du deinen kleinen Kindern geben, aber nicht mir«, sagte ich lächelnd. Mahaen lachte. »Wirklich, Tuan, ich bin mir gar nicht sicher, ob ich eine andere weiß...« Er verstummte und dachte lange nach. Ich stand im Schlamm und wartete mit gezücktem Schreibstift über meinem Notizbuch auf seine Antwort.

»Vielleicht ist es so...«, fing er endlich an, und ich schrieb in Sawi nieder, was er sagte: »*...rigav bohos savos keroho farakotai remon sin fatar ni naha saren gani!* ...daß, wenn die Menschheit das größte Ausmaß an Schmerz erreicht hat, die *remon*-Worte schneller zurückkehren können!«

Ich dankte Mahaen und beschloß, meine übrigen Sprachhelfer zu befragen. Einige wagten es nicht, ihre Meinung über die Bedeutung des *gefam ason* abzugeben. Andere gaben Erklärungen, die der Mahaens ähnlich waren. Einige, die keine eigene Meinung hatten, übernahmen sofort Mahaens Erklärung, als man sie ihnen vorlegte.

Immerhin hatte ich endlich Hinweise dafür gefunden, daß der *waness*-Bann und *gefam ason* der gleichen Wurzel entstammen – dem Glauben, daß man ein Ziel, das sich nicht durch Gewalt oder gewöhnliche Überredungskunst erreichen läßt, durch äußerste Demütigung oder Kasteiung des Körpers gewinnen kann. In andern Kulturkreisen drückt sich der gleiche psychologische Trieb aus in der Neigung zu Unglücksfällen, in der Buße, im Fasten aus Protest, in Geißelungen oder Selbstaufopferungen.

Aber das Neue Testament bietet eine einzige, klare Antwort für alle Gefangenen dieses fast die ganze Welt umspannenden Zwanges – die Erniedrigung und den Tod Jesu Christi um unsertwillen! Allein sein Tod konnte einen *waness*-Bann über alle jene Gesetze werfen, die gegen schuldig gewordene Menschen erlassen worden waren. Seine Auferstehung bietet die einzige Hoffnung auf *remon*, die wir je erleben können! Langsam reifte der Plan, wie ich der krankhaften, fast psychopathischen Besessenheit der Sawi in bezug auf die Behandlung von Leichen beikommen konnte.

Früher oder später mußte es ja geschehen, daß die indonesische Regierung rein aus Gesundheitsgründen *gefam ason* verbot. Aber das konnte das Gefühl geistiger Mangelhaftigkeit, aus der die Sitte entstanden war, nicht auslöschen. Die Sawi-Kultur hatte sich durch die Jahrtausende hindurchgekämpft, ohne angemessene Antwort auf die dem Menschen aufgezwungene Todesverzweiflung zu finden.

Die Botschaft von der Auferstehung Jesu Christi war das gottgeschenkte Gegenmittel gegen diese Verzweiflung. Der Glaube der Sawi an die dereinstige Rückkehr der *remon*-Worte fand seine Antwort in der Erlösung durch Christus, die dieses Gegenmittel zur Auswirkung bringen konnte.

Ich berief die Christen aus Haenam, Yohwi und Kamur zu einer Versammlung ein. Hato, Kaiyo, Mahaen und die anderen hörten aufmerksam zu, als ich ihnen meine Beweisführung darlegte. Ich begann mit der Auferweckung des Lazarus durch Jesus und beschrieb Jesu eigene Auferstehung am dritten Tag nach seinem Tod.

Dann schloß ich: »Er hat andere vom Tod erweckt. Er ist selbst von den Toten auferstanden! Er hat selbst von sich gesagt: Ich bin die Auferstehung und das Leben!

Seine Worte sind die *remon*-Worte! Und sie sind ja schon zu euch gekommen! Zuerst bringen sie euch das *remon* eures inneren Menschen durch den Heiligen Geist, der in euch wohnt. Und danach folgt, so hat die Heilige Schrift es verheißen, das *remon* eurer Leiber am Tag Christi!

Ihr habt so lange geklagt, eure Augen seien rot vom Wachen und Warten auf die Verheißung des *remon*. Ich hoffe, sie sind nicht so rot, daß ihr nicht erkennen könntet, daß *remon* längst hier ist! Und wenn ihr daran glaubt, daß die Worte Jesu die wahren *remon*-Worte sind – müßt ihr da wirklich noch *gefam ason* ausüben an den Körpern eurer geliebten Toten?«

Hato sprang sofort auf und rief: »Gott sei gedankt, daß du uns das gesagt hast! Jetzt können wir diesen ekelhaften Brauch endlich fallenlassen!«

Dann wandte er sich an seine eigenen Verwandten und gab ihnen strenge Maßregeln:

»Wenn ich an der Reihe bin zu sterben, laßt meinen Leib ruhig verwesen.

Wenn ihr *gefam ason* an mir ausübt, bedeutet das, ihr glaubt nicht an die *remon*-Verheißung in Jesus.« Seine Angehörigen nickten zustimmend.

Einer nach dem anderen stand auf und stellte die gleiche Forderung an seine Verwandten und Freunde. Wenigstens bei den Christen würde die indonesische Regierung es nicht mehr nötig haben, das *gefam ason* zu unterdrücken, denn das Evangelium hatte es schon ersetzt. Noch während sie redeten, stand ich innerlich überwältigt und staunend vor Gott:

»Ich danke dir, mein Vater, daß du den Grund gelegt hast für unseren Dienst unter diesem Volk. Den Sawi war das judenchristliche Erbe, das wir besitzen, fremd. Dennoch hast du vor unendlich langer Zeit schon diese Ähnlichkeiten ihrer Erlösungserwartung in ihre Kultur eingebaut, in deiner weisen Voraussicht auf den Tag, an dem wir sie entdecken und zu deiner Ehre gebrauchen könnten. Du hast dafür gesorgt, daß nicht nur Boten gesandt wurden, sondern daß eine Kultur sich auch vorbereiten konnte, deine Botschaft aufzunehmen.

So wie du die Juden und die Griechen vorbereitet hast, so waren dir auch die Sawi nicht zu unbedeutend oder zu heidnisch für deine Fürsorge.

Und doch ist dein Wort – nicht ihre Überlieferung – die Grundlage. Ich sehe jetzt besser als je zuvor, warum du der Gott der Weisheit und der Gott der Liebe und der Gott der Stärke genannt wirst.

Ich preise dich!«

# Die lange Reise

Aus dem Hitzegeflimmer über der *kidari* lösten sich langsam die Gestalten der fünfzig Gäste aus Mauro. In mißtrauischer Vorsicht steuerten sie ihre Kanus auf das Ufer zu. Sie hatten zwar unsere Einladung angenommen, aber...

Kani, der Legendenmacher, stand allein und tiefernst am Rand des Dorfes Haenam und beobachtete sie. Ich fühlte, was in ihm vorging, deshalb trat ich still hinter ihn und legte ihm die Hand auf die Schulter. Ein leichter Morgenwind strich über das uns umgebende *kunai*-Gras. Er wandte sich nicht um.

»Kani«, sagte ich sanft, »endlich nach all diesen Jahren habe ich die Leute aus Mauro dazu gebracht, ihren Haß und Argwohn zu vergessen und hierher zu kommen, um dir und deinen Leuten auf diesem Grund und Boden zu begegnen. Jetzt...«

»Tuan«, unterbrach er mich, »das sind die gleichen Leute, die meinen Bruder Huyaham getötet haben. Und mich haben sie auch fast umgebracht.« Er bog seinen Arm nach hinten und berührte die häßliche Narbe auf seinem Rücken, die ein Speer aus Mauro verursacht hatte.

Besorgnis ergriff mich. Hatte ich den falschen Augenblick für diese Einladung gewählt? Vielleicht war Kanis Glaube an Jesus noch nicht stark genug, um in einer solchen Versuchung den alten Zwängen zu widerstehen? Die Männer aus Mauro waren nähergekommen, weil sie sich auf meine Zusicherung verließen. Ich konnte über die Entfernung hin geradezu spüren, wie ihr Vertrauen nach mir griff.

»Kani«, sagte ich und wehrte mich gegen die plötzlich in mir aufsteigende Bestürzung, »ich sehe die Narbe an deinem Körper wohl, und ich verstehe auch die noch tiefere Wunde in deiner Erinnerung. Und ich weiß um die Lehren eurer Ahnen, wie ihr Leute behandeln sollt, die euch Unrecht zugefügt haben, so wie diese es dir angetan haben.

Aber eure Vorfahren haben nie gewußt, was du und ich wissen, Kani – daß das vollkommene *Tarop* hergegeben worden ist und daß es *immer noch lebt!*

Um dieses *Tarop* willen hat Gott dir vergeben, mein Freund. Und um dieses *Tarop* willen mußt du den Männern aus Mauro auch vergeben. Vergib ihnen, Kani! Vergib ihnen!«

Dieser Mann, der damals Fushuman erbarmungslos erschlagen hatte, wandte sich um und sah mich mit einem unergründlichen Ausdruck an. Voller Hoffnung wartete ich auf seine Antwort. Aber es kam keine, selbst als das Geräusch der Paddel aus Mauro schon an unsere Ohren drang.

Und ich dachte: Diese ganzen Jahre der Sorge, des Gebets, der Hoffnung, des Wartens... sind sie umsonst gewesen? O Herr, glaubt dieser Mann wirklich an dich – oder habe ich mich täuschen lassen? Heute würde ich es erfahren, heute...

Die Mauro-Einbäume zogen an uns vorbei, sie hielten auf den Ankerplatz an der Tumdumündung zu. Kanis Augen folgten ihnen.

Traurig wandte ich mich von Kani ab und ging zum Anlegeplatz, um die Gäste zu begrüßen. Als ich mich ihnen näherte, bemerkte ich, daß sie an mir vorbei auf Kani blickten und auf die Langhäuser Haenams. Auch sie erinnerten sich. Konnten sie jemals jenen unheilvollen Tag vergessen, an dem ein Abgesandter ihres Dorfes sich aufgemacht hatte, um nach Haenam zu gehen, nur um nie mehr zurückzukehren?

Als ich sie begrüßte, ertönte ein Ruf von den Kamur-Langhäusern jenseits unseres Hauses. Er kündigte die Ankunft einer weiteren Gästegruppe an – die schweigsamen, verschlossenen Krieger des Dorfes Wiyar. Vorsichtig zogen sie ihre Kanus an Land und blieben eng beisammen stehen, als Männer von Kamur herauskamen, um sie zu begrüßen. Aber es gab in Kamur einen jungen Mann, von dem ich wußte, er würde diese Männer aus Wiyar nicht begrüßen. Er hieß Beray. Vor sechs Jahren hatten die Leute aus Wiyar seinen Vater aufgefressen.

* * *

Bis zur Mitte des Vormittags hatten außer den Gästen aus Mauro und Wiyar noch einige hundert weitere Sawi aus Esep, Seremeet und Kagas ihre Kanus am Landeplatz des Tumdu festgemacht.

Denn es war der erste Weihnachtstag – der Tag, den wir gewählt hatten, um das erste große Verständigungsfest, das die Sawidörfer je erlebten, zu feiern. Über den Kochfeuern schmorte das Fleisch von fünf Schweinen, junge Mädchen spießten Tausende wimmelnder Käferlarven auf Stöcke und rösteten sie über den Flammen, während ihre Mütter Hunderte schlanker Sagolaibe zur Zubereitung in *yohom*-Blätter einschlugen.

Das Bemühen war groß, dem Tag ein festliches Gepräge zu geben. Aber es gab viele Hindernisse. Viele unserer Besucher lehnten es beispielsweise ab, sich sowohl unter die eigenen als auch unter die Leute von Haenam, Yohwi und Kamur zu mischen. Statt dessen standen sie wachsam und argwöhnisch in kleinen Gruppen beisammen.

Dann geschah es!

Ein langer Kayagar-Einbaum tauchte flußaufwärts auf und brachte einen Patienten, der infolge einer Lungenentzündung dem Tod nahe war. Eine Gruppe junger Männer folgte mir, als ich zum Uferrand des Kronkel ging, um den Kranken zu untersuchen. Ich erkannte ihn, es war der Kayagar Hurip, der den Männern Haenams vor Jahren die allererste Stahlaxt vorgeführt hatte. Er rang nach Luft, als ich mich neben den Einbaum kniete und nach seinem Puls tastete.

Aber ehe ich damit fertig war, sagte eine Stimme hinter mir, unheildrohend und ätzend scharf vor Bitterkeit: »Tuan, diesem Mann wirst du doch wohl keine Medizin geben?«

Ich erkannte Amios Stimme, er war Hatos Sohn. Ich blickte über die Schulter zurück und sah, wie sein schlanker, brauner Körper vor Leidenschaft zitterte.

»Du willst, daß Hurip stirbt?« fragte ich.

»Ja!« zischte Amio.

Besorgt erhob ich mich und blickte ihn an: »Warum?«

Amio war unbewaffnet, das sah ich. Aber ich wußte, ein einziges Wort von ihm – und alle seine Freunde kämen mit Waffen angerannt. Hurips Freunde aus Kayagar packten inzwischen ihre Speer-

Bau des »Sawi-Doms«.

*Oben: Missionsstation.*
*Unten: Gottesdienst.*

paddel fester. Sie fühlten die Gefahr, obgleich sie unsere Unterhaltung auf Sawi nicht verstehen konnten.

Amios Stimme bebte, als er antwortete: »Erinnerst du dich, daß ich dir erzählte, mein Vater Hato habe einmal den Kayagar ein *tarop*-Kind übergeben? Und daß er später erfuhr, sie hätten das Kind getötet und aufgefressen?«

Ich nickte, und Amio fuhr fort: »Diesem Mann hier in dem Kanu hat mein Vater sein Kind gegeben! Er ist der Mann, der meinen kleinen Bruder getötet und verzehrt hat! Tuan, ich warte schon seit Jahren auf eine Gelegenheit, um . . .«

Jetzt zitterte ich auch. Der Geist des Christfestes hatte es nicht leicht an jenem Tag, an die Ufer des Kronkel zu kommen. Kani... Beray... und jetzt Amio... war ich tatsächlich zu wirklichkeitsfremd in meinem Glauben, sie würden ihren Feinden um Christi willen vergeben? Irgendwie und irgendwann mußte es ja geschehen. Aber vielleicht war es noch zu früh?

Einen Augenblick stand ich vor Amio, unfähig zu sprechen, aber innerlich um Weisheit flehend. Dann tauchte im Hintergrund meines Gehirns eine Erinnerung auf. Ich streckte beide Arme aus und ergriff Amios Ohrläppchen. Er war überrascht, aber er zuckte nicht zurück. Er hörte aufmerksam zu, als ich sagte: »*Tarop Tim titindakeden!* Ich spreche für das Friedens-Kind!«

Amio schoß zurück: »Das Friedens-Kind, das mein Vater Hurip gegeben hat, ist tot! Hurip selbst hat es getötet!«

»Aber das Friedens-Kind, das Gott selbst gegeben hat, lebt!« wandte ich ein. »Und weil es lebt, darfst du dich nicht an Hurip rächen. Vergib ihm, Amio, um Jesu willen!«

Ich hatte immer noch seine Ohrläppchen zwischen meinen Fingern.

Auf Amios jungem Gesicht war der furchtbarste Kampf abzulesen. Aber dann glätteten sich seine Züge langsam, und ein neues Verständnis glomm auf. Und nun sah ich, wie Amio auf seinen sterbenden Feind Hurip mitleidig hinunterschaute.

Ich ließ Amios Ohrläppchen los. Mit feuchten Augen sagte ich so sachlich wie möglich: »Amio, ich brauche Hilfe, um Hurip ins Krankenhäuschen zu bringen.«

Amio straffte mit festem Entschluß die Schultern und sagte: »Tuan, laß mich Hurip allein tragen!«

Zwei Kayagar hoben Hurip auf Amios Rücken und sahen voller Ehrfurcht zu, wie der junge Mann seine halb bewußtlose Last zur Klinik trug, wo Carol mit frisch aufgezogener Spritze schon wartete. Als ich Amio folgte, bemerkte ich, daß noch jemand Amios Verwandlung beobachtet hatte – Kani. Im Vorbeigehen sah Kani mich mit einem Blick an, der mir versicherte, ich brauchte mich wegen seiner Absichten gegen die Besucher aus Mauro nicht mehr zu sorgen.

Beinahe schwindlig vor Freude, atmete ich tief erleichtert auf. Nun wurde es schließlich doch noch Weihnachten!

* * *

Nachdem Amio Hurip in Carols Obhut übergeben hatte, gingen wir zusammen den Pfad entlang, der zu der strohgedeckten Kirche führte. Dort war das Fest vorbereitet. Dutzende von Sawi-Christen mischten sich unter die verschiedenen Gruppen immer noch zurückhaltender Gäste, die es bisher vorgezogen hatten, nahe bei ihren Speerpaddeln und Kanus zu bleiben.

Eine nach der andern dieser Gruppen gaben dem freundlichen Zureden der Gläubigen nach und wanderten langsam zur Kirche. Mit großen, staunenden Augen traten sie unter den festlichen Palmzweigen, die den Eingang schmückten, hindurch in das kühle, geräumige Innere des Raumes, während ihre Haut prickelte vom ungewohnten Gefühl uneingeschränkten herzlichen Willkommens, das die Luft zu erfüllen schien.

Drei oder vier schauten, wie ich bemerkte, mit plötzlichen Angstgefühlen zurück auf den Abstand, der sie jetzt von ihren Speerpaddeln und Kanus trennte. Aber dann entspannten sie sich und blinzelten verblüfft über die Freude, die auf den Gesichtern der so gänzlich veränderten Gastgeber zu erkennen war.

»Es muß tatsächlich wahr sein«, sagten ihre Augen. »Dies ist wirklich eine Gemeinschaft, die zu echt ist, als daß die gefürchtete Möglichkeit des *tuwi asonai man* eintreten könnte.«

Und das stimmte!

Carol, Stephen und unser zweiter Sohn Shannon waren zu Beginn des Festes zu mir gekommen. Zusammen saßen wir da und beobachteten, wie christliche Sawi aus vielen verschiedenen Dörfern aufstanden und durch das jetzt überfüllte Versammlungshaus gingen, um Gaben von Sago, Käferlarven und Wildschweinfleisch zu Füßen ihrer früheren Feinde niederzulegen. Und während die Geschenkübergabe immer weiterging, erklangen rings um uns aus voller Kehle die Sawi-Weihnachtslieder. Sie dankten Gott, daß er seinen Sohn gegeben hat, die größte Gabe aller Gaben.

Dann erhob sich Isai, ein inzwischen lesekundiger Sawi-Prediger, und las einen Bibelvers, den ich für diese Gelegenheit übersetzt hatte:

»Denn uns ist ein Kind geboren, ein Sohn ist uns gegeben...«

Die Worte sanken in die Herzen ein und wurden verstanden mit einer Einsicht und Erkenntnis, die unter westlichen Christen wohl selten ist. Ich schaute in die andachtsvollen, aufmerksam gespannten Gesichter der Gläubigen, nicht wegen Glaskugeln, bunten Bändern und Flitterkram – die konnten den Sawi nichts bedeuten –, sondern in freudiger Anbetung des Friedens-Kindes selbst. Es war die Anbetung des zur Welt gekommenen Friedens-Kindes, das nicht nur in Bethlehem, sondern in ihren eigenen Herzen geboren worden war.

Meine Gedanken wanderten zurück, über Zeit und Raum hinweg, zu andern Christfesten, die ich erlebt hatte – Weihnachten im Schnee unter den frostklirrenden Fichten und Tannen meiner Heimat Kanada. Aber keins konnte sich vergleichen mit diesem schwülheißen Dschungel-Christfest, bei dem der Geist der Vergebung die Herzen derer überwältigt und besiegt hatte, für die bisher Rache die gegebene Lebensweise gewesen war.

Es war eine lange Reise gewesen. Und sie war noch nicht überstanden.

Stephen berührte meine Hand, und ich kam zurück aus meinem Traumland. Ich drückte seine und Shannons Hand und beugte mich vor, um Isais Ansprache zuzuhören.

Es war das schönste Weihnachtsfest, das ich je erlebt hatte.

# Ausbruch aus dem Kokon der Ahnen

Bis zum Jahre 1972 hatten sich die Wurzeln christlicher Weltanschauung schon tief in das Gemüt der Sawi eingesenkt. Männer, die früher ihre Frauen schmähten und sogar mißhandelten als untermenschliche Wesen und Leibeigene, anerkannten jetzt öffentlich ihre Rechte als geschätzte Ehegefährten. An Stelle der Vielehe fing schon die Einehe an sich als Ideal durchzusetzen, obgleich die Männer, die in Vielehe lebten, ihre Frauen noch bei sich behielten.

Frauen, die sich früher in Launenhaftigkeit, Schimpfkanonaden und wilden Schmähreden ausließen, zeigten jetzt in ihrem Wesen eine neue, gewinnende Wärme. Kinder wurden nicht mehr von klein auf zum Kämpfen vorbereitet. Fremde, sogar frühere Feinde, konnten nun ohne Angst vor *tuwi asonai man* Einladungen annehmen. *Gefam ason* und der *waness*-Bann waren nur noch böse Erinnerungen.

Noch ehe feste gesetzliche Ordnungen durch die Regierung eingeführt wurden, hatten christliche Sawi-Obleute schon angefangen, ein gewisses Maß an bürgerlicher Ordnung durchzuführen, obgleich es noch viele Ungläubige gab, die es vorzogen, ihre örtlichen Schwierigkeiten und Probleme mit Bogen, Speer und Dolch zu lösen. Und wo auch immer Regierungsbehörden und Polizeikontrollen in das Sawi-Gebiet kamen, fanden sie bei den Stammesangehörigen respektvolle Aufnahme, weil sie bereits über das Vorgehen und die Pläne der Zivilregierung bestens unterrichtet worden waren.

\* \* \*

Eine Überzeugung, die den Sawi seit Urzeiten eingeprägt worden war, bestand in dem Glauben, es sei unklug, irgend etwas zu unternehmen, das ihre Vorfahren nicht schon abgesegnet hatten. Natürlich hatten wir diesem Grundsatz schon ziemliche Gewalt angetan damit, daß wir sie anstellten, um den Flugzeuglandestreifen, die Eisenholzbrücke über den Tumdu und einen etwa sieben Kilometer langen Kanal zwischen dem Kronkel und dem nächsten, nördlichen Flußnetz zu bauen. »Flüsse zu graben ist eine Arbeit für die Geister, nicht für Menschen!« hatten sie geflüstert, als ich letzteres vorschlug. Trotzdem hatten sie den Kanal in vier Wochen fertiggestellt, ohne Schäden durch Geistereinfluß erlitten zu haben.

Aber die ihren Horizont am meisten erweiternde Forderung trat an sie heran, als ich vorschlug, den »Sawi-Dom« zu bauen. Bis 1972 war Yohwi zurückgekehrt und hatte ein neues Dorf an der einen Seite des Landestreifens angelegt. Seremeet hatte mit Freuden die Einladung angenommen, sich an der andern Seite des Landestreifens niederzulassen. So waren wir jetzt eine vier Dörfer umfassende Gemeinschaft mit einer Gesamtbevölkerung von etwa 800 Personen.

Unser Versammlungshaus, das schon zweimal vergrößert worden war, erwies sich erneut als zu klein, selbst für die regelmäßigen Zusammenkünfte. Nicht einmal ein Fünftel der herbeiströmenden Menschen konnten bei unsern zwei- bis dreimal im Jahr stattfindenden christlichen »Liebesmahlen« untergebracht werden. An solchen Tagen hatten wir Freiversammlungen, allen Launen des tropischen Klimas ausgesetzt. Dies alles bewies uns die Notwendigkeit eines Gebäudes, das nicht nur unsere wachsende Gemeinde in Kamur, sondern auch die zunehmenden Scharen aufnehmen könnte, die an besonderen Festtagen aus den umliegenden Orten herbeiströmten.

»Das Gebäude sollte mindestens tausend Sitzplätze haben«, erläuterte ich den Sawi-Kirchenältesten. »Und es muß rund sein mit einem kegelförmigen Dach. Jede andere Form wäre bei solch einem großen Gebäude zu schwach für die Monsunstürme, wenn man die Art des uns zur Verfügung stehenden Baumaterials bedenkt.«

Ich sagte nichts über unseren Mangel an schweren Baumaschinen oder die Unerfahrenheit der Werkleute, nämlich der Sawi-Christen, und des Vorarbeiters, nämlich mir selbst.

Mehrere Tage lang überlegten die Ältesten meinen Vorschlag sorgfältig. Es war allein ihre Entscheidung – das Bauwerk sollte ihr Eigentum sein, nicht das meine. Sie würden Tausende von Pfosten und Pfählen herbeischaffen und zuhauen müssen, dazu Zehntausende an Sagowedeln für das Dach, Hunderte von Metern Bindematerial aus Urwaldranken und anderes Buschmaterial. Der einzige Beitrag aus der Welt der Tuans sollten drei Fässer (zu je 45,3 kg)

Stahlspitzen für die Haupttragebalken, Werkzeuge, ein paar Bahnen gebrauchtes Aluminium für die oberste Dachspitze sein. Außerdem die Bauaufsicht.

Schließlich kamen sie zu mir. »Glaubst du wirklich, daß wir so etwas bauen könnten?« fragten sie.

»Leute wie ihr, die eine so lange Tradition haben im Bau hoher Baumhäuser, können das«, versicherte ich ihnen. »Wenn ihr keine solche Überlieferung hättet, würde ich nicht einmal den Vorschlag machen. Dieser Bauplan ist bloß eine Erweiterung eurer von euren Vorfahren überkommenen Bauweise.«

Am nächsten Sonntag drängten die Sawi-Kirchenältesten jeden Gläubigen, ob Mann, Frau oder Kind, in der Versammlung, sich an dem gewaltigen Vorhaben zu beteiligen.

»Wenn wir nur an uns selbst dächten, kämen wir mit einem kleineren Bau aus«, erklärte Amhwi, der oberste Kirchenälteste. »Aber wir glauben ebenso wie die Tuans, daß wir ein Haus bauen sollten, das groß genug wäre, die Gläubigen aller Dörfer samt ihren Freunden unter einem Dach zu versammeln, um Gottes Wort zu hören und sich zu erquicken an diesem neuen Geist des Einsseins, den Er uns gegeben hat – dieses Einssein, das unsere Vorfahren nie gekannt haben.

Es soll ein Haus des Friedens werden, wo frühere Feinde sich zusammen um den Tisch des Herrn versammeln können, und ein Haus des Gebets für die Stämme um uns herum, die noch ohne Gottes Wort sind.«

»Für diesen Bau dürft ihr keinen Arbeitslohn vom Tuan erwarten«, fügte ein anderer Ältester hinzu. »Der Tuan hat uns Gottes Wort gebracht; aber jetzt müssen wir selbst die Verantwortung für die Weiterverbreitung des Wortes übernehmen. Wenn ihr bereit seid, uns zu helfen, dann tut es, weil ihr Gott liebt, und er es will, daß andere sein Wort empfangen!«

Die Antwort kam sofort. Von allen Seiten erhob sich der Ruf: »*Asyfem! Asyfem!* Wir wollen bauen! Wir wollen bauen!«

Nach dem Herrenmahl umstanden alle Gläubigen den zum Bau ausgesuchten Platz und faßten sich im Kreis an den Händen. Im Geist großer Vorfreude weihten sie sich Gott für diese Aufgabe.

Am nächsten Tag begannen die Männer mit dem Fällen und Behauen der vierundzwanzig Eisenholzpfeiler, die das Gewicht des ganzen Dachs tragen sollten. Jeder Pfosten war etwa sieben Meter lang und wog über einhundertfünfzig Pfund. Diese wichtige Arbeit dauerte mehrere Wochen.

Dann suchten die Bauleute im Dschungel nach vierundzwanzig *sereg*-Pfosten, ungefähr dreizehn bis vierzehn Meter lang. Diese sollten die Dachsparren ergeben, die freitragend von der Spitze eines Eisenholzpfeilers steil zur Dachspitze hinaufführen mußten. Als wir soweit waren, trat eine schon lange erwartete Unterbrechung ein, die das Werk eine Zeitlang ruhen ließ.

Wir hatten gerade über Funk die Meldung erhalten, daß ein neues Missionsehepaar von der RBMU, John und Esther Mills aus Kanada, in ein paar Tagen eintreffen werde, um unter den Sawi mitzuarbeiten. Die Christen zerstreuten sich im Dschungel, um für die Begrüßungsfeier Speisen zu sammeln. Als John und Esther mit dem MAF-Flugzeug ankamen, wurden sie durch ein ungeheueres Willkommensgebrüll von fast tausend Sawi empfangen. Es schloß sich eine ausgiebige Feier an. Dann begannen wir sofort mit der Arbeit an einem neuen Haus für die Mills.

Als es fertig war, wandten wir uns wieder dem Bau unseres neuen Konferenzhauses zu. Während Sawi-Männer und -Frauen Hunderte von Pfosten zurichteten, nahm John Mills die Aufgabe in Angriff, die Dachsparren fest mit den Eisenholzpfeilern zu verbinden und zu verstreben. Als dies gelungen war, steckten wir auf dem Boden einen Kreis von fünfundzwanzig Metern Durchmesser ab, gruben auf diesem Umkreis vierundzwanzig Löcher im gleichen Abstand und setzten je einen der Eisenholzpfeiler in solch ein Loch.

Da uns ein großer Kran fehlte, mußten wir einen Weg finden, jeden Dachbinder aufzurichten und ihn solange im richtigen Winkel festzuhalten, bis der Pfosten am Boden mit Lehm umpackt werden konnte. Wir erreichten dies, indem wir etwa zwölf lange Lianenranken in halber Höhe des Binders festbanden und jedem Mann das andere Ende in die Hand gaben, mit der Weisung, die Ranke straffzuhalten, während andere den Binder mit gegabelten Stangen hochschoben. Wenn einer der Binder halbwegs hochgehoben war, konnten die Männer ihn mit den Lianenseilen leicht in senkrechte Position bringen.

Die Männer an den Lianenseilen waren auch in der Lage, die Binder vor dem Hin- und Herschwanken zu bewahren. Wenn beispielsweise einer der Binder sich westwärts neigte, zogen ein paar Männer östlich an ihren Seilen, bis er wieder aufrecht stand. Dasselbe galt, wenn einer sich nach Norden lehnte; dann korrigierten Männer auf der Südseite die Richtung.

Innerhalb von zwei Tagen schwebten alle vierundzwanzig Dachbinder hoch über unseren Köpfen und strebten innen von der Höhe der Eisenholzpfeiler aus einem gemeinsamen Mittelpunkt zu. Ich war einigermaßen enttäuscht. Ich hatte erwartet, die Spitzen der Binder würden sich unter ihrem eigenen Gewicht nach unten beugen. Diese Kurve hatte ich in die Dachplanung mit einberechnet. Das Dach sollte ungefähr in zwölf Meter Höhe, vom Mittelpunkt gesehen, aufgesetzt werden – in der gleichen Höhe wie ein Sawi-Baumhaus. Aber die Dachbinder bogen sich nicht.

Durch irgendeine Eigenart der *sereg*-Balken blieb jeder Binder vollkommen gerade, als hätte die Spitze überhaupt kein Gewicht. Das bedeutete, daß die Dachspitze viel höher wurde als zwölf Meter, um wieviel höher, wußte ich nicht genau. Um den Plan zu Ende zu führen, kam es jetzt auf das Talent der Sawi an, furchtlos in Höhe der Baumwipfel zu arbeiten.

Der zweite Bauabschnitt begann damit, daß die Binder in eine feste Kegelform zusammengefaßt wurden, die etwa siebenundzwanzig Meter Luftraum umspannte und doch stark genug war, der Gewalt der Monsunstürme, die manchmal mit Windgeschwindigkeiten von neunzig Stundenkilometern daherbrausen, zu widerstehen. Ich erinnerte mich an eine Begebenheit im Leben John Patons, einem der bedeutendsten Pioniermissionare auf den Neuhebriden im 19. Jahrhundert. Er schrieb: »In kurzer Zeit war der Kirchenbau fertiggestellt, und die Aniwaner waren sehr stolz auf ihrer Hände Werk. Die Kirche maß etwa zwanzig auf acht Meter, und die Mauern waren vier Meter hoch, ein gutes, brauchbares Gebäude. Alle hofften, es werde viele Jahre überdauern.

Aber ach! Nicht lange, und ein fürchterlicher Hurrikan raste über die Insel. Die Kirche wurde dem Boden gleichgemacht.« Wieviel größer mußte die Gefahr für unsern »Sawi-Dom« sein, denn dessen Bodenfläche war viermal so groß wie die des Aniwaner Gebäudes.

Um die Dachkonstruktion zu verstärken, wies ich die Leute an, waagrechte Stangen zwischen die aufwärts strebenden Dachbinder einzuziehen, so ähnlich, als würde ein riesenhafter Korb geflochten. Aus Sicherheitsgründen zogen wir die Stangen so eng aneinander liegend ein, daß es kaum möglich war für einen der Arbeiter, dazwischen abzustürzen. Wie erwartet, wurde der Kegel, je näher wir der Dachspitze kamen, um so starrer. Die Sawi waren bald verblüfft, als sie sich auf einmal in etwa zwanzig Meter Höhe bei der Arbeit fanden an einer Baukonstruktion, die auch unter dem Gewicht von zwanzig auf und nieder hüpfenden Männern nicht bebte.

Die zunächst auf zwölf bis dreizehn Meter zugeschnittenen Binder hatten natürlich mehrfach verlängert werden müssen, um eine gemeinsame Dachspitze zu bilden, die sich etwa zwanzig Meter über dem Boden erhob. Durch Weiterführung des Daches über die Außenseite der Eisenholzpfeiler hinunter vergrößerten wir den Durchmesser des Hauses auf neunundzwanzig Meter und eine Bodenfläche von ungefähr sechshundert Quadratmetern.

Später hievten wir eine fast sieben Meter hohe Aluminiumkonstruktion auf die Dachspitze und befestigten sie. Das ergab eine Gesamthöhe von etwa fünfundzwanzig Metern. Diese Aluminium-Turmspitze wog ungefähr dreihundert Pfund. Um sie die im Winkel von fünfundvierzig Grad geneigte Bahn bis zu ihrem luftigen Standort hinaufzuschieben, brauchten wir eine halbe Stunde lang die Kraft von dreißig starken Männern, die von dem anfeuernden Geschrei Hunderter von Zuschauern angespornt wurden.

Als nächstes deckten wir das große Dach mit Sagoblättern. Das dauerte zwei Wochen. Dann erhöhten wir den Fußboden unter den Kuppel so weit, daß die höchste Flutwelle ihn nicht mehr überspülen konnte. Dazu mußten wir fast tausend Kubikmeter Lehm bewegen. Der Boden wurde wie eine riesige Schüssel geformt. Das Gebiet, aus dem wir den Lehm entnahmen, lag südlich der Kirche. In der Regenzeit wurde es zu einem großen See, der das Bild des mächtigen Gebäudes widerspiegelte.

Schließlich waren auch Bänke für mehr als tausend Personen nötig. Wir hatten keine Sägemühle, deshalb mußten die Sawi-Gläubigen mehrere hundert Bretter von Hand behauen.

Im Juni 1972 weihten die Sawi-Christen ihr neues Konferenzgebäude zur Ehre des Herrn ein. Obgleich das Dachstroh gelegentlich erneuert werden muß, hat der Bau inzwischen mehr als ein Dutzend Monsunstürmen ohne Erschütterung standgehalten. Und die Sawi selbst wissen gar nicht, daß sie wahrscheinlich das größte Rundhaus der Welt aus ungesägten Hölzern errichtet haben.

Die Überreste heidnischer Tradition bilden kein Hindernis mehr für die christlichen Sawi. Die Welt ihrer Ahnen ist ihnen zu eng geworden, und so werfen sie den uralten Kokon ab. Neue Hoffnungen, die hochsteigen wie die Spitze ihres Sawi-Doms, führen sie zu neuen Horizonten sowohl geistlicher als auch weltlicher Art. Dennoch sind die Möglichkeiten, ihre weltlichen Ziele zu erreichen, zur Zeit immer noch erbärmlich gering.

Aber im innersten Kern ihrer neuen Welt steht etwas, das ihrer einzigartigen Vergangenheit in ganz besonderer Weise zu eigen gehört – die Geschichte eines Friedens-Kindes, das in unnachahmlicher Weise ihr eigenes Friedens-Kind geworden ist, das ihre Vergangenheit vollendet hat und ihre Zukunft leiten wird. Dieser Friedens-Sohn ist die Kraft der zweiten Säule, die in Wirklichkeit schon von jeher dazu bestimmt war, die erste Säule zu sein.

# Ausklang

Stephen, Shannon und Paul kuschelten sich an Carol, während sie gespannt zuhörten, wie Carol aus einem alten, zerlesenen Buch vorlas. Es war die Geschichte von der Rückkehr des verlorenen Sohnes.

»Und so kam der Sohn zu seinem Vater zurück, und der Vater, als er ihn von weitem sah, lief ihm entgegen und fiel ihm um den Hals und küßte ihn. Und der Sohn hob seine Stimme auf und weinte.«

Carol hielt inne und fragte: »Sag, Shannon, warum hat der Sohn wohl geweint?« Die blauen Augen meines Zweiten wurden sehr nachdenklich, als er sich die Frage überlegte. Plötzlich hellte sich sein Gesicht auf und er meinte: »Weil er ihm um den Hals fiel!« (im Englischen: *auf* den Nacken) Carol, Stephen und ich platzten vor Lachen, während Shannon und Paul uns mit großen Augen verblüfft betrachteten.

Draußen hörte ich das sanfte Echo eines Bambushorns, das Amhwi blies. Er rief die Christen zusammen zu einem Abendkurs. Ich ließ Carol und die Jungen bei ihrer Geschichte, ging hinaus auf die mondüberglänzte Wiese und folgte den Scharen, die der Veranstaltung zustrebten. Ich setzte mich hinten in den überfüllten Schulraum und hörte zu, wie Amhwi beim Licht einer kleinen Sturmlaterne einen Schriftabschnitt vorlas. Dann hörte ich voller Erstaunen, wie er zur Erklärung der Stelle einen äußerst treffenden Vergleich zog.

»Erinnert ihr euch, was Kaiyo tat, wenn Leute drohten, den Frieden zu brechen, den er herbeigeführt hatte? Er zeigte auf das *tarop*-Kind und sagte: ›Wenn das Kind gestorben wäre, würdet ihr frei sein zu tun, was ihr wollt. Aber der Junge ist nicht tot. Er lebt noch. Und ich bin sein Beistand, der für den Frieden verantwortlich ist. Ihr dürft den Frieden nicht brechen! Meine Hand ist stark!‹ Wir sollten das Gleiche tun, wenn jemand uns verführen will, Böses zu tun. Dann sollten wir zu ihm sagen: ›Schau her! Gott hat den Geist seines Friedens-Kindes Jesus in mich hineingelegt. Wenn dieses Friedens-Kind gestorben oder fortgegangen wäre, dann könnte ich alles Böse tun, das du vorschlägst. Aber er ist nicht tot! Er hat mich auch nicht im Stich gelassen! Er lebt noch immer in mir, um mich auf dem Weg des Guten zu erhalten, und seine Hand ist stark! Ich habe nicht die Freiheit, das Böse zu tun, das du mir rätst zu tun!«

Die Zuhörer stimmten ihm begeistert zu: »Das sind gute Worte!« oder »Ja, das wollen wir auch alle als Antwort geben!« oder »Ja, das verstehen wir!«

Amhwi fuhr fort: »Und warum tauschen wir keine *tarop*-Kinder mehr aus zwischen unseren Dörfern? Weil Gott gekränkt wäre. Er würde sagen: ›Ist mein Friedens-Sohn nicht gut genug? Glaubt ihr, ihr müßtet eure eigenen Kinder noch dazutun?‹«

Leise schlüpfte ich wieder hinaus in die kühle Nacht und ging heim. Ich kam an meinem Bürohäuschen vorbei, wo ich mich unzählige Stunden lang mit den Verzwicktheiten der Sawi-Sprache herumgeschlagen hatte und wo ich jetzt an den Schlußkapiteln des Neuen Testaments in Sawi arbeitete. Erinnerungen überfielen mich, die mich einen schmalen Pfad einschlagen ließen, der zum Tumdu führte. Ich folgte dem Weg, der oben auf einer kleinen Anhöhe neben dem stillen Fluß endete.

Ich starrte auf das betaute *kunai*-Gras um mich herum und dachte an die zwei Männer, die darunter begraben lagen. Zwei Männer, die ich sehr lieben gelernt hatte. Zwei Männer, die, solange sie lebten, einen Einblick und ein Verständnis für mich persönlich bewiesen hatten, wie es auf Erden nur selten vorkommt.

Einer war Kaiyo. Er war vor vier Jahren getötet worden, als unerwartetes Opfer eines plötzlichen Ausbruchs von Feindseligkeiten im Kamur-Dorf selber. Aber die Lektionen, die er mich gelehrt hatte, wirkten weiter.

Und der andere? Ich dachte an den Tag vor drei Jahren, als Carol und ich von einer Reise zurückgekehrt waren und erfuhren, daß Hato während unserer Abwesenheit an Lungenentzündung gestorben sei. Auch er war so plötzlich von uns gegangen.

Er war der einäugige Fremde, der als erster auf jenem bewaldeten Platz, wo jetzt mein Heim stand, meine Hand berührt hatte. Er war der Freund, der mir vertraute, selbst wenn er mich nicht verstand. Der Suchende, der so rasch das Geheimnis begriff, das nach ihm suchte.

Lange Zeitalter der Veränderungen hatten uns verwandelt, bis wir einander völlig fremd geworden waren. Und dennoch hatte der göttliche Heilsplan uns wieder zusammengebracht. Warum? Um darzulegen, daß Christus die Erfüllung und Vollendung des wahren Wesenskerns in jedem Menschen ist.

Langsam wandte ich mich von den beiden unbezeichneten Gräbern ab und ging am grasigen Ufer des Tumdu entlang. Überall und in allem schien Friede zu herrschen. Er strömte mit dem Mondlicht herab, er blinkte im Sternenlicht, er schimmerte im Widerschein des Wassers, er durchzitterte die Vogelrufe und er klang aus Amhwis ferner Stimme.

Er brachte mir die Erinnerung an eine andere Stimme, die jetzt auch schon im Tode schwieg. Aber ihr Klang hallte wider aus jener so andersgearteten Welt, aus der wir gekommen waren. Es war die feste, vollmächtige Stimme eines alten, weißhaarigen Mannes:

»Ihr werdet Sitten und Überlieferungen begegnen, die euch ein Rätsel sein werden, die ihr aber verstehen müßt...

Unser Gott und Herr brennt darauf, sein Reich der Liebe in diesen dunklen Orten aufzurichten, wo jetzt noch Grausamkeit herrscht...

Wer will hingehen?«

Ich erinnerte mich daran, wie mein ganzes Sein diesem Aufruf geantwortet hatte mit einer Sicherheit, die keine andere Möglichkeit zuließ: »Ich will!«

Ich griff nach dem Tor, und als ich es berührte, durchflutete mich plötzlich Freude. Eine Freude, die mehr war als nur ein Gefühl meines eigenen Herzens.

# Nachwort des Verfassers

Die sechs Asmat-Männer liegen mit dem Gesicht nach unten auf einer Grasmatte mitten in einem Männerhaus. Drei sind Bewohner des Hauses, die drei andern frühere Feinde aus einem entfernten Dorf, die gekommen sind, Frieden zu schließen. Die sechs Frauen der sechs Männer stehen mit gespreizten Beinen zwischen ihren Ehemännern. Jede Frau hat einen Fuß unter ihres Mannes Brustkorb geschoben und den andern unter seine Hüfte, während ihre Fersen Brustkorb und Hüfte des hinter ihr liegenden Mannes berühren.

Jetzt bringen die Obleute der beiden Dörfer sechs Kinder herein, je drei von jeder der verhandelnden Parteien. Die Kinder sind wunderschön geschmückt mit gewebten Armreifen und Quasten aus zerfransten Sagowedelfasern. Eins nach dem andern wird geheißen, sich auf dem Bauch liegend und mit dem Gesicht nach unten über die Rücken der sechs Väter und zwischen den Beinen der sechs Mütter durchzuschlängeln. Jedes Kind, das aus diesem Kanal lebendiger Körper auftaucht, wird aufgehoben, gewiegt und in Schlaf gesungen wie ein neugeborenes Kind.

Der Gang, der durch die Körper der sechs Väter und Mütter gebildet wird, ist ein symbolischer Geburtskanal, durch den die drei Kinder von jeder Seite in das Sippensystem des feindlichen Dorfes hineingeboren sind. Solange sie leben, werden sie ein lebendiges Band zwischen den beiden Dörfern bilden und sie vom Krieg abhalten.

Frieden durch das Erlebnis einer Wiedergeburt!

* * *

Ein Missionar, der unter den westlichen Dani in Irian-Jaya (die neue indonesische Bezeichnung für das frühere Holländisch-Neuguinea oder West-Irian) arbeitet, hat gerade entdeckt, wie man zwei sehr wichtige Wörter zusammenfügen kann. Eins ist *ki* = Leben. Das andere ist *wone* = Worte.

Draußen vor seinem Studierzimmer sitzt eine große Schar wildaussehender Dani-Männer. Wildschweinhauerschmuck und Kaurimuschelketten glänzen hell auf ihrer schwarzen Haut und in den rauchgeschwärzten Haarnetzen.

Seiner Sache noch nicht sicher tritt der Missionar unter sie, um die neue Redewendung auszuprobieren. Er hebt die Hände über den Kopf, bittet um Ruhe und ruft dann in holprigem Dani-Dialekt: »Wir sind gekommen, um euch *ki wone* zu bringen – die Worte des Lebens!«

Er hatte keine Ahnung, daß dieser Satz eine Revolution auslösen werde. Sie begann fast unmerklich, denn die jüngeren Männer und Kinder achteten kaum auf die seltsamen Aussprüche dieses Fremden, der von weit hinter den fernsten Bergen zu ihnen gekommen war.

Aber einige der älteren Dani griffen die Aussage auf. Runzlige alte Weise wandten sich um, starrten den weißen Mann an und blinzelten, als erwachten sie aus unendlich langem Schlaf. Ganz tief in ihrem Innern begann eine Sprungfeder, die seit undenklichen Zeiten festgehalten worden war, hochzuschnellen und dabei einen feinen, wunderwirkenden Mechanismus in Gang zu setzen. Ihr Mund öffnete sich schon, um die Aussage nachzusprechen, die so lange gebraucht hatte, zu ihnen zu kommen. Zitternd vor Aufregung stützten sich die Dorfweisen auf ihre Stöcke und besprachen sich miteinander.

»Seine Haut ist so weiß wie die neue Haut einer Schlange, wenn sie aus ihrer alten Haut herausgeschlüpft ist«, sagte ein Mann.

»Und er spricht über *ki wone!*« rief ein anderer.

»Es ist genau, wie es unsere Ahnen vorausgesagt haben«, keuchte ein dritter. »Wenn die Unsterblichkeit zur Menschheit zurückkehrt, dann werden die, die ihr Geheimnis zuerst erfahren, über die Berge kommen und euch dieses geheime Wissen mitteilen. Ihre Haut wird weiß sein, weil sie ständig erneuert wird wie die Haut einer Schlange. Paßt genau auf, wenn sie kommen und hört ja zu, sonst wird *nabelan-kabelan* = meine-Haut-deine-Haut oder Unsterblichkeit an euch vorübergehen!«

Der Missionar war längst mit andern Aufgaben beschäftigt, ahnungslos, welch ein Erwachen um ihn herum in Gang gekommen war. Als in jener Nacht plötzlich das ganze Tal von Gesang widerhallte, wunderte er sich, was für ein Fest gefeiert wurde.

Am nächsten Morgen umringten Tausende von Dani sein Haus und fragten: »Wie sollen wir die Worte des Lebens begrüßen?«

\* \* \*

Vergleichsmöglichkeiten der Erlösungserwartung – Gottes Schlüssel zu den menschlichen Kulturkreisen – sind die neutestamentlich erprobte Art des Evangeliums, sich fremden Kulturen einzugliedern. Und nur im Neuen Testament finden wir das Muster dafür, sie zu erkennen, richtig einzuordnen und zu verwenden. Den Gebrauch dieses Musters müssen wir lernen.

Einige dieser Ähnlichkeiten in der Erlösungserwartung zeigen sich deutlich in der Mythologie und den Berichten aus der Vergangenheit: Olenos, der Sündenträger; Baldur, der Unbefleckte, Reine, der, zu Tode gehetzt, dennoch dazu bestimmt ist, die neue Welt zu regieren; der »gerechte Mensch« des Sokrates; der unbekannte Gott der Athener, ein Erlösungsvergleich, den der Apostel Paulus herangezogen hat; der Logos, den der Apostel Johannes verwendet; das Opferlamm der Juden, sowohl von Johannes dem Täufer als auch von Paulus als Vergleich verwendet.

Andere Ähnlichkeiten in der Erlösungserwartung sind tief verborgen schlummernd in erst heute entdeckten Kulturen gefunden worden. Oft waren es nur noch verstümmelte Reste, die der Auffindung harrten: das *tarop*-Kind der Sawi und die *remon*-Worte; das *nabelan-kabelan*, die tiefwurzelnde Hoffnung der Dani auf Unsterblichkeit; die Asmat-Zeremonie der Wiedergeburt. Andere Formen sind: die Zufluchtstätten; die Erzählungen über den Sündenfall des Menschen, über die Sintflut und über eine Himmelsleiter, die Erde und Himmel verbindet.

Wie viele Ähnlichkeiten der Erlösungserwartung gibt es wohl noch, die entdeckt und ausgewertet werden müssen, um den Menschen, die an sie glauben, die Befreiung durch Christus zu bringen, damit sein herrlicher Glanz sie überstrahlt und sie nun im Dunkel verschwinden können, weil sie ihren gottgewollten Zweck erfüllt haben?

Nur Menschen, die hingehen und wirklich danach suchen, werden sie auch finden.